中华优秀传统文化导论

主编 彭良平 程里鹰 马研

ZHONGHUA YOUXIU
CHUANTONG WENHUA DAOLUN

中南大学出版社
www.csupress.com.cn
·长沙·

中华优秀传统文化导论

编委会

主　编◎　彭良平　　程里鹰　　马　　研

副主编◎　刘瑾璟　　王　　殷　　刘文辉　　李　　柳

编　委◎　欧梦丽　　许　　晶　　左　　湘　　王　　塔

　　　　　刘雅妮　　黄　　靖

前言

中华文明源远流长，生生不息。中华优秀传统文化是中华民族的文化基因，是中华民族凝聚力的坚实根基，积淀着中华民族的精神追求和价值取向，具有极为丰富的思想内涵。近年来，党和国家高度重视中华优秀传统文化的传承和弘扬。习近平总书记在中国共产党第二十次全国代表大会上的报告中指出："中华优秀传统文化源远流长、博大精深，是中华文明的智慧结晶，其中蕴含的天下为公、民为邦本、为政以德、革故鼎新、任人唯贤、天人合一、自强不息、厚德载物、讲信修睦、亲仁善邻等，是中国人民在长期生产生活中积累的宇宙观、天下观、社会观、道德观的重要体现，同科学社会主义价值观主张具有高度契合性。"因此，在坚持和发展马克思主义的道路上，我们必须深深扎根于我国优秀传统文化的肥沃土壤之中，不断从中汲取养分，为科学理论持续输送活力与智慧。在强国建设、民族复兴伟业推进的关键时刻，为更好地落实立德树人根本任务，必须传承、弘扬和发展好中华优秀传统文化。

有鉴于此，我们编写了《中华优秀传统文化导论》一书。本书以习近平文化思想为指引，全面贯彻落实党的二十大精神，根据《关于实施中华优秀传统文化传承发展工程的意见》要求，紧扣实现中华民族伟大复兴中国梦的时代主题，以传承文化基因、培养文化自信为目标，聚焦传统文化的核心思想与内容，依托在线开放课程的丰富教学资源，在历史与现代的对话中，在内化于心、外化于行的实践活动中，不断丰富文化知识，提高人文素养，从而传承创新中华优秀传统文化。

本书分别就中华优秀传统文化溯源、中国传统哲学智慧、中国传统礼仪规范、中国传统教育经验、中国传统民间工艺、中国传统科技成就、中国传统生活真谛、中国传统文学瑰宝、中国传统艺术审美、中国文化革故鼎新这十个项目对中华优秀传统文化脉络进行了梳理，从关涉意识形态的精神需求到涵盖衣、食、住、行等日常生活层面的物质生活，全面阐释中华优秀传统文化的博大精深和灿烂辉煌，由此帮助读者全面了解中华优秀传统文化，引导读者把中华文化的思想理念、价值标准、审美风范转化为精神追求和行为习惯，从而实现人生境界的提升。

本书配套资源丰富，包含教学 PPT、微课、教案、习题、在线资源、课程学习指导等，使线上线下的教学相辅相成，以适应新时代教学对学与教的要求。本书适合各类院校教学使用，也可以作为中华优秀传统文化爱好者的参考用书。本书的编写特色如下：

一、通专结合，凸显职教特色

本书兼顾专业性与通识性。精心选取了中华优秀传统文化中的优秀内容，做到繁简适度、主次分明、宏观与微观相映成趣，为传统文化爱好者展开了一幅波澜壮阔的画卷，同时，将习近平文化思想融入本书，体现社会主义核心价值观，做到有机渗透。在编写过程中，我们设置了富有职教特色的"求学向善""潜心雕琢""知术匠心"等项目，引导学生于传统文化中认识、传承工匠精神。同时，积极借鉴现代教学理念和方法，采用了图文并茂、案例分析、互动问答等多种形式，力求使本书内容更加生动、有趣、易于理解，符合职业院校学生的认知特点。既注意将文化要素与职业特点融合，又尽量为学生提供更为广阔的文化知识视野，满足学生的个性化需求。

二、链接经典，汲取先贤智慧

古代先贤的作品是传统文化思想的重要载体。这些典籍通过生动的文字、丰富的情节和深刻的思想内涵，将传统文化思想以具体、形象的方式呈现出来。本书通过"经典领航"模块，精心筛选出了一系列富有代表性的经典作品，这些作品覆盖文学、历史、哲学、艺术等多个领域，在中国文学史上具有重要的地位，对中华文明产生了深远的影响。在此基础上，编者深入挖掘传统文化蕴含的思想观念、人文精神、道德规范，引导学习者领略经典作品的魅力，感受经典作品所带来的艺术审美享受和思想智慧启迪。由此，本书点与面充分结合，以"文化通识"引出作品，以作品证史思，做到经正纬成，纲举目张，进一步扩大教材容量，给教师以发挥的余地，给学生以思考的空间，实现课程全过程育人的目标。

三、立足本土，彰显地域文化

突出地域文化特色也是本书编撰的重要方向之一。湖湘文化作为中华优秀传统文化的重要组成部分，具有鲜明的地域特色和相对稳定的文化传承。作为一本具有鲜明地域特色的教材，本书在阐述中华优秀传统文化的同时，深入挖掘了湖湘文化的独特魅力和价值。在"湖湘学堂"模块中，本书通过多维度、多层次的呈现方式，生动展现了湖湘文化的丰富多彩，通过介绍湖湘文化的代表人物、经典著作、历史故事及当代传承与发展等，展现湖湘文化的深厚底蕴和独特风貌，为读者提供了一个了解和学习地域文化的窗口；同时，此模块更为传承与发展中华优秀传统文化、促进文化多样性贡献了独特的角度。

四、对接生活，架设活动桥梁

本书在编写过程中，不仅注重理论知识的传授，还强调了实践应用的重要性。设置"笃行致远"模块，根据每一篇章内容精心设计了相应的实践活动和案例分析，旨在学以致用，激发学生课后主动探究与学习中华优秀传统文化的兴趣，提升学生文化素养和实践能力，使学生从身边感知传统文化元素，生动展示中华文明的繁荣。例如，在"知礼明德——中国传统礼仪规范"项目中，我们设计了"行中华礼仪，展文明风采——中华拜师礼体验活动"，让读者在亲身体验中感受中华礼仪的魅力和价值。在传承中华优秀传统文化的基础上，也注重融合创新元素和时代精神，将中华优秀传统文化与现代社会发展和个人成长相结合，探讨如何在新的时代背景下传承和发扬中华优秀传统文化。

面对源远流长、博大精深的中华优秀传统文化，一本教材远不能描绘其全貌，但编者希望以本书为切入口，引导青年学生接触和学习中华优秀传统文化，把握其发展脉络与突出特征，体会中国古代文人的文化追求和艺术品位，进而培养对中华优秀传统文化的兴趣，积极主动地展开研读和探究。

在本书的编写过程中，我们参阅了大量的中国文化概论教材和国内外公开出版发行的文献和网络资源，在此恕不一一列举。由于编者水平有限，缺漏或不当之处在所难免，敬请读者批评指正。

编者

2024 年 11 月

目录

项目三　知礼明德——中国传统礼仪规范

项目四　求学向善——中国传统教育经验

项目五　潜心雕琢——中国传统民间工艺

项目六　知术匠心——中国传统科技成就

项目七　多彩生活——中国传统生活真谛

项目十　守正创新——中国文化革故鼎新

项目一

寻根铸魂

——中华优秀传统文化溯源

优秀传统文化是一个国家、一个民族传承和发展的根本。世界上有很多历史悠久的文化对人类文明作出过巨大贡献，如古巴比伦文化、古埃及文化、古希腊文化等，但在纷繁复杂的历史演进中，有的衰落了，有的消亡了，有的中断过，有的被征服过，唯有中华文化就像一颗璀璨明珠，绵延至今从未中断过，展现出独特魅力，让世界为之惊叹，让国人为之骄傲。

【学习目标】

1. 了解中华优秀传统文化的内涵与意义。

2. 了解中华优秀传统文化的形成与发展。

3. 理解中华优秀传统文化的核心思想理念与基本特征。

4. 传承中华优秀传统文化，不断增强文化自觉和文化自信。

5. 了解湖湘文化的内涵与精髓。

文化通识

文化是民族的血脉，是人民的精神家园。中华优秀传统文化，积淀着中华民族最深沉的精神追求，代表着中华民族独特的精神标识，是中华民族生生不息、发展壮大的不竭动力，是中国特色社会主义植根的文化沃土，是当代中国发展的突出优势，对延续和发展中华文明、促进人类文明进步，发挥着重要作用。

背景透视：中华优秀传统文化的内涵与意义

一、中华优秀传统文化的深刻内涵

（一）"文化"界说

"文化"是一个古老而又年轻的词语，人们从各自不同的视角来界定文化。一开始，"文"与"化"两个字是不并用的。"文"字最早见于商代的甲骨文，像身有花纹的袒胸而立之人，本义为各色交错的纹理，后引申为文物典籍、礼乐制度、德行教化等。"化"字的古字形由一个头朝上的人和一个头朝下的人组成，有"改易、生成、造化"诸义，初指事物动态变化的过程，并由此引申为教行迁善之意。

"文"与"化"并联使用，较早见于战国末年儒生编辑的《周易·贲卦·彖传》："刚柔交错，天文也。文明以止，人文也。观乎天文，以察时变；观乎人文，以化成天下。"日月往来交错文饰于天，即"天文"，亦即天道、自然规律。而"人文"，则指人伦社会规律，即社会生活中人与人之间纵横交织的关系（如君臣、父子、夫妇、兄弟、朋友），构成复杂网络。治国者须观察天文，以明了时序之变化，又须观察人文，使天下之人均能遵从文明礼仪，行为止其所当止。在这里，"人文"与"化成天下"紧密联系，"以文教化"的思想已十分明确。

文化作为人类社会的现实存在，具有与人类本身同样古老的历史。《辞海》中解释"文化"：广义指人类在社会历史实践中所创造的物质财富和精神财富的总和；狭义指社会的意识形态，以及与之相适应的制度和组织机构。这里的广义文化包括物质文化、精神文化、制度文化和行为文化等；狭义文化包括哲学、史学、文学、艺术，以及宗教、科学技术、典章制度等人文知识，主要是指精神文化。本书主要是从狭义文化的角度使用"文化"这个概念。

（二）"中华"之义

民族性、国度性是文化的重要属性之一。在世界历史上，各个民族、各个国家分别在不同的自然、社会条件提供的舞台上，演出了情节有别、风格各异的文化正剧。本书所论的中国文化，是指由中华民族在自己生存发展的这片广袤的土地上创造的文化。

中国，作为一个地理概念，其内涵经历了一个渐次扩展的过程。上古时，华夏族建国于黄河流域，自认为居天下之中央，故称中国，而将周边地区称为四方。《诗经·大雅·民劳》说"民亦劳止，汔可小康。惠此中国，以绥四方"，《庄子·田子方》载"吾闻中国之君子，明乎礼义而陋于知人心"，均为此义。中华民族是中国文化的创造主体。

中华民族是现今中国境内由华夏族演衍而来的汉族及55个少数民族的总称。"中华"之得名，由来已久。"中"，意谓居四方之中。"华"，本义为光辉、文采、精粹，用于族名，蕴含文化发达之意。元人王元亮在《唐律疏议释文》说："中华者，中国也。亲被王教，自属中国，衣冠威仪，习俗孝悌，居身礼仪，故谓之中华。"

（三）"传统"之源

从文化学的角度看，中国文化包括传统文化和现代文化。传统文化产生于农业时代，主要指封建社会的文化。现代文化产生于工业时代和信息时代，是我国现代化进程中不断创造与发展的新型文化。一般来说，中国传统文化是指1840年鸦片战争以前我国的古代文化。顾伟列先生在《中国文化通论》中指出："传统与现代之间本无一条明显的分界线可寻，文化转型也绝不意味着文化断裂。"今日中国文化，是昨天中国文化的延续，又是明天中国文化的母体。传统不是与我们今天分离或隔绝的对象，在传统属于我们之前，我们早已属于传统。传统文化具有深厚的历史渊源，具有历史承递性，又具有强烈的现实性和当代性。"传统并不仅仅是一个管家婆，只是把它所接受过来的忠实地保存着，然后毫不改变地保持着并传给后代。它也不像自然的过程那样，在它的形态和形式的无限变化与活动里，永远保持其原始的规律，没有进步。"（黑格尔：《哲学史讲演录》第一卷）传统文化所蕴含的思维方式、价值观念、行为准则，一方面具有强烈的历史性、遗传性，另一方面又具有鲜活的现实性、变异性，它无时无刻不在影响着今天的中国人，为我们开创新文化提供历史的根据和现实的基础。因此，传统文化距离我们并不遥远，在现实生活的强劲脉搏里，时时刻刻都能够感觉到它的存在。传统文化在影响现实的同时，也在新的时代氛围中发生蜕变，所以本书在审视中国传统文化的丰富内涵之后，也以一定篇幅讨论它的转型与新生。

（四）"优秀传统文化"的标准

不是所有的传统文化都需要传承，要传承的是"优秀"的传统文化。那么，怎么判定中国传统文化哪些是优秀的？标准是什么呢？李宗桂在《衡量中国传统文化"优秀"的标准，应包括这几条》中描述中国优秀传统文化的评价标准：适应时代需求，推动社会发展；经受实践检验；有助文化认同，促进民族团结，助力民族复兴；提供精神支撑；有益世界文明。中国优秀传统文化的评价标准并不是随意的，而是有着内在的价值理念的引领，有着互为关联、相辅相成的思想逻辑。其中，文化价值论和文化发展观是纲领，文化的民族性、时代性和世界性的统一是考察问题的着眼点，文化的实践性是检验其价值的试金石，文化的继承性和变革性是贯通历史和现实的理论桥梁，文化的统一性和多样性是妥善处理中国文化与世界文明关系的基点。

综上所述，中华优秀传统文化指的是中华民族在漫长的社会生产、生活实践活动中，共同创造和积累的，承载着中华各民族的优良传统、优秀思想、人文精神、道德规范的精神财富和文明成果。

二、中华优秀传统文化的伟大意义

中华优秀传统文化是中华民族的根和魂，深刻影响着中华民族的性格、特征和思维方式，作为中华民族精神的表现，有着重要意义。

（一）强大的民族凝聚功能

中华文明的统一性促进了各民族文化的融合，形成了共同的价值观和道德标准，增强了民族认同感。儒家文化中的忠孝、仁爱等理念，成为民族凝聚力的道德基础。道家文化中的和谐共生理念，促进了社会的稳定与团结。法家文化中的法治观念，强化了社会秩序和民族一致性。文化基本精神有着巨大的思想统摄性，它可以超越地域、阶级、时代的界限，用中华优秀传统文化哺育每个中华儿女，使其凝为一体，同心同德地为民族整体利益和长远利益不懈奋斗。因此，每当出现外敌入侵时，中华民族都能够万众一心奋起抵御；每当内乱出现时，人们又可在"中华一体"的民族认同基础上，捐弃前嫌，团结一致，变分为合，化乱为治。这些都是与中华优秀传统文化对人们的滋养分不开的。以和为贵的文化精神，还滋养出了崇尚和谐统一的博大胸怀。坚持和而不同的矛盾统一观，反对片面求同或乱斗一气；坚持统一，反对分裂。把家庭邻里的和谐、国家的统一看作天经地义的事情，这种文化传统，对于中华一体、国家一统的民族文化心理的形成，对于我们国家、社会的长期稳定发展，起到了十分重要的聚合作用。

（二）强大的精神激励功能

中华优秀传统文化强调孝道、尊重长辈和家庭和谐，这种价值观能够激励人们更加珍惜家庭关系，关心父母和家人，从而在学业、事业等方面努力奋斗，为家庭争取更好的未来。

中华优秀传统文化注重教育和学习，强调学无止境，鼓励人们不断追求知识和智慧。这种价值观能够激励人们追求卓越，始终向前。中华优秀传统文化还强调诚信、道德及人与人之间的亲情、友情和社会责任，这些价值观能激发人们的道德感和责任感，促进人际关系的和谐与发展，培养个体的社会责任感。在更广泛的社会层面，中华优秀传统文化所蕴含的精神力量能够激励整个民族积极向上、奋发有为，能够促进社会和谐、稳定和发展，增强民族凝聚力和向心力。文化精神代表着民族精神，必然反映着中华优秀传统文化的健康发展方向，能够鼓舞人民前进，无论在历史上还是在当代中国的文化建设中，都具有激发民族自尊心、自信心和民族自豪感的强大作用，理所当然地成为维系全民族共同心理、共同价值追求的思想纽带，成为人们为民族统一、社会进步而英勇奋斗、鞠躬尽瘁、死而后已的精神源泉。

（三）强大的整合创新功能

中华优秀传统文化强调和谐、包容和开放，这些价值观念为整合创新提供了思想支撑。传统文化中的和谐思想注重人与人之间的和谐共处，强调社会的稳定和秩序；包容思想则倡导对不同文化、不同思想的尊重和接纳，为文化的多样性提供了空间；开放思想则鼓励人们不断探索、创新和进取，为文化的发展注入了源源不断的动力。整合不同区域文化，使其在中华一体的文化格局中熔铸成为一个有机统一整体。中华优秀传统文化的基本精神，是整个中华版图意义上的民族精神。而中华民族的孕育、形成和发展，有一个漫长的过程。同样，全面意义上的中华优秀传统文化的成熟、定型，也有一个长期发展的过程。其中，作为中华优秀传统文化基本精神的诸多主体内容，在不同时期、不同地域起着不同的作用，对原有的诸多地域文化和不同阶层的文化，起着重要的整合创新作用。湖湘文化、齐鲁文化、燕赵文化、巴蜀文化、荆楚文化、吴越文化、秦陇文化、岭南文化等，都是在艰苦的实践中，在特定的地域里，通过长期艰苦卓绝的努力创造出来的地域文化。这些特色各异的地域文化都蕴含着自强不息的奋进精神，都有中华一体的文化认同意识，在这种共同精神的烛照下，多元发展的地域文化逐渐走向融合，成为中华民族文化大家庭的重要组成部分，并超越了地域和阶层，成为牢固的民族文化心理，代代传承，没被外来的力量所打破、所改变。在文化大传统的熏陶下，原有的地域文化所蕴含的文化小传统，既表现出中华传统文化的共性，又保留了自己的特殊性，内容更加丰满。

历史回眸：中华优秀传统文化的形成与发展

中华优秀传统文化是中华民族在长期历史演进中形成的独特精神标识，深深地植根于中华大地的沃土之中，凝聚着中华民族的智慧和力量。其形成与发展是一个漫长而复杂的过程，既包含了丰富的历史内涵，也体现了鲜明的时代特色；既是物质文化、精神文化的丰富完善过程，也是民族自我解放、走向文明高峰的过程。

一、中华优秀传统文化萌芽期：石器时代

石器时代是中华优秀传统文化的史前期。中国石器时代文化是在相对单一的人种学

基础上发展起来的，对以后中华优秀传统文化持续稳定地独立发展起着重大作用。中国是世界农业起源的中心之一，包括稻作和旱作在内的丰富多彩的农业生产方式，奠定了有别于游牧方式的农耕文化的基石。

二、中华优秀传统文化雏形期：三代至春秋战国时期

夏、商、周三代至春秋战国时期奠定了中华优秀传统文化的基本构架，尽管华夏族的宏大空间（"中国"）还很有限，但中国文明的基石已初步奠定。象形会意的汉字、儒墨道法等诸子思想、伦理宗法等都在这一时期开始形成，并对后世产生深远影响。特别是春秋战国时期，是中国历史上少有的文化异常活跃的时期，出现了儒家、道家、法家、墨家等学派，这些学派创造了充满智慧的思想学说，奠定了传统文化的理论根基。

三、中华优秀传统文化定型期：秦汉时期

秦汉时期，秦始皇统一六国，建立了大一统王朝，统一的文化共同体形成，中华优秀传统文化的基本面貌固定下来。如度量衡的统一、文字的厘定，以及教育模式、户籍控制、官吏考试方式和经学、史学体系的格局大定，汉族形成，汉语、汉字等文化成果都在秦汉时期基本定格。汉朝建立后，儒学"天下独一尊"的地位确立，儒学的经学化成为主要的学术活动，进一步稳定了儒学在中华优秀传统文化中的主导地位。以儒学为一尊的中华优秀传统文化奠定了中华优秀传统文化的主体根基，中华优秀传统文化由多元走向一统，中原农耕文明在与周边游牧文明的冲突交融中，逐渐赢得强有力的控制地位。至此，中华优秀传统文化基本定型。

四、中华优秀传统文化融合期：魏晋南北朝至唐中叶

魏晋南北朝至唐中叶中华优秀传统文化开始大范围地与东亚、西亚、南亚文化进行交流整合，踏上了"亚洲之中国"的道路，得以进一步发展。这一时期，儒学陷入困境，法家和名家虽一度受到重视，代之而起的却是"玄风独振"，佛学兴盛。儒家思想"独尊"局面被打破，儒、玄、释、道多元文化共存共融，形成了先秦诸子百家争鸣之后又一思想学术的大繁荣。佛教实现了中国本土化，并深刻影响了中华优秀传统文化的各个方面。隋唐时期，佛学宗派林立，禅声缭绕，成为中华优秀传统文化史上的奇峰异峦。

五、中华优秀传统文化强盛期：唐末至明中叶

唐宋以来，中华优秀传统文化总体上已显示出走出中古文化故辙的动向，孕育了部分近代文化因子。诗词歌赋达到了巅峰，出现了许多脍炙人口的佳作，如李白的诗、杜甫的诗、苏轼的词等，这些作品不仅具有极高的艺术价值，也反映了当时社会的风貌和人民的精神面貌。同时，随着科技的进步，中医药学、天文学、数学等领域也取得了显著的成就，为中华优秀传统文化的发展注入了新的活力。

六、中华优秀传统文化转型期：明末迄今

完成现代工业转型的西方，以炮舰加商品打开了中国封闭的国门，中华优秀传统文化第一次遭遇"高势位"文化的入侵，中华优秀传统文化与西方文化的冲突、调适、融合过程异常艰难也异常痛苦，但这一过程也赋予了中华优秀传统文化新的发展机遇。中华优秀传统文化在制度、物质、行为、精神诸层面进入现代转型期。中华优秀传统文化在面临西方文化的冲击和挑战时，依然保持着顽强的生命力和创造力。许多仁人志士在继承传统的基础上，积极吸收西方文化的有益成分，推动中华优秀传统文化的创新和发展。例如，在文学艺术领域，现代文学、电影、音乐等艺术形式不断涌现，为传统文化的传承和发展注入了新的元素。同时，在科技领域，中华民族也在不断创新和进步，为世界的科技发展作出了重要贡献。

文化自信：中华优秀传统文化的核心思想理念与基本精神

一、中华优秀传统文化的核心思想理念

中华优秀传统文化是中华民族在漫长的社会生产、生活实践活动中共同创造和积累的，承载着中华各民族的优良传统、优秀思想、人文精神、道德规范的精神财富和文明成果。它是中华民族几千年文明的结晶，世代相传，博大精深，具有深刻厚重的价值意蕴和跨越时空、超越国界的永久魅力。中共中央办公厅、国务院办公厅印发的《关于实施中华优秀传统文化传承发展工程的意见》指出："传承发展中华优秀传统文化，就要大力弘扬讲仁爱、重民本、守诚信、崇正义、尚和合、求大同等核心思想理念。"

（一）讲仁爱

讲仁爱的基本含义是倡导对人的关心、爱护，努力去帮助、成就别人，体现了人与人之间的相互关爱和尊重。在儒家思想中，仁爱被视为一种上对下的爱，可以是长辈对晚辈的爱，如母亲对孩子的爱。这种爱并非局限于家庭或亲人之间，而是推广至整个社会，强调对他人的关怀和尊重。孔子把"仁"理解为"爱人"。仁者会将基于血缘的爱的情感扩展开，做到"老吾老，以及人之老；幼吾幼，以及人之幼"（《孟子·梁惠王上》），这正是对仁爱的生动诠释，意味着在追求自身成长和进步的同时，也要帮助他人实现其价值。道家思想强调人与自然之间的和谐共生，倡导一种包容万物的仁爱之心，提出要为他人、为大众奉献自己，"既以为人己愈有，既以与人己愈多"（《道德经·第八十一章》）。墨家讲兼相爱，"使天下兼相爱，爱人若爱其身"（《墨子·兼爱上》），要求"有力者疾以助人，有财者勉以分人，有道者劝以教人"（《墨子·尚贤下》）。佛教则提倡慈悲为怀，宣扬慈爱之心和悲悯情怀，通过修行和布施来培养对他人的关爱和同情，希望能够拔除人间所有苦难，给

世人带来平安幸福。

（二）重民本

中华优秀传统文化中的重民本思想源远流长，深深植根于中华民族的历史脉络之中，在中国数千年来的政治传统中，民本思想从未中断。这种思想强调国家的治理应以民众的利益和福祉为本，体现了对人民主体地位的尊重和重视。贾谊说："闻之于政也，民无不为本也。"(《新书·大政上》)民本思想的基本内涵包括民惟邦本、民贵君轻、立君为民、敬天保民、养民爱民等。儒家认为民众是国家的基础，是社会稳定的基石，强调君主应以民为本，关注民生，实行仁政，以赢得民心，维护国家的长治久安。孔子提出的"仁者爱人""为政以德"等理念，体现了对民众的关爱和尊重。孟子更是明确提出"民为贵，社稷次之，君为轻"的观点，将民众的地位置于君主和社稷之上，进一步强化了民本思想的重要性。道家强调顺应自然、无为而治，这种理念在某种程度上也是对民众权益的一种保障。墨家则主张兼爱非攻、尚贤节用，提倡平等、公正的社会秩序，也是对民众利益的一种维护。

微课1.1
民本思想的星星之火何以燎原

（三）守诚信

诚信是指真诚、诚实、信实，不自欺也不欺人。中华优秀传统文化中，守诚信一直是一项重要的道德准则和价值观念。诚信被视为为人处世的基本准则，是人与人之间建立信任、维护和谐关系的重要基石，也被视为个人品德的核心要素之一。儒家将诚信视为个人立身处世的根本和国家治理的根基。《论语》中强调"与朋友交，言而有信"，即在人际交往中要言出必行，信守承诺。《孟子》则提出"诚者，天之道也；思诚者，人之道也"，指出诚信是顺应天道的行为，是人们应该追求和坚守的道德准则。中华优秀传统文化中还有许多关于诚信的典故和故事，如商鞅立木建信、曾子杀猪等，这些故事都以生动形象的方式诠释了诚信的重要性。这些故事告诉我们，只有守诚信，才能赢得他人的信任和尊重，才能在社会中立足。

（四）崇正义

"崇"意味着追求、推崇和仰慕，而"正义"则代表公正、公平和正当。《论语》强调"君子喻于义，小人喻于利"，指出君子应该注重道义，而小人则只看重利益。孟子则进一步提出"义之所在，虽千万人，吾往矣"，表明为了正义，我们甚至不惧千难万险。荀子讲"先义而后利者荣"(《荀子·荣辱》)。墨家思想的核心思想是义，墨家的正义着重提倡义，认为"义者，正也"(《墨子·天志下》)，主要强调人的行为的正当、社会制度的公平等。墨子呼吁"一同天下之义"(《墨子·尚同中》)，"同"就是同一、一统、统摄，强调"为义"(《墨子·耕柱》)，倡导对义的践

微课1.2
浩然滋正气

行。在中华优秀传统文化中，崇正义不仅是对个人品德的要求，更是对社会秩序和道德规范的维护，它深深植根于中华民族的精神血脉之中，体现了我们对于公正、道义和善良的不懈追求。

（五）尚和合

中华民族在漫长的历史发展过程中形成了内容丰富、内涵独特的和合文化，强调在正视事物之间差异和矛盾的基础上，尊重差异、协调矛盾，以达到和谐共生的目的。这种思想源于古代先贤对宇宙和人生的深刻洞察，认为世间万物虽然形态各异，但都是相互依存、相互联系的，人们应该尊重彼此的差异，通过沟通和协调来化解矛盾，实现和谐共处。早在甲骨文中，就有了"和"与"合"二字的身影。它们最初分别代表了和谐的声音和相亲相爱的状态，后来逐渐演化为和谐、合作、凝聚等更广泛的意义。在《管子》中，"和合"二字开始连用，强调道德素养对于社会和谐的重要性。西周末年史伯提出"和实生物，同则不继"（《国语·郑语》），认为只有在和的状态下才能产生新的事物。孔子提出"君子和而不同"（《论语·子路》），认为这是人与人之间关系的理想模式。道家的和谐论则表现出鲜明的自然取向与无为姿态，注重人与天地自然的合一。

（六）求大同

这种思想源自古代的儒家文化，强调人与人之间的和谐共处，以及社会整体的安定与繁荣。儒家经典《礼记·礼运》中的"大道之行也，天下为公，选贤与能，讲信修睦。故人不独亲其亲，不独子其子，使老有所终，壮有所用，幼有所长，鳏寡孤独废疾者皆有所养，男有分，女有归。货恶其弃于地也，不必藏于己；力恶其不出于身也，不必为己。是故谋闭而不兴，盗窃乱贼而不作，故外户而不闭。是谓大同"，描述了一种理想的社会状态，它追求的是一种超越个人、家庭、地域等局限的普遍价值，强调整个社会的共同利益和福祉。为了实现这种大同社会，人们需要遵守共同的道德规范，尊重彼此的差异，并在大是大非面前保持一致。求大同的思想在中华优秀传统文化的各个方面都有所体现。在伦理道德方面，儒家文化强调仁、义、礼、智、信等价值观，提倡人与人之间的关爱和尊重。在政治哲学方面，儒家文化主张以德治国，通过提升个人的道德修养来实现社会的和谐稳定。在文学艺术方面，中华优秀传统文化中的诗词歌赋、绘画雕塑等艺术形式也往往表达着对大同社会的向往和追求。

二、中华优秀传统文化的基本精神

中华优秀传统文化是中华民族几千年文明的结晶，涵盖了思想、文字、语言、艺术、科技、礼仪制度、风俗习惯等诸多方面。这种深厚的文化底蕴不仅塑造了中华民族独特的民族特质和风貌，更为我们提供了坚定文化自信的坚实基础。

（一）饱含深情的爱国精神

南宋诗人陆游一生都在为国思虑，临终前还写下了"但悲不见九州同"的诗句。像陆游这样爱国的中国人在历史上有千千万万。从屈原的"上下求索"到杜甫的"凭轩涕泗流"，从辛弃疾的"栏杆拍遍"到文天祥的"留取丹心照汗青"，从贾谊的"国而忘家，公而忘私"到范仲淹的"先天下之忧而忧，后天下之乐而乐"，从顾炎武的"天下兴亡，匹夫有责"到林则徐的"苟利国家生死以，岂因祸福避趋之"等，爱国精神成为中华民族发展中形成的核心价值观。它激励了一代又一代仁人志士，浇铸了一座又一座历史丰碑。它成就了中国人民的伟大人格，是中华民族生生不息的不竭动力。正是凭着对国家、民族的赤子之情，凭着在爱国主义旗帜下熔铸而成的凝聚力和向心力，中华民族和中国人民才经受住了各种难以想象的困难、风险和考验，始终保持勃勃生机。

（二）仁者爱人的人本精神

中华优秀传统文化始终强调以人为本，并将天、地、人三者并列，以人为宇宙的中心，认为人是万物之本，并以此建立自己的价值体系。如治国理念上，提出"民为贵，社稷次之，君为轻"（《孟子·尽心下》）、"水能载舟，亦能覆舟"（《贞观政要》）的主张；在国计民生上，提倡"重农抑商"、鼓励农耕；在教育和人才选拔上，主张"有教无类"、实行科考取士等。这些思想都是中华优秀传统文化人本精神的集中体现。它一方面充分肯定了人与自然、个体与社会的统一，主张个体的感情、欲望的满足与社会的理性要求相一致，否定对超自然的上帝、救世主的宗教崇拜和彼岸世界的存在；另一方面着眼于思考人类自身的存在，以人为中心建构起自己的理论体系。中华优秀传统文化的人本精神，还表现为重视礼仪形式，提倡德治，力求使社会各个阶层和睦相处。为了维护社会的稳定，中国传统社会特别重视社会的细胞——家庭，认为家庭和谐，社会才稳定。为此，中华优秀传统文化规定了家庭成员应当遵守的各种道德规范。它还提出了关于未来社会的理想模式，力求建立一个"天下为公"的世界。这种人文精神培育了中华民族积极进取、坚忍不拔、敬老养老、扶危济困、勤俭持家等美德。

（三）天人合一的和合精神

"天人合一"源于延续了数千年的农耕传统，人们习惯了按照时令、节气从事农业生产，大自然的变化对于生产、生活的重要作用在人们的心中留下了深刻的印象，使人们对天地自然怀有一种亲近的情感。人们渴望与天地自然和睦相处，与"天"合为一体。这种渴望随着生产的发展和时间的推移，积淀为民族心理，造就了中华优秀传统文化的和合精神。天人关系的辩证统一，是中华优秀传统文化中处理天人关系的根本原则和主导思想。天人合一的基本精神，作为一种历史的积淀，早已渗透于每一个中国人的血肉之中。"仁者爱人""推己及人"的道德崇尚，"兼济天下""独善其身"的生活态度，"道法自然""无为无不为"的审美追求，都体现着中国人倡导和谐的文化精神。"和"是中国人在处理各种关系中的一个重要准则。在人与自然的关系上，把天、地、人看作一个统一、平衡、和谐的整体。在人际关系上，强调和谐有序，为此建立了以仁为核心、以德为基础、以礼为规范的德性思想体系，追求"仁者爱人""礼之用，和为贵"的和谐社会。

（四）有容乃大的兼容精神

《易经》中说"地势坤，君子以厚德载物"，即人们要以大地般宽广的胸襟承载万事万物，顺承天道。在中外历史上，不少优秀的文化因为异族入侵而中断，如希腊、罗马文化因日耳曼人入侵而中断沉睡了上千年；印度文化因雅利安人入侵而雅利安化；埃及文化则因入侵者的变化而不断改变自己的面貌，曾经一度希腊化，后又罗马化，再后又伊斯兰化。中华优秀传统文化却大不相同，十六国时期北方少数民族入主中原，两宋时期契丹、女真相继南下，乃至蒙古族、满族在中华大地上建立大一统王朝，都未能中断中华优秀传统文化；相反，在同化、融合的过程中，中华优秀传统文化吸收了新鲜血液，焕发了新的生命活力。这种强大的同化力与融合力正是中华优秀传统文化有容乃大的兼容精神的体现。

（五）尊崇道德的伦理精神

中华优秀传统文化具有鲜明的伦理道德倾向，对伦理道德的崇尚，对以血缘关系为基础的伦理模式的推崇，以及对家国一体的思想观念的认同，深深植根于中国人的灵魂中，流淌在中国人的血液里。因此，历代统治者十分重视"以德治国"，主张用道德感化作为政治统治的主要手段，用道德规范"教化"民众，以规范社会成员的思想与行为。如孔子主张"治国以礼""为政以德"，孟子强调"不忍之心""行王道，施仁政"。这种将伦理道德思想与政治思想结合在一起的做法，在历史上曾经起到教化人心、稳定社会的重要作用。与此同时，中华优秀传统文化强调个人的道德修养和伦理义务，要求个体服从整体，个人利益服从家庭、宗族和国家的利益，并将仁义作为道德价值取向的内核。因此，"立人乃仁与义，处世则柔与刚"是人们安身立命的道德信条；忠社稷、重家庭、尊师道是中华优秀传统文化根深蒂固的文化内涵；父慈子孝、兄友弟恭是中华优秀传统文化中理想的家庭氛围；敬老爱幼，是中华伦理道德亘古不变的文明规则。这种道德崇尚和道德实践，对中华民族的人格追求产生了深刻影响。"路漫漫其修远兮，吾将上下而求索"的精神追求，"安得广厦千万间"的人文关怀，"先天下之忧而忧，后天下之乐而乐"的忧乐观，"天下兴亡，匹夫有责"的使命感，深深融入了中华民族的人格精神中，激励了一代又一代仁人志士，铸就了中华民族的脊梁。

（六）经世致用的务实精神

中国人历来重视实际，深信"眼见为实，耳听为虚"，崇尚在实际工作和生活中追求人生理想，实现人生价值。这种务实精神使中华优秀传统文化成为一种非宗教的、世俗的文化。它既不寻求彼岸世界，也不探究虚无境界，而是立足现实人生，把"立德、立功、立言"作为实现人生价值的目标。在以解决社会、人生的实际问题为出发点和归宿的"经世致用"治学传统的影响下，中国古代的科学也成为实用科学，无论是天文、数学、医药，还是地理、农学、水利，乃至四大发明，大多是与国计民生密切相关的实用科学。这些实用科学的成就之高、解决实际问题的能力之强，曾在世界历史上遥遥领先，令各国科学家赞叹不已。中华优秀传统文化历经数千年变迁与磨砺至今仍经久不衰，关键在于它兼容并蓄的胸襟和海纳百川的情怀。中华民族不但善于从民族内部文化中汲取积极的营养，还善于从外来文化中吸收可以滋养、丰富民族精神的一切优秀文明成果，它具有海纳百川、地承万物的气魄，以及兼容并蓄、推陈出新的能力。它在与不同区域或民族文化的交汇与融合中，求得顽强的生存和发展。

经典领航

《大学》(节选)

大学之道[1]，在明明德[2]，在亲民[3]，在止于至善。

知止[4]而后有定，定而后能静；静而后能安，安而后能虑，虑而后能得[5]。物有本末，事有终始。知所先后，则近道矣。

古之欲明明德于天下者，先治其国。欲治其国者，先齐其家[6]。欲齐其家者，先修其身[7]。欲修其身者，先正其心。欲正其心者，先诚其意。欲诚其意者，先致其知[8]。致知在格物[9]。

物格而后知至；知至而后意诚；意诚而后心正；心正而后身修；身修而后家齐；家齐而后国治；国治而后天下平。自天子以至于庶人[10]，壹是皆以修身为本。其本[11]乱而末[12]治者，否矣。其所厚者薄[13]，而其所薄者厚[14]，未之有也[15]。

【注释】

1.大学之道：大学的宗旨。"道"的本义是道路，引申为规律、原则等。

2.明明德：前一个"明"作动词，有使动的意味，即"使彰明"，也就是发扬、弘扬的意思。后一个"明"作形容词，"明德"也就是光明正大的品德。

3.亲民："亲"应为"新"，即革新、弃旧、图新。亲民，也就是新民，使人弃旧图新、去恶从善。

4.知止：知道目标所在。

5.得：收获。

6.齐其家：管理好自己的家庭或家族，使家庭或家族和和美美，蒸蒸日上，兴旺发达。

7.修其身：修养自身的品性。

8.致其知：使自己获得知识。

9.格物：认识、研究万事万物。

10.庶人：泛指平民百姓。

11.本：根本。

12.末：枝末。

13.厚者薄：该重视的不重视。

14. 薄者厚：不该重视的却加以重视。

15. 未之有也：即"未有之也"。没有这样的道理、做法等。

【解读】

这一章涵盖了儒学的三纲八目。三纲，是指明明德、新民、止于至善，它既是《大学》的纲领旨趣，也是儒学"垂世立教"的目标所在。八目，是指格物、致知、诚意、正心、修身、齐家、治国、平天下。儒家的全部学说都是循着这三纲八目而展开的，这是打开儒学大门的钥匙。这一章包括"内修"和"外治"两大方面：前面的"格物、致知、诚意、正心"是"内修"，后面的"齐家、治国、平天下"是"外治"，通过格物、致知而达到修身、齐家、治国、平天下的目的。这是儒家文化对中国知识分子人格修炼的要求。格物、致知后，就要坚定自己的信念，修养好自己的品性，培养出更高的能力，为国家、社会作出更大的贡献。

《中庸》（节选）

天命[1] 之谓性，率性[2] 之谓道，修道[3] 之谓教[4]。道也者，不可须臾离也，可离非道也。

是故君子戒慎[5] 乎其所不睹，恐惧乎其所不闻。莫见[6] 乎[7] 隐[8]，莫显乎微[9]。故君子慎其独[10] 也。

喜怒哀乐之未发[11]，谓之中[12]。发而皆中节[13]，谓之和[14]。中也者，天下之大本也。和也者，天下之达道也。致中和[15]，天地位[16] 焉，万物育[17] 焉。

【注释】

1. 天命：天赋，指与生俱来的自然禀赋。

2. 率性：遵循本性，顺应上天赋予自己的秉性。

3. 修道：按照规律修养身心，形成高尚的品德。

4. 教：教化，感化自己达到品德高尚的境界。

5. 戒慎：警醒自己，使行为谨慎。

6. 见：通"现"，显现。

7. 乎：于，在这里有比较的意味。

8. 隐：隐蔽的地方。

9. 微：细微的小事。

10. 慎其独：在独处的时候也言行谨慎。

11. 发：指情绪的抒发。

12. 中：内心平静、无所偏向的状态。

13. 中节：符合法度，合理恰当。节，节度、法度。

14. 和：适时适当，不过度。

15. 中和：即和谐。

16. 位：即处所，用作动词，意为万物各得其所。

17. 育：生长繁衍。

【解读】

《中庸》开宗明义，回答了世人普遍关心的问题：天命之谓性。这句话说得言简意赅，却含义深刻。《中庸》认为，人是肩负着某种使命降临人世的。人能够感知天命，发挥自己的才能智慧，主动地体认、回应并完成上天的使命，成就自己圆满的人生。《中庸》所说的人之"性"，包括"共性"与"个性"。"共性"，是说每个人的生命中与其他人相同的部分，比如生老病死的自然规律、衣食住行的需要等。"个性"，是说人的天性中还有一部分是自己独有的，比如性格爱好、饮食习惯，比如精神气质、先天禀赋等。每一个具有独立人格的个体，正是因为禀受于先天的、生来具有的这些资质，才能得以完成上天的命令，实现生命的价值。"率性之谓道"，便是《中庸》给世俗之人指出的成功之道，我们要想获得人生的成功，必须认清自己的"天命"和"个性"，从自己的兴趣爱好出发，完善自己的性格，提高自己的能力，在此基础上建功立业。

《孟子·尽心下》（节选）

孟子曰："民[1]为贵[2]，社稷[3]次之，君[4]为轻[5]。是故[6]得乎丘民[7]而为天子，得乎天子为诸侯，得乎诸侯为大夫。诸侯危[8]社稷，则变置[9]；牺牲[10]既[11]成[12]，粢盛[13]既洁[14]，祭祀以时[15]，然而[16]旱干水溢，则变置社稷。"

【注释】

1. 民：民众，百姓。

2. 贵：贵重，重要。

3. 社稷：指国家。社：社神。稷：谷神。

4. 君：君王，君主。

5. 轻：轻微。

6. 是故：因此，所以。

7. 丘民：民众。丘：众也。

8. 危：危害，危及。

9. 变置：更立，更换。变：更也。置：立也。

10. 牺牲：用以祭祀的动物。

11. 既：已经。

12. 成：肥壮。

13. 粢盛：古代盛在祭器内以供祭祀的谷物。

14 洁：清洁，洁净。

15. 以时：按照时令。

16. 然而：然，为代词，指上文；而，连词，表连接。然而，即使这样，但仍有的意思。

【解读】

本篇节选自《孟子·尽心下》，体现了孟子的仁政和民本思想。孟子提出"民为贵，社稷次之，君为轻"的观点，主张实行"王道"、提倡"仁政"，且认为如果诸侯危害国家、社神、稷神，接受了祭祀而仍使百姓遭受旱涝之灾，都可以变制改立，反映了孟子较强的民本主义思想。他认为君王要维护自己的统治，就要努力使百姓生活安定。假如君王能够推恩爱民，"老吾老，以及人之老；幼吾幼，以及人之幼"，那么统治天下就会像在手掌中转动东西那样容易。所以，"民贵君轻"的实质还是为了维护君王的统治。

湖湘学堂

湖湘文化的内涵和精髓

  湖湘文化在中华传统文化中占据着重要地位,它以独特的人文追求和文化精神为中华传统文化的绵延发展作出了重要的历史贡献。湖湘文化的发展经历了楚汉、两宋和近代三个重要时期,这些时期同时也是中华传统文化发展的重要阶段。在楚汉时期,湖湘地区成为衍生楚文化的重要区域,楚文化的典型代表是屈原的《楚辞》诗歌艺术,这种诗歌艺术将中原道德文化与沅湘民俗文化相结合,展现了浪漫主义风格。这种文化形态对中华传统文化的发展产生了深远的影响。到了两宋时期,湖湘地区书院教育兴盛。此时期的湖湘文化不仅继承了先秦、两汉时期的楚文化精髓,还受到了宋、明中原文化的洗练,形成了独特而稳定的区域文化形态。到了近代,湖湘文化更是以其独特的人文精神和社会责任感,孕育出了一大批杰出的历史人物,如曾国藩、魏源等,他们在政治、军事、文化等多个领域都作出了杰出的贡献,进一步提升了湖湘文化在中华传统文化中的地位。

一、自强不息的奋斗精神

  春秋战国时期,湖南属楚国,地理位置偏僻,环境艰苦。从西南一带迁徙过来的楚族先民开蛮荒之地,与各种自然灾害做斗争,在艰苦的环境中历经磨炼,逐渐形成了湖南人自强不息的奋斗精神,成为湖湘文化的深层血脉,代代传承。

  进入近代,中华传统文化在与西方文化的激烈交锋中节节败退,中国面临"三千年未有之大变局"。为救亡图存,近代中国发起了自强运动,大致经历了四个阶段,第一阶段洋务运动,第二阶段维新变法,第三阶段资产阶级革命,第四阶段新民主主义革命,在这四个阶段湖南人每一次都站在最前列,起到了中流砥柱的作用。

  厚重的历史文化,特殊的社会环境,形成了湖湘文化自强不息的奋斗精神。湖湘文化中的自强不息精神不仅体现在个人品格的塑造上,也体现在对国家、民族和社会的责任与担当上。它形成了国家民族利益高于个人利益的集体主义价值观,以及突出的爱国主义传统指向。湖湘士民对于国家盛衰、民族兴亡有着强烈的责任感和使命感,他们始终保持着积极进取、自强不息的精神状态,为国家和民族的发展贡献自己的力量。

二、心忧天下的爱国精神

古代的湖南被视为蛮夷之地，许多有着忧国忧民胸怀、治国安邦抱负的政治家和学者，在政治上受到诬陷或打击时，往往被贬谪、流放到湖南。他们在这里所写的诗文，往往都是抒发自己的政治主张和理想抱负，他们的际遇充满了浓郁的爱国主义精神。

屈原是楚文化的代表，是中国历史上伟大的爱国主义诗人。公元前305年，屈原反对楚怀王与秦国订立黄棘之盟，被楚怀王逐出郢都，开始了流放生涯。公元前278年，秦国大将白起带兵南下，攻破了楚国国都，屈原的政治理想破灭，对前途感到绝望，虽有心报国，却无力回天，只得以死明志，投汨罗江而死。朱熹《楚辞集注》曰："原之为人，其志行虽或过于中庸而不可以为法，然皆出于忠君爱国之诚心。"西汉政治家、文学家贾谊被贬谪长沙，写下了汉赋名篇《吊屈原赋》，以屈原的遭遇自比，抒发胸中的愤懑。唐代因参与"永贞革新"失败被贬为永州司马的柳宗元，在永州关心民间疾苦，多施善政；同被贬为朗州（今常德）司马的刘禹锡，勤政亲民，诗风豪放旷达，借诗嘲讽权贵。

湖湘文化中的爱国主义精神在中国近现代史上写下浓墨重彩的一笔。左宗棠在青年时期就立下了大的志向，他自写对联："身无半亩，心忧天下；读破万卷，神交古人。"在科场失意后，他关心国家，致力于经世济民之学。他常以"今亮"自称，时人也常以诸葛亮比之。后左宗棠任湘军将领，成为洋务派领袖，与曾国藩、李鸿章、张之洞并称"晚清中兴四大名臣"。在晚年时，他率兵出师新疆，消灭了侵占新疆的阿古柏势力，粉碎了英俄吞并新疆的阴谋，为维护国家领土完整作出了卓越的贡献。辛亥革命时期，以黄兴、宋教仁、蔡锷为代表的资产阶级革命派是同盟会的核心，是多次武装起义的组织者、领导者。湖南是武昌起义后的首应之省，湖南人又是反袁护国战争的主要发起者和领导人。在新民主主义革命时期，湖南涌现出以毛泽东、刘少奇、任弼时、彭德怀、贺龙、罗荣桓等为代表的一大批无产阶级革命家，更是将心忧天下的爱国精神演绎得淋漓尽致，并将之提升到新的高度。

在不同的历史时期，湖南人都喊出了时代的最强音。这里面贯穿着一个共同的主题，即对国家、民族的热爱和强烈的责任担当。

三、百折不挠的进取精神

湖湘人民历来坚忍执着，追求理想，战胜困难而义无反顾。这种百折不挠的进取精神，在历史的长河中有着生动的体现。例如，明末清初的王夫之，他拒绝清政府高官厚禄的诱惑，誓死不降，并在非人的环境下坚持著作。这种坚守与执着，正是湖湘文化中百折不挠精神的生动写照。曾国藩组建湘军，屡败屡战，最终平定太平天国的事迹，也充分体现了湖湘文化中百折不挠的进取精神。他面对困难，从不言败，以坚忍不拔的毅力最终实现了目标。这种精神不仅体现在他的个人行为上，也深深地烙印在湘军的团队文化中，使得湘军在历史中留下了浓墨重彩的一笔。

戊戌变法时期的谭嗣同，面对强大的保守势力，他毫不畏惧，办报刊、设学堂、立学会，一往无前。他的这种勇气和决心，正是湖湘文化中百折不挠、锐意进取精神的体现。湖湘文化中的百折不挠的进取精神，是一种坚忍不拔、勇往直前的精神力量。它激励着一代又一代的湖湘人民，在追求理想、战胜困难的道路上，不断前行，永不言败。这种精神力量，既是湖湘文化的独特魅力所在，也是推动湖湘地区乃至整个中华民族不断向前发展的重要动力。

四、舍生取义的牺牲精神

湖湘文化中的舍生取义的牺牲精神源远流长，深深地烙印在这片土地上。这一精神最早可追溯至春秋战国时期的屈原。尽管屈原并非出生于湖南，但他的爱国诗篇和以身殉国的壮举却在此地完成，对湖湘文化精神的形成和发展产生了深远的影响。他的诗篇和牺牲精神成为湖湘子弟前赴后继、舍生取义的源泉。南宋时期，面对宋金交战的严峻形势，湖湘士人坚决主张抗金，反对妥协投降，展现出大无畏的牺牲精神。明末清初，清军入关，湖南士民和书院学生投身于抗清救亡的斗争之中，再次书写了湖湘文化舍生取义的篇章。

近代以来，这种牺牲精神在湖湘文化中得到了进一步的体现和升华。陈天华、姚宏业、杨毓麟、彭超等烈士，他们为了国家的利益，不惜牺牲自己的生命。他们的年龄虽然都不大，但他们在关键时刻毅然舍身为国，展现出了湖湘文化中不畏牺牲、勇于奉献的崇高品质。抗日战争中，湖南各界群众积极响应抗日救亡的号召，为前方将士捐助钱财与物资，甚至自动组织义勇队、汽车队、战地服务团等直接奔赴战场参加战斗。这种"天下兴亡，匹夫有责"的爱国情怀，正是湖湘文化中舍生取义的牺牲精神的最好诠释。

湖湘文化中的这种牺牲精神还体现在一些普通人的日常生活中。例如，长沙望城区的徐正祥作为一名老兵，信守战场上的承诺，数十年如一日地照顾牺牲战友的父母，他的行为虽然平凡，但却闪现出了湖湘文化中诚信、义气和牺牲精神的光辉。湖湘文化中的舍生取义的牺牲精神是一种深厚的历史积淀和文化传承，它激励着湖湘子弟在面对困难和挑战时，能够勇往直前，为国家、为民族、为正义而牺牲自己的一切。

五、敢为人先的创新精神

湖湘文化中的敢为人先的创新精神，是这一地域文化的重要特质之一。它体现了一种开拓进取的创新意识，是实现个人成就和推动社会发展的重要动力。这种精神体现在对传统思想文化的综合与创新上，以及对新思想、新观念、新方法的勇敢探索与实践中。

从屈原开创全新文学体裁"楚辞"，到周敦颐开辟宋明理学，再到王夫之、魏源等思想家提出一系列新的思想和观念，都是湖湘文化敢为人先的创新精神的生动体现。

蔡伦的敢为人先精神在造纸术的发明中得到了充分体现，他将树皮、破布、麻头等原料经过一系列加工，制成了轻便、耐用的纸张。这不仅极大地推动了人类文化的传播，也为世界文明的进步作出了杰出的贡献。

曾国藩、左宗棠、彭玉麟、胡林翼、谭嗣同等湖南志士仁人，高举改革创新的旗帜，以"敢为天下先"的勇气和决心进行变革和斗争，从而改变了历史的走向。谭嗣同一生致力于维新变法，主张中国要强盛，只有发展民族工商业，学习西方资产阶级的政治制度。他公开提出废科举、兴学校、开矿藏、修铁路、办工厂、改官制等变法维新的主张，是维新派中的最激进者，他为戊戌变法慷慨赴义的壮举感召日月。

五四运动后，以毛泽东、蔡和森、刘少奇为代表的湖南先进知识分子，把马克思主义同湖湘文化相结合，喊出了"敢教日月换新天"的新民主主义革命口号，彰显了"敢为人先"的创新精神。

无论是在科技创新、思想变革还是国家建设方面，湖湘人都敢于走在时代前列，敢于做别人没有做过的事，敢于走以前没有走过的路。这种精神不仅为湖南的发展注入了强大的动力，也为整个中华民族的进步作出了重要贡献。

六、经世致用的务实精神

在湖湘文化的精神特质中，经世致用的务实精神是核心之一。这种务实精神强调将知识、学问与现实生活和社会实践紧密结合，以解决实际问题、推动社会进步为己任。它体现了湖湘文化重实际、重实践、重应用的价值取向。湖湘文化注重学以致用，许多学者都强调将学问与实际生活相结合，用所学知识解决实际问题。他们认为，学问不是为了追求虚无缥缈的理论，而是应该为现实生活和社会进步服务。湖湘文化倡导实践出真知，历来注重实践，认为只有通过实践才能真正理解和掌握知识。因此，湖湘文化中涌现出许多具有实践精神的学者和思想家，他们通过亲身实践来探索自然和社会的奥秘。

陶澍兴修水利、创办海运、推广双季稻；左宗棠亲自撰写了农学、地图等实用之书；谭嗣同等建立算学馆、时务学堂；毛泽东在求学阶段就特别重视"实用之学""有用之学"，毛泽东、蔡和森等人利用假期深入农村，进行社会调查，了解农村政治、经济、文化状况和农民生活，并称之为"读无字书"，用以补书本知识之不足。湖湘文化强调社会责任和担当。湖湘人认为，作为知识分子和学者，应该承担起推动社会进步、服务人民的重任。他们积极投身于社会改革和进步事业中，为国家的发展和人民的福祉贡献自己的力量。

湖湘文化中的经世致用的务实精神是一种非常宝贵的精神财富。它鼓励人们将知识、学问与现实生活相结合，以解决实际问题、推动社会进步为己任。这种精神对于当代社会的发展和进步仍然具有重要的启示和借鉴意义。

笃行致远

与经典同行，鉴圣贤智慧——文化经典研读活动

文化经典是我国民族文化教育精神的一个庞大载体，是我们民族生存的根基，也是我们民族精神的纽带。通过文化经典研读活动，了解优秀的中华文化和民族精神，从而产生民族自豪感和爱国主义情感。让民族精神得以继承与发展，让优秀的中华文化和民族精神对心灵产生潜移默化的影响。

1. 活动目的

(1)增进学生对中华优秀传统文化的认知与理解，坚定文化自信。

(2)通过经典研读，启发学生的思辨能力，提升人文素养。

(3)促进学生间的交流与合作，共同探索文化经典的当代价值。

2. 活动形式

小组合作研讨与展示。

3. 活动组织

(1)活动发布：教师发布活动方案，明确活动要求。

(2)作品选择：学生用两周时间阅读相关经典文献，做好研读准备，选择研讨章节。

(3)分组研讨：学生提前一周分组集体讨论文化经典文献，分享阅读心得。

(4)成果展示：以小组为单位，汇报文化经典研读的成果。形式丰富，不拘一格，可使用音乐、美术、舞蹈等多种艺术手段，全组成员集体展示或个别学生展示。

(5)活动反思：在线上平台分享本次活动的感受。

项目二

慎思笃志

——中国传统哲学智慧

自古以来，中国人对宇宙的看法，对人生的看法，对生活意义的追寻，对价值信念的坚守，都是通过中国哲学加以反映、凝结和提升的。古代中国的每一个领域，政治、艺术、教育、风俗等，都浸润着中国传统哲学的观念。了解中国哲学，是找到我们文化之根的前提。只有知道了我们思想和观念来自哪里，才能明白为什么我们是这个样子，以及更好地知道将走向哪里。当你对生活感到迷茫、困惑时，不妨试着从先贤的智慧中找寻人生的答案。

【学习目标】

1. 认识中国传统哲学儒释道三家的主要代表人物，理解其主要思想内容。

2. 能从儒释道的哲学思想中汲取生活智慧，领会儒道互补的民族性格。

3. 了解湖湘文化名人、哲学家王夫之的生平及主要思想。

4. 能从文化实践活动中，掌握中国古代哲学家的生平故事，汲取哲学智慧。

5. 吸取中国传统哲学文化精髓，产生对中华优秀传统文化的热爱及崇敬之情。

文化通识

中国哲学思想源远流长，博大精深，春秋战国时期诸子蜂起，百家争鸣，哲学思想异常活跃，涌现出了许多重要的思想家，如孔子、墨子、老子等，形成了儒家、墨家、道家等学派。诸子百家各引一端，崇其所善，相反相成，相灭相生，成为我们民族精神文化的不同基因。

儒(儒家，也称儒教)、释(指佛教，又称释教)、道(道家，道教)是中国传统哲学的核心。就其基本用意而言，儒家关注人生，探讨的是如何完善自身的修养，更好地参与社会的运行，肩负起齐家、治国、平天下的责任；佛教关注超脱，试图用觉悟摆脱眼下的痛苦和烦恼，以追求来世的幸福；道家关注精神，思考的是如何超越现实的局限，提供了一种抗拒逆境的精神力量和消融苦闷的途径。

治世之学：儒家思想

儒家思想，也称为儒教或儒学，先后主要经历了先秦儒学、两汉经学、宋明理学、清代实学四个阶段。儒学是中国古代宗法等级制社会的正统意识形态，是当时的实际社会生活形态及社会基本原则在哲学思想上的折射。儒学重视对人生、伦理道德等问题的探索，是关于中国古代宗法等级社会中人际关系和谐的学问。儒学强调修己以安人，重视人与人的关系处理，最终目标是实现人际和谐。儒家代表人物为孔子、孟子、荀子等，经典有《诗》《书》《礼》《乐》《易》《春秋》。

一、代表人物

(一)孔子(前551年—前479年)

孔子，名丘，字仲尼，春秋时期鲁国陬邑(今山东曲阜)人，著名的思想家、政治家、教育家。孔子思想的核心是"仁"。他要求人与人之间要互相爱护、融洽相处，要待人宽容，"己所不欲，勿施于人"。他强调统治者要以德治民，反对苛政和任意刑杀。他希望恢复西周的礼乐制度，"克己复礼"，使每个人的行为符合礼的要求。孔子创办私人讲学，主张"有教无类"，打破了贵族垄断文化教育的局面。孔子被后人尊称为"万世师表"和"至圣"。《论语》一书由孔子的弟子及其再传弟子编撰而成。它以语录体和对话文体为主，记录了孔子及其弟子的言行，集中体现了孔子的政治主张、伦理思想、道德观念及教育原则等。

（二）孟子（前 372 年—前 289 年）

孟子，名轲，字子舆，战国时期邹国（今山东邹城）人，我国古代著名的思想家、政治家、教育家，与孔子并称"孔孟"，被后世追封为"亚圣"。孟子继承了孔子的"仁"的思想，并将其发展成为"仁政"思想，提出了"民为贵，社稷次之，君为轻"的民本思想。在政治上，他主张法先王、行仁政，反对暴政和战争，认为统治者应该以民为本，关心百姓的疾苦。在伦理道德上，他提出了"性善论"，认为人性本善，人应该通过内省和修身来完善自己的品德。其思想及观点主要记录于《孟子》一书中。

（三）荀子（约前 313 年—前 238 年）

荀子，名况，字卿（一说时人相尊而号为卿），两汉时因避汉宣帝"询"名讳称孙卿。战国晚期赵国人，思想家、哲学家、教育家、儒家学派的代表人物，先秦时代百家争鸣的集大成者。首先，荀子对重新整理儒家典籍有着相当显著的贡献，所著《荀子》一书，又名《荀卿子》，集中体现了其学术主张和理论思想，强调"礼"在社会中的规范作用。其次，荀子反对孟子的性善论，首倡性恶论，认为人的道德品质是后天形成的，是环境影响和教育的结果，因此更加注重后天教育的重要性。荀子还是一位杰出的唯物主义思想家，其言"天行有常"，不信鬼神，提出了"制天命而用之"的命题。

二、儒家思想的主要内容

（一）儒家的宇宙观：天人合一

儒家"天人合一"的思想是中国人最基本的思维方式，也是中国古人看待人与人、人与自然关系的基本态度。在儒家看来，"天"可以有三种属性：一是大自然思想。荀子在《荀子·天论》里强调"天"就是物质性的大自然。二是"民胞物与"。孟子认为人类修行的目的是去除外界欲望的蒙蔽，"求其放心"，达到一种自觉地遵循道德原则的境界，这就是"天人合一"的境界。宋明理学家都继承了这条路线。三是宇宙主宰思想。董仲舒认为"天"是一个有喜怒哀乐的天，可以和人感应，能够决定人的凶吉祸福。他认为："天亦有喜怒之气，哀乐之心，与人相副。以类合之，天人一也。"

儒家的"天人合一"把天、地、人看作一个整体，认为"万物与我并生，天地与我为一"，把人类社会放在整个大生态环境中加以考虑，强调人与自然环境息息相通、和谐一体，天人之间可以互相感应和交流，认为天地万物是人的物质生命和精神信念的重要基础。

（二）儒家的人生观：关注现实，经时济世

儒学总是关心或重视人间的生活，而不追求或向往死后或来世的幸福。此种现实主义人生观始于孔子。如关于鬼神，孔子说："未能事人，焉能事鬼。""未知生，焉知死。"他认为应该致力于生人的事，不必追问死后的事情。

此后，荀子将其发展为无神论，认为祭天和祀祖只是教化百姓和文饰人类生活的一种

方式，并无神秘的意义。儒学不以彼岸世界为归宿，而以治理好人的现实生活为目标，重视社会问题，具有强烈的忧患意识和社会责任感与使命感，"以天下为己任"是儒家及其信奉者的共同目标。

（三）儒家的道德观：仁、义、礼、智、信

儒家倡导伦理教化和道德修养，以此来调整人际关系，并以圣人、君子为人格的最高标准。仁、义、礼、智、信是儒家道德观的主要内容。

1. 儒家以"仁"作为处理人际关系的基本思想

孔子认为"仁"就是"爱人"，就是要在人我相处时爱一切人，与一切人友善。儒家将由爱自己家人出发到爱所有人的"仁者爱人"的理论作为处理人与人之间关系的准则，该准则也被视为人伦关系和谐有序的基本伦理规范。这种思想反映了古人追求和谐的人伦关系和尊重他人的利益、价值、意志与愿望的人本主义精神。孔子还认为"仁"就是"克己复礼"，是其处理人际关系的根本。"克己"，即约束自己；"复礼"，即把外在礼仪规范反之于己身而践履之。

微课2.1

"仁者爱人"思想的
丰富内涵

2. "义"是儒家处理个人与他人、物质与精神关系的道德规范

在儒家看来，就个人而言，"义"要求人们始终坚守在任何时候、任何情况下都不可丢弃道德意志。儒家把"义"看得十分重要，认为没有"义"就无从体现"仁"。这种贵义思想发展至今成为中华民族崇尚革命气节与民族气节的优良传统。就社会而言，"义"要求人们以社会利益为重，切勿因个人利益而损害他人和社会的利益。儒家以社会利益为重的思想，对于维护社会秩序有着重要的意义。

3. 儒家的"礼"指的是道德生活规范和礼节仪式

儒家关于"礼"的思想可总结为：第一，要求人们的道德生活要符合社会制度的规范。遵从"礼"，就是要遵从社会制度，维护社会秩序。第二，要求人们的道德生活讲究礼节仪式，这是人际情感交流、人际关系和谐的重要形式。儒家提倡"礼"的道德规范，主要是要求人们遵守国家宗法制度这一社会规范。

4. 儒家的"智"指的是人的聪明才智和学识

儒家"智"的思想主要体现在：首先，讲究对人对事不偏不倚地认识，进而对道德原则和规范进行深刻理解，明辨道德是非原则。孔子说过"知者不惑"，孟子也言"是非之心，智也"。在儒家"智"的道德规范中，一个重要内容就是对人对事的认识要讲究不偏不倚，即中庸认识法。其次，对于道德的认识亦是如此。要想个体行为合乎社会的道德原则与规范，就必须身体力行学好这些原则与规范。

5. 儒家"信"的道德规范，强调诚实不欺、遵守诺言

"信"被儒家视为立身处世的基本原则。孔子说"人而无信，不知其可也""民无信不立"，他认为个人在社会中与人交往不讲信用，必然会为社会所唾弃。同时，儒家认为"信"与"义"是相互联系的，"信"是有原则的"信"。如孟子说过："言不必信，行不必果，惟义所在。"

（四）儒家的社会理想：天下为公、天下大同

儒家最高的社会理想就是建立天下为公的大同社会。孔子生活的时代，天下无道，礼崩乐坏。他认为尧、舜、禹的时代是一个"有道"之世，那时，人们以天下为公。"公"可理解为"共"，指人们的公共意识、公共道德。天下为公，是人们都修为自己的公德心，生活在一起的人们休戚与共，协同一致，强调要有明确的"社会性"意识，努力做一个"成人"，做"大人""君子"。所以孔子主张扶危济困，互相关心，而不是各行其是，自私自利。《礼记·礼运》中具体而生动地描绘了"小康"社会和"大同"社会的状态。在"天下大同"的理想社会中，老弱病残受到照顾，一切有劳动能力的人都有机会充分发挥自己的才能；没有特权和世袭制，一切担任公职的人员都由群众推选；社会秩序安定，夜不闭户，路不拾遗；对外"讲信修睦"，邻国友好往来，没有战争和阴谋。

天下为公、天下大同是中华文化道德精神的根脉，是社会公德的最高原则。中华民族对这一理想的追求一以贯之，由此影响了数千年中国历史的进程，铺染了无数中华儿女的生命底色。明清之际思想家王夫之说"天下非一家之私"，把"天下为公"的道德理想凝聚成为"天下兴亡，匹夫有责"的个人道德要求，激励着无数志士仁人。

三、和儒家学入世：拿得起

"入世"是与"出世"相对应的一个概念。我们可以将"入世"理解为积极投入现实生活。儒家充分肯定现实世界，有着强烈的参与政治、融入社会、改变人生的意识。建立在这种经世致用心态上的儒学，时刻关注现实，充满了积极刚健的参与意识。中国古代士人大都是在以儒家思想为主的传统思想哺育下成长起来的。"修身、齐家、治国、平天下"的入世思想是大多数古代士人共同的人生目标。而"兼济天下"与"独善其身"互补的人生价值取向则是他们的共同心态。"为天地立心，为生民立命，为往圣继绝学，为万世开太平"就成为深受儒家入世思想熏陶的古代士人的人生哲学。

同时，儒家精神是一种"极高明而道中庸"的精神，也就是伟大寓于平凡、理想寓于现实的精神。这就是说，我们要有道德勇气，有强烈的正义感，敢于担当道义，甚至不惜杀身成仁。但在平常的生活中，我们不必做什么惊天动地的事情，在现世伦常的义务中、在某种社会角色和社会位置上，我们每个人都可以非常崇高地生活，忠于职守，勤劳奋发，刚健自强。只要我们对生活有向上的热情，敢于或勇于承担个人或社会的责任，我们所做的平常事就有不平常的意义。正所谓以超越的精神，干平常的事业。我们民族千百年来历经磨难而仍然充满活力，不断自我更新，正是凭借着这种积极进取、乐观向上的精神。

治心之学：佛学思想

印度佛教传入后，通过从汉代到唐代几百余年的消化，中国人创造了自己的中国化了的佛学思想。中国的佛学思想渗透了中国哲人的智慧，特别是道家、儒家和魏晋玄学的哲理，削减了宗教的意识，更加世俗化。在论证、解释过程中，中国的佛学思想具有显著的思辨性特点。特别是华严宗和禅宗的理论，在本体论、认识论、发展观方面对中国哲学思维的前进起了一定的推动作用。

一、代表人物

（一）玄奘（602 年—664 年）

玄奘，唐代高僧，我国汉传佛教四大佛经翻译家之一，中国汉传佛教唯识宗创始人。历史上流传的关于唐僧取经的故事就是以他的事迹为题材创作的。玄奘 29 岁西行印度取经，回国后从事译经事业近 20 年，译出各种佛教经典 1335 卷。他注重对法相（事物现象）的分析，认为一切事物都不能离开识（即心）而存在，提出了"万法唯识"的观点，涉及众多认识论和心理学的问题，大大丰富了中国古代哲学的认识论。

（二）慧能（638 年—713 年）

慧能，亦作"惠能"，唐代高僧，俗姓卢，河北范阳人，是一位汉传佛教禅宗南宗祖师，与北宗神秀大师分庭抗礼，世称禅宗六祖（禅宗北宗以神秀为六祖）。五祖弘忍为选嗣法弟子，命寺僧各作一偈。上座神秀主张渐悟，作偈曰："身是菩提树，心如明镜台，时时勤拂拭，莫使惹尘埃。"慧能主张顿悟，让人代书偈曰："菩提本无树，明镜亦非台，本来无一物，何处惹尘埃。"慧能得到五祖弘忍传授衣钵，继承了东山法脉并建立了南宗，弘扬"直指人心，见性成佛"的顿教法门。

二、佛学思想中的人生智慧

（一）缘起与因果

缘起是佛教最基本的观念，显示佛教对宇宙与人生、存在与生命的根本看法。缘起是一种关系，事物由原因或条件的组合而生起；缘起也是一个过程，缘集则成，缘去则灭。缘起论所说的是因缘与结果的关系。能生结果者为原因，由原因而生者为结果。有原因必有结果，有结果必有原因。一切事象都依因果法则而生灭变化。这种因果律是佛教用来说明世界一切事物相互关系的基本理论。这一理论启示我们要对自己的行为负责，因为我们的行为会直接影响到我们的生活和未来。通过理解缘起论、因果律，我们可以更好地理解自己的行为如何影响自己和他人，以及如何作出更明智的决定。

（二）慈悲与利他

佛家以慈悲为本。从佛祖释迦牟尼始，即以慈爱为怀，以悲怜为情，救众生于苦海，对以后的佛教产生了极大的影响，逐渐形成了佛家自觉觉人、自利利他的信念原则。这种慈悲和利他的精神在当今社会有助于提升个人的道德品质和维持良好的人际关系。以慈悲柔和的心体谅、关爱、帮助他人，利益社会和众生，会使我们的生命焕发出更加恒久美丽的光彩。

（三）无常与接受

"常"在中文里有恒定，永久不变的意思，佛教强调的"无常"，即世间万物都是瞬息万变的，没有永恒不变的事物。《金刚经》中说："一切有为法，如梦幻泡影，如露亦如电，应作如是观。"一切都是短暂的，虚幻的，无常的。这一观念告诉我们要接受生活的变化，无论这些变化是好是坏。接受无常，就是接受生活的不确定性，不抱有过度的期望或恐惧，从而更好地适应并应对生活中的挑战。

（四）平等与"无情有性"

佛教宣扬和提倡众生平等，强调宇宙一切生命的平等，关爱生命，珍惜生命，尊重生命。在佛教中国化的进程中，又为"众生"观念注入了新的内容，即以佛性作为众生平等的理论依据，把人类对生命的关爱和平等的理念，由"有情众生"进一步扩展到了"无情众生"，提出了"无情有性"的观点——通俗的说法就是认为不但一切有情众生，而且如草木瓦石等无情众生亦有佛性，体现了敬畏自然、珍爱自然、保护自然的理念。佛教的平等观体现了生命观、自然观与理想价值观的统一。这两种价值观鼓励我们以开放和包容的心态看待世界，努力消除偏见和歧视，以实现真正的和谐与平等。

（五）忍让与圆融

佛家把忍辱归为"六度"修行方法之一，要求对于所有有损于自己的言行都要不嗔、不怒、能忍。"忍"是为了负重，是佛教的行为准则。忍让并不意味着放弃自己的立场或原则，而是要在坚持自己信仰的前提下，以和平、宽容的心态去理解和接纳他人。这种处理方式有助于减少冲突和矛盾，促进人际关系的和谐与稳定。同时，佛家还讲究圆融，即各事物皆能保持其原有立场，圆满无缺，而融为完整的一体，且能交互融合体现出一种宽厚的相容精神。在历史上，佛教在传入许多亚洲国家后，不断地使自己与该国民族的文化环境，与该国的原有民族文化及宗教和平相处，就体现出圆融的智慧。圆融也有助于培养人们的慈悲心和包容心，从而促进人与人之间的友好关系和社会的和谐发展。

三、和佛家学慈悲：放得下

佛教对中华民族精神的影响是巨大的，尤其是佛教倡导的慈悲为怀的济世精神，在传统文化的发展中起着儒、道两家无法替代的作用。慈悲体现为一种同情和怜爱，按佛教经典本来的解释，慈与悲是从两个不同方面来体现佛教的同情和怜爱的，慈是给予快乐，悲是除去痛苦。佛教认为世界根本的特征是苦，求道就是要脱离此无边的苦海。慈悲的精神就是"与乐拔苦"，不论亲怨，不分高低，对众生要有无差别的爱心，要慈爱众生并给予其快乐，拔除其痛苦。在众多的佛教戒律中，戒杀生总是放在第一位。佛教对有情生命之慈悲，不仅体现于"不杀生"的戒律中，更体现在为救有情众生之生命，不惜牺牲自己的一切乃至生命。在佛典中记载着大量佛、菩萨为救助有情众生，不惜牺牲自己一切的故事，比如"割肉喂鹰""舍身饲虎"，虽不免有所夸张和极端化，但它们表达了慈悲利他的理想。佛家认为众生之一切苦厄、诸般迷惑，皆因执念而产生。破执不外"放下"二字，意即除去一切贪欲、邪念、妄想等，使自己进入无牵挂的境界。关照人生和世界，做到不忘初心，慈悲为怀，乐于奉献，才能实现渡己亦渡人的伟大目标。

治身之学：道家思想

道家是古代哲学的一种思想流派，可追溯到上古时代，其以"道"为宇宙本源，故称"道家"。道家以老子、庄子为代表，提倡道法自然，无为而治，与自然和谐相处，强调以"道"来统摄自然、社会和人生。道家学说也被称为"老庄之学"。道家思想在哲学、政治、人生诸方面对后世产生了深远的影响，堪称中华古代思想的重要遗产。

一、代表人物

（一）老子（约前571年—约前470年）

老子，姓李名耳，字聃，字伯阳（或曰谥伯阳），春秋时期人。中国古代思想家、哲学家、文学家和史学家，道家学派创始人和主要代表人物，与庄子并称"老庄"。老子集古圣先贤之大智慧，总结了古老的道家思想的精华，形成了道家完整的系统理论，标志着道家思想正式成形。其思想核心是朴素的辩证法。在政治上，他主张无为而治、不言之教；在权术上，讲究物极必反之理；在修身方面，讲究虚心实腹、不与人争的修持，是道家性命双修的始祖。老子传世作品《道德经》（又称《老子》），是全球译成外国文字出版发行量最大的著作之一。

（二）庄子（约前369年—约前286年）

庄子，名周，战国时期宋国蒙（今安徽蒙城）人，我国古代伟大的哲学家、思想家。庄子出身贫寒，但才华横溢，他不求功名利禄，为人崇尚自由，不为当时王公贵族所用，后隐居不出，在贫困的物质生活中度过了一生。但其在精神生活上却非常自由与富有，著有《庄子》一书，反映了庄子的思想学说。庄子继承了老子"天道自然"的无为思想，并发展为宿命论。他提倡相对主义认识论，宣扬"逍遥"的人生观。

二、道家思想的主要内容

(一)道家的宇宙观：道是天地万物之源

宇宙天地和世界万物从哪里来、到哪里去，是事关人类存亡和宇宙本源的终极问题。老子把"道"作为一个形而上学的范畴进行论证，建立了以"道"为最高本源的宇宙论，这是中国哲学史上第一个排除了神话因素的宇宙论。老子认为，"道"是一切存在的根源，也是一切存在的始源。"道"是天地万物最初的发动者，它具有无穷的潜在力和创造力。天地万物的蓬勃生长，都是"道"的潜在力不断创新发展的一种表现。"道"创生万物，"道生一，一生二，二生三，三生万物"。"道"生出天地万物，但它并不是在天地万物之外独立存在的实体，而是内附于天地万物之中，以畜养它们，培育它们——即天地万物皆以"道"为其本体，而"道"又体现在天地万物之中，由天地万物之生长、变化显现其本体。

(二)道家的认识论："有""无"的统一

道家对待、认识事物的方法，是"有""无"的有机统一。老子认为，自然、社会领域诸多矛盾不是绝对对立的，矛盾双方是相互依存、相互包含的，正如"祸兮，福之所倚；福兮，祸之所伏"。同时，矛盾双方可以相互转化。这种转化并非一蹴而就，必须遵循"物极必反"的法则。"合抱之木，生于毫末；九层之台，起于累土；千里之行，始于足下。"这个过程，也就是"道"的自然运行过程。

庄子继承和发展了老子的朴素辩证法，提出"万物齐一"论，认为是非、生死等都是相对的，它们的性质、差异、矛盾关系都是不断变化的，都处在循环无尽的运动之中。

(三)道家的价值观：个体价值和精神自由

道家的人生观是追求精神自由，不为外物所累，不为情感所累。如何做到不为情感所累？就是靠"理"和"理解"。所谓"理"，就是事物的必然性。所谓"理解"，就是理解这种必然性。

老子第一个说明了人在自然界中的重要地位："故道大，天大，地大，王亦大。域中有四大，而王居其一焉。"庄子则进一步从人的本性意义上突出了个体的地位、个体的尊严和个体的价值。他认为，人的自然本性为外物(如名、利、家族等)所掩盖、扭曲、伤害，而这种外在的物，恰恰都是没有意义、没有价值的，只有超越这一切束缚，复苏人的自然本性，才能使人的价值得以真正实现。

为复归人性，实现人的价值，庄子提出要逃离物质世界的藩篱，到纯粹的精神世界去寻求自由。庄子追求精神自由，主要通过"自省"的途径来实现，其基本方式是"心斋"和"坐忘"。摒弃心官知觉，通过集虚达到与道的契合，这就是所谓的"心斋"。懂得了"心斋"的道理，使心智专一虚静就能达到"坐忘"的境界。坐忘就是彻底地忘掉一切，无古今之异，无生死之别，不管世间有多少矛盾、困苦，都不动心。摒除情欲，虚静端坐，让精神离开肉体，从而得以摆脱"物"的役使，自由自在地邀游于无功、无名、无己的绝对的自由境界。

（四）道家的政治理想：无为而治

道家从强调个体自身的价值入手，呼唤人性的复归，即回到人所来自的原始社会，回到生命的本真状态。老子向往"小国寡民"，庄子则倡导要回到"民知其母，不知其父，与麋鹿共处，耕而食，织而衣，无有相害之心"的原始时代。道家黄老学派，主张"无为而治"，要求统治者尽量不要干涉老百姓的生活，不要一味追求所谓的丰功伟业和政治霸权，通过"无为"而达到"有为"，实现政治清平、天下无事、百姓安居乐业。

无为而治并不仅是一种政治理论，它还可以应用于日常生活中。无为而治并不是不去做事，而是强调以柔软、智慧的方式应对生活中的挑战，不强行改变自然的节奏或与之相抗衡。这一理念告诉我们，顺应自然、不过度努力，可能会更轻松地达到我们的目标。它类似于顺水而下，智慧地跟随自然的道路，而不是逆流而上。无为而治是一种强调与自然和谐相处、减少过度欲望、以智慧的方式行动的哲学。将这一理念应用于生活中，可以帮助我们更轻松地应对生活的挑战，实现内心的平静与生活的流畅。

三、和道家学出世：想得开

人们常说，儒家"入世"以济民弘道，道家"出世"以隐逸超然。道家的隐士们往往以远离现实政治、隐遁于山林为他们特立独行的生存姿态。面对人生的痛苦和无常，面对现实的残酷和忧患，老庄劝慰人们要深层次地重新思考人生，以"无可无不可"的姿态顺应现实，进而超越人生的有限性。儒家思想侧重于对现实的执着性层面，激励人们去为了实现理想而积极奋斗；而道家思想侧重于对现实的超越性层面，鼓励人们追求心灵的自由，不为现实世界的困顿、痛苦所折服。但需要注意的是，道家的"出世"并不是完全对世俗之事不关注，从而逃离尘世，而是摆脱世俗的羁绊与困扰，使眼界、胸怀、精神及情感等超然于尘世之外，是一种精神上对世俗的超越。道家提出的"去智""寡欲""无为"，以及反对"人为"和圣人的"心斋""坐忘"的修身方式等，皆在引导人们用出世的方式实现自身价值，继而达到治世的目的。

微课2.2

"儒道互补"的人生智慧

经典领航

《周易》(节选)

(一)

《象》[1]曰：天行健[2]，君子以自强不息。(《乾》)

(二)

《象》曰：地势坤[3]，君子以厚德载物。(《坤》)

(三)

《易》与天地准[4]，故能弥纶[5]天地之道。仰以观于天文，俯以察于地理，是故知幽明之故[6]；原始反终[7]，故知死生之说。(《系辞上》)

(四)

是故《易》有太极[8]，是生两仪，两仪生四象，四象生八卦，八卦定吉凶，吉凶生大业。(《系辞上》)

【注释】

1.《象》：《象传》，对卦爻辞的解释。

2.天行健：天道刚健。

3.坤：《说卦》曰"坤，顺也。"

4.准：状相等。这句话的意思是，《易经》所讲的道与天地的道相等。

5.弥纶：普遍包括。

6.知幽明之故：知道地下幽隐、天上光明的缘故。

7.原始反终：从始归到终。反，同"返"。

8.太极：指原始混沌之气。

【解读】

《周易》被称为"群经之首、大道之源",是中国传统思想文化中自然哲学与人文实践的理论根源,是古代汉民族思想、智慧的结晶,集中体现了中华民族的思维模式、价值取向等哲学品格。其中包含的本体论、辩证法、人生理想与政治理想等,对中国哲学思想的发展有不可磨灭的贡献。

《论语》(节选)

(一)

樊迟问仁,子曰:"爱人。"(《颜渊》)

(二)

子曰:"弟子入则孝,出则悌[1],谨[2]而信,泛爱众,而亲仁[3]。行有余力[4],则以学文[5]。"(《学而篇》)

【注释】

1. 悌:尊敬比自己年长的人。
2. 谨:寡言少语称之为谨。
3. 仁:指具有仁德的人。
4. 行有余力:指有闲暇时间或剩余的精力。
5. 文:指诗、书、礼、乐等文化知识。

(三)

子张问仁于孔子。孔子曰:"能行五者于天下为仁矣。"

"请问之。"

曰:"恭、宽、信、敏、惠。恭则不侮[1],宽则得众[2],信则人任焉[3],敏则有功[4],惠则足以使人[5]。"(《阳货》)

【注释】

1. 恭则不侮:恭敬就不会招致侮辱。
2. 宽则得众:宽厚就会得到众人的拥护。
3. 信则人任焉:诚信就会得到别人的任用。
4. 敏则有功:勤敏则会取得功绩。
5. 惠则足以使人:慈惠就能够使唤人。

（四）

颜渊问仁。子曰："克己复礼[1]为仁。一日克己复礼，天下归仁[2]焉。为仁由己，而由人乎哉？"

颜渊曰："请问其目[3]。"

子曰："非礼勿视，非礼勿听，非礼勿言，非礼勿动。"（《颜渊》）

【注释】

1. 克己：克制自己。复礼：使自己的言行符合礼的要求。
2. 归：归顺。仁：仁道。
3. 目：具体的条目。目和纲相对。

（五）

仲弓问仁。子曰："出门如见大宾，使民如承大祭[1]；己所不欲，勿施于人；在邦[2]无怨，在家[3]无怨。"（《颜渊》）

【注释】

1. 出门如见大宾，使民如承大祭：这句话是说，出门办事和役使百姓，都要像迎接贵宾和进行大祭时那样恭敬严肃。
2. 邦：诸侯统治的国家。
3. 家：卿大夫统治的封地。

（六）

子曰："志士仁人无求生以害[1]仁，有杀身以成[2]仁。"（《卫灵公》）

【注释】

1. 害：损害。
2. 成：成全。

（七）

子贡曰："如有博施[1]于民而能济众[2]，何如？可谓仁乎？"

子曰："何事于仁！必也圣乎！尧、舜[3]其犹病诸[4]！夫仁者，己欲立而立人，己欲达而达人。能近取譬[5]，可谓仁之方也已。"（《雍也篇》）

【注释】

1. 施：旧读 shì，动词。
2. 众：指众人。
3. 尧、舜：传说中上古时代的两位帝王，也是孔子心目中的榜样，儒家认为是"圣人"。

4. 病诸：病，担忧。诸："之于"的合音。

5. 能近取譬：能够就自身打比方。即推己及人的意思。

【解读】

"仁"是孔子哲学思想体系中的核心概念，综观《论语》中有关"仁"的论述，我们可以这么理解"仁"的内涵："仁"首先是一种情感，即"爱人"，从父子、兄弟间的亲情出发，又超越血缘亲情，达到人与人之间的普遍和谐，既"爱亲"也"泛爱众"。其次，"仁"更是一种修养，表示人的一种最高道德品质。有仁德的人，具有宽广的胸怀、坚强的担当，他们善良、正直、诚实、质朴、好学，既表现为一种美好的思想，也表现为一种美好的品行。"仁"为人的真性情，而又合乎礼的流露。"为仁之方"在于"能近取譬"，即谓为仁之方在于推己及人也。

《孟子·公孙丑上》（节选）

孟子曰："人皆有不忍人之心[1]。先王有不忍人之心，斯有不忍人之政矣。以不忍人之心，行不忍人之政，治天下可运之掌上。所以谓人皆有不忍人之心者，今人乍[2]见孺子将入于井，皆有怵惕恻隐[3]之心；非所以内交[4]于孺子之父母也，非所以要誉[5]于乡党朋友也，非恶其声而然也。由是观之，无恻隐之心，非人也；无羞恶之心，非人也；无辞让之心，非人也；无是非之心，非人也。恻隐之心，仁之端[6]也；羞恶之心，义之端也；辞让之心，礼之端也；是非之心，智之端也。人之有是四端也，犹其有四体也。有是四端而自谓不能者，自贼者也；谓其君不能者，贼其君者也。凡有四端于我[7]者，知皆扩而充之矣，若火之始然[8]，泉之始达。苟能充之，足以保[9]四海；苟不充之，不足以事父母。"

【注释】

1. 不忍人之心：怜悯心，同情心。

2. 乍：突然、忽然。

3. 怵惕：惊惧。恻隐：哀痛，同情。

4. 内交：即结交。内同"纳"。

5. 要誉：博取名誉。要同"邀"，求。

6. 端：开端，起源，源头。

7. 我：同"己"。

8. 然：同"燃"。

9. 保：定，安定。

【解读】

孔子讲仁，更多的是一种理念，是总括出来的一种至高的道德标准。孟子进一步说，仁来自人的恻隐之心。什么叫恻隐之心呢？一个再坏的人，看到小孩在井边玩耍，心里也会咯噔一下，多危险呀。看到灾难，看到危难，人的心中都会有一种紧张，都会多一点关怀，这种心就是恻隐之心。恻隐之心是仁的开端，羞耻心是义的开端，谦让心是礼的开端，是非心是智的开端。因此，孟子的结论是"仁义礼智，非由外铄我也。我固有之也，弗思耳矣"，意思是仁、义、礼、智，这不是外界磨砺出来的，而是我自己本身就拥有的，我从来就没有想过离开这些。

《道德经》（节选）

（一）

道可道，非常道[1]；名可名，非常名[2]。无名[3]，天地之始；有名[4]，万物之母。故常无欲，以观其妙[5]；常有欲，以观其徼[6]。此两者同出[7]而异名，同谓之玄[8]。玄之又玄[9]，众妙之门[10]。

【注释】

1. 道可道，非常道：用语言能够表达清楚的道，就不是永恒不变的道。第一、第三个"道"是老子思想体系中的最高概念，相当于今天讲的规律、真理。第二个"道"是道说、描述的意思。常：永恒。

2. 名可名，非常名：可以叫得出的具体名字，就不是永远存在的名字。第一、第三个"名"是名字的意思。第二个"名"是叫、称呼的意思。

3. 无名：没有名字的东西，也即"无"，虚无。这里指空间。

4. 有名：有名字的东西。这里指构成万物的最基本的物质元素。

5. 其妙："无"和"有"的微妙道理，也即空间与万物的微妙道理。

6. 徼：边境，边界。这里指表面现象。

7. 两者同出：空间和物质同时出现。

8. 玄：微妙，奥秘。

9. 玄之又玄：不断探索奥秘。

10. 众妙之门：通向万物奥妙的大门。

【解读】

《道德经》是春秋时期老子所著的哲学作品，是道家哲学思想的重要来源。本章为《道德经》的主旨所在，提出了哲学的三个带有根本性的问题。第一是本体论，老子开门见山地摆出自己思想体系中的最高概念——道，同时指出道无法用语言描述清楚，必须自己用心去体悟。第二是方法论，提出"无名"与"有名"相对立而产生的辩证观。第三是认识论，只有保持清净无欲的心态，才能够正确而深刻地认识客观世界，同时还指出认识过程的反复性及其重要意义。

（二）

有物混成[1]，先天地生[2]。寂兮寥兮[3]，独立而不改，周行而不殆[4]，可以为天地母[5]。吾不知其名，字之曰"道"，强为之名曰"大"[6]。大曰逝[7]，逝曰远[8]，远曰反[9]。故道大[10]，天大，地大，王[11]亦大。域中有四大[12]，而王居其一焉。人法[13]地，地法天，天法道，道法自然[14]。

【注释】

1. 有物混成：有一个事物混然而成。物：指大道。

2. 先天地生：它出现在天地之先。老子认为，先有大道，后有天地，天地也是按照大道的规定性产生、运行的。

3. 寂兮寥兮：无声无形的样子。

4. 周行而不殆：呈环状循环运动而永不停止。

5. 可以为天地母：可以把它看作天地万物产生的前提。母：根本，基础。

6. 字之曰"道"，强为之名曰"大"：给大道起个名字叫作"道"，又勉强给它起个名叫作"大"。因此"道"又被称为"大道"。

7. 逝：行进，发展。

8. 远：这里指发展到极盛状态。

9. 反：同"返"，返回。

10. 道大：同义词连用，目的是同下文协调。

11. 王：称王，治理天下。

12. 域中有四大：天地间有四种主要规律。

13. 法：效法，学习。

14. 自然：本身的样子。

【解读】

本章主要阐释了三个方面的内容：第一，描述了道的特性及作用；第二，提出万物"周行而不殆"的循环论；第三，明确要求人们效法天地自然。本章中的"人法地，地法天，天法道，道法自然"为千古名言，特别是"道法自然"，几乎成为人们的口头禅。

《庄子·逍遥游[1]》（节选）

北冥[2]有鱼，其名为鲲[3]。鲲之大，不知其几千里也[4]；化而为鸟，其名为鹏[5]。鹏之背，不知其几千里也；怒[6]而飞，其翼若垂天[7]之云。是鸟也，海运[8]则将徙[9]于南冥。南冥者，天池[10]也。《齐谐》[11]者，志怪[12]者也。《谐》之言曰："鹏之徙于南冥也，水击[13]三千里，抟扶摇[14]而上者九万里，去[15]以六月息[16]者也。"野马[17]也，尘埃[18]也，生物之以息相吹也[19]。

天之苍苍[20]，其正色邪[21]？其远而无所至极邪？其视下也[22]，亦若是则已矣。且夫[23]水之积也不厚，则其负[24]大舟也无力。覆[25]杯水于坳堂[26]之上，则芥[27]为之舟；置杯焉则胶[28]，水浅而舟大也。风之积也不厚，则其负大翼也无力[29]。故九万里，则风斯在下矣[30]，而后乃今培风[31]；背负青天，而莫之夭阏[32]者，而后乃今将图南[33]。蜩[34]与学鸠[35]笑之曰："我决起[36]而飞，抢榆枋[37]而止，时则[38]不至，而控[39]于地而已矣，奚以之九万里而南为[40]？"适莽苍[41]者，三餐而反[42]，腹犹果然[43]；适百里者，宿舂粮[44]；适千里者，三月聚粮[45]。之二虫又何知[46]！小知不及大知[47]，小年不及大年[48]。奚以知其然也？朝菌不知晦朔[49]，蟪蛄不知春秋[50]，此小年也。楚之南有冥灵[51]者，以五百岁为春，五百岁为秋；上古有大椿[52]者，以八千岁为春，八千岁为秋。此大年也。而彭祖[53]乃今[54]以久[55]特闻，众人匹之[56]，不亦悲乎[57]？

【注释】

1.逍遥游：没有任何束缚、自由自在地活动。逍遥：闲适自得、无拘无束的样子。

2.北冥：北海，因海水深黑而得名。冥：通"溟"，指广阔幽深的大海。下文的"南冥"和"冥海"都用此意。

3.鲲：本指鱼卵，此处借用为表大鱼之名。这符合庄子的《齐物论》本旨和庄子独特的奇诡文风。

4.不知其几千里也：不知道它有几千里大。一说"几"本义为极微小，引申为"极为接近"，此处当解释为"尽"，因为《庄子》一书中表数量的词都用"数"，如"数仞""数金"。

5.鹏：古"凤"字，此处借用为表大鸟之名。

6.怒：振奋，这里指用力鼓动翅膀。

7.垂天：天边。一说遮天。垂：通"陲"，边际。

8.海运：海水运动，此处指汹涌的海涛。

9.徙：迁移。

10.天池：天然形成的池子。

11.《齐谐》：志怪小说集。

12.志怪：记述怪异的故事。志：记载。

13.水击："击水"一词的倒装，形容大鹏起飞时翅膀拍击水面的壮观景象。

14.抟：盘旋上升。扶摇：旋风。

15.去：离开。

16.息：气息，指风。

17.野马：云雾之气变化腾涌成野马的样子。

18.尘埃：空中游尘。

19.以息相吹也：以气息相互吹拂所致。

20.苍苍：深蓝色。

21.其：或许。正色：真正的颜色。邪：通"耶"，疑问词。

22.其视下也：它（指鹏）向下俯视。

23.且夫：助词，无实义，起提示下文的作用。

24. 负：承载。

25. 覆：倒。

26. 坳堂：屋前地上的洼坑。

27. 芥：小草。

28. 置：放。焉：兼词，于此，在这里。胶：动词，粘住地面动不了。

29. 则其负大翼也无力：就没有力量托起鹏巨大的翅膀。

30. 则风斯在下矣：风就在大鹏的下面(说明风有九万里深厚)。

31. 而后乃今："今而后乃"的倒装，相当于"这时……然后才"。培风：乘风。培：凭。

32. 夭：挫折。阏：阻碍。

33. 图南：图谋飞往南方。

34. 蜩：蝉。

35. 学鸠：斑鸠一类的小鸟。

36. 决起：迅速跃起。决：同"赴"，迅疾。

37. 抢：撞到，碰到。一作"枪"。榆枋：泛指树木。榆：榆树。枋：檀木。

38. 时则：时或。

39. 控：投下，落下来。

40. 奚以：何必，哪里用得着。之：往。为：句末疑问语气词，相当于"呢"。

41. 适：去，往。莽苍：草色苍苍的郊野。

42. 三餐：指一天。反：通"返"，返回，下同。

43. 犹：还是。果然：饱足的样子。

44. 宿：隔夜，头一夜。舂粮：把谷物的壳捣掉，指准备粮食。

45. 三月聚粮：准备三个月的粮食。

46. 之：指示代词，这。二虫：指蜩和学鸠。虫：古代对动物的统称，如大虫指老虎，老虫指老鼠，长虫指蛇。又何知：又怎么会知晓呢。

47. 小知：小聪明。知：通"智"，下同。大知：大智慧。

48. 小年：短命。大年：长寿。

49. 朝菌：一种朝生暮死的菌类植物。晦朔：月亮的盈缺。晦：每月的最后一天。朔：每月的第一天。

50. 蟪蛄：寒蝉，春生夏死或夏生秋死。春秋：一整年。

51. 冥灵：大树名，一说大龟名。

52. 大椿：树名。

53. 彭祖：传说中寿达八百岁的人物。

54. 乃今：而今，现在。

55. 久：长寿。

56. 匹之：和他相比。匹：比。

57. 悲：可悲。

【解读】

《逍遥游》是《庄子》的首篇,在思想上和艺术上都可作为《庄子》一书的代表。此文主题是追求一种绝对自由的人生观。庄子认为,只有忘却物、我的界限,达到无己、无功、无名的境界,无所依凭而游于无穷,才是真正的"逍遥游"。文章先是通过大鹏与蜩、学鸠等小动物的对比,阐述了"小"与"大"的区别;在此基础上庄子指出,无论是不善飞翔的蜩与学鸠,还是能借风力飞到九万里高空的大鹏,甚至是可以御风而行的列子,它们都是"有所待"而不自由的,从而引出并阐述了"至人无己,神人无功,圣人无名"的道理。

湖湘学堂

天地大儒——王夫之

　　王夫之(1619年—1692年)，字而农，号姜斋，湖南衡阳人。他是中国明末清初的思想巨人之一，以"六经责我开生面"的精神，批判陆王，改造程朱，抨击佛老，吸收墨法，继承儒家传统文化的精髓，建立了一个博大精深的思想体系。他不但在哲学、史学、伦理学等方面有卓越的理论建树，而且在诗学、美学方面也给后人留下了非常丰富的珍贵遗产。

　　王夫之出身于书香门第，自幼跟随父兄读书，后求学于岳麓书院，师从吴道行，较早地接受了湖湘学派中的济世救民思想。明崇祯年间，他积极参与反清起义，起义失败后，他选择避居山林，晚年隐居石船山，被后人称之为"船山先生"。在隐居期间，王夫之致力于学术研究和讲学，一生著述丰富，主要有《周易外传》《读通鉴论》《尚书引义》《读四书大全说》《黄书》等。他的著作被编入《船山全书》(岳麓书社出版)，对后世产生了深远的影响。

　　王夫之从儒家哲学的根本问题入手，用唯物主义观点阐明了理气关系、道器关系、知行关系。其思想在给予理学的唯心主义理论基础以沉重的打击的同时，也在许多方面达到了中国古代哲学的高峰。

　　理气为一。王夫之提出宇宙是由物质元气构成的物质实体，宇宙间充满了物质性的阴阳二气，气是原始的物质的根源，气构成了自然万物，在宇宙间无处不在、无所不包，是永恒不灭的。而理则是气之理，即阴阳二气本身所具有的理则、规范和秩序，象征着气之妙，强调理气一体。

　　天下唯器。王夫之学说的最终落脚点不是在气，而是在道，即他的天人合一的理想。他创立了别开生面的"道器说"。他认为"天下惟器，道在器中"，天下只具有一个个具体事物，而不具有离开个别的抽象的一般，明确了器是体，道是用，道不离器，道在器中，达到了朴素唯物主义和朴素辩证法的辩证统一。

　　知行之辩。知与行是中国古代哲学认识论的基本范畴。知就是知识、知觉、思想、认识等，而行就是行为、行动、践履、实践。王夫之在批判前人知行观的基础上，提出了自己鲜明的"先知后行""行可兼知，而知不可兼行""知行相资以为用，并进而有功"的知行观。

王夫之开辟哲学新乾坤，其"经世致用"的入世观影响了魏源、曾国藩、谭嗣同、毛泽东等一代代湖南人。随着这些湘人在历史上留下浓墨重彩的画笔，再经由他们的大力弘扬，源远流长的湖湘文化才开始真正登上历史舞台。

文化长廊

船山先生关于学习的妙语解读

（一）

质以忠信为美，德以好学为极。绝学而游心于虚，吾不知之矣。

【解读】

选自《思问录·内篇》。人的品质以忠信为最美，人的德行以爱学习为最好。一个人的心思不放在学习上而只游荡于虚事上，我不知道这种人最终会怎么样。这句话指出，忠信、好学是人应有的优良品质，这些品质对于人终生有用，会使人终身受益。

（二）

读书将以何为哉？辨其大义，以立修己治人之体也；察其微言，以善精义入神之用也。

【解读】

选自《读通鉴论·论梁元帝读书》。读书应该怎么做呢？辨清、领会这部书的主旨和精神实质，以作为修己治人的本体；察明书中言论的精微含义，以达到精研义理、融会贯通、运用自如的境界，并将获得的知识道理付诸实践。

（三）

习久而变者，必以其渐。

【解读】

选自《读通鉴论·卷二》。习惯是长期养成的，要想改变必须逐渐进行。尽管人们认为习惯是人的第二天性，但心理学研究证明习惯是后天形成的，习惯是经过长期的时间在不知不觉中养成的，但每个人的习惯都不同，有些人在不经意间形成了坏习惯，这就要求他们必须以顽强的毅力主动地去改变那些习惯，只有好的习惯才能使人们向正确的方向发展。

（四）

才以用而日生，思以引而不竭。

【解读】

选自《周易外传·震》。以，因为。日生，一天天增长。思，此指大脑、脑力。引，引出，此指使用。有才能的人因为得到重用而才干日益增长，大脑因为经常使用而越发灵活、思虑不绝。这是说人的才干是练就出来的，好的思想是勤奋思考的结果。

（五）

行可兼知，而知不可兼行。

【解读】

选自《尚书引义·说命中二》。兼：兼并，这里是替代的意思。行动可以代替认识，但是认识不能够代替行动。我们虽然强调知行合一、知行并重，但是，两者比起来，实践的地位更重要一些。因为不管认识规划得好与坏，都不会导致实际的得与失，而实践活动的合理与否，将会直接导致结局的成败和利益上的得失。因此，我们应当更加慎重于实践活动的开展，我们可以以实践活动为中心，将认知活动散布于实践的各个环节当中，却不能反过来以认知活动为中心，将实践活动分散开来，这样就本末倒置了。

笃行致远

跨时空对话，悟哲学精义——历史文化剧演绎

如果将古代哲学家的故事写成简短的历史文化剧，并将其重要的哲学思想融进人物对话中，会呈现怎样的一场视听盛宴？请和你的小伙伴一起，利用课余时间编写剧本，排练表演，以体验的方式真正代入哲学家的角色之中感悟中国古代哲学的魅力，来一场趣味性、知识性、艺术性于一体的文化体验。

让我们走进剧场，一起去探寻文化剧的魅力。

1. 活动形式

文化戏剧。

2. 活动地点

校园剧场。

3. 活动组织

（1）选择内容：根据具体情况，选择一位哲学家，结合他的生平故事和哲学思想，进行剧本创作。

（2）剧本创作：根据选定的内容，小组合作共同创作剧本。可以适当进行改编，增加角色对话、情节设置等，使剧本更具戏剧性。

（3）角色分配：根据剧本的情节和人物设置分配角色。可以根据特长和兴趣进行选择，也可以进行抽签分配角色。

（4）排练和表演：安排一定的排练时间，熟悉剧本并进行适当的表演训练。重点训练表演技巧、口头表达能力和团队合作能力。最后，组织一场文化剧表演，可以邀请学校的师生观看。

（5）分析反思：在活动结束后，进行反思和分析。

项目三

知礼明德

——中国传统礼仪规范

中国作为四大文明古国之一，素有"礼仪之邦"的称号。自中华民族掀开历史的第一页开始，礼仪便随之诞生并不断发展，成为我国优秀传统文化的重要组成部分。从古至今，无论是君王之间的交往，还是普通百姓的相处，都离不开礼仪规范，这不仅体现在礼仪的形式上，更深入人们的日常生活之中。荀子认为："人无礼则不生，事无礼则不成，国家无礼则不宁。"在中国传统文化中，礼仪被赋予极高的价值，它不仅是一种基本的礼节和仪式，还代表着人们的道德品质和社会秩序。身为华夏子孙的我们，不仅要知礼、懂礼，还要守礼、遵礼，做礼仪文化的传承者和弘扬者。

【学习目标】

1. 了解中国传统礼仪的起源和发展，把握古代礼仪的主要内容。

2. 能创新性传承礼仪规范，落实知行合一，展现礼仪之邦的魅力。

3. 了解湖湘文化名人、湘军首领曾国藩的礼学思想及其经世理念。

4. 增强对传统礼仪文化的认同感和自信心，做知礼明德的中国人。

文化通识

中国传统礼仪形态丰富多样，无时不有，无处不在，出行有礼、宴饮有礼、婚丧有礼……几乎渗透到社会的各个方面。随着社会的进步，礼仪在其传承沿袭的过程中不断变革、发展。中国礼仪以周为最，中国古代一般推行周礼，经系统整理归纳为吉、凶、宾、军、嘉"传统五礼"。这是中国最早记载的几种礼仪，大多数礼仪基本都是从"五礼"演化而来，对中国乃至世界有着深远的影响。

礼仪之邦：古代礼仪的起源与发展

自古以来，我国就是一个重视礼仪文化的国度。作为中国传统文化的逻辑起点，礼仪文化曾担负我国传统社会各时期人性教化和国家治理的历史使命，对推动中华文明的发展具有重要作用。同时，礼作为中国社会的道德规范和生活准则，是社会政治、经济、文化发展到一定阶段的产物，随着社会的变革和发展，礼不断被赋予新的内容，不断发生着改变和调整。

一、古代礼仪的起源

礼仪起源于夏朝建立之前的原始社会，这个时期的礼仪还比较简单，没有形成制度。《左传·昭公二十五年》中记载："夫礼，天之经也，地之义也，民之行也。"关于礼仪的源头，大家说法不一，众说纷纭，最常见的主要有以下几种说法。

（一）礼仪源于祭祀

在原始社会，由于生产力水平低下及人们认识水平有限，很多事情无法用科学来解释，人们对自然现象充满了敬畏之心，产生了拜天地、祭神明等各种祭祀活动，祈求神灵和祖先保佑风调雨顺、降福免灾。《说文解字·示部》也对"礼"进行了解释，"禮，履也。所以事神致福也"，意思就是说礼是行为所依托的形式，如同行走的脚依托鞋子一样，人们以礼为实践的形式来敬奉神灵，祈求福佑。由此可以看出，礼最先与祭祀神灵的仪式有关。

（二）礼仪源于交往

人类为了生存和发展，以群居的形式相互依存，人与人之间相互依赖又相互制约。在古人眼里，男女有别，老少有异，必须用礼来区分。相传，华夏的第一对夫妻伏羲与女娲在结婚时，伏羲"制嫁娶以俪皮为礼"，从此就有了礼。另外，人们在交往中难免有喜怒哀乐，礼的作用在于使人克制自己的情绪和私欲，不对别人造成伤害，于是便有了相应的种种规定。因此，这既是一种人际交往秩序，也是一种需要被所有成员认定和维护的社会秩序。

（三）礼仪源于风俗

一部分学者认为，自从有了人类社会，就有了风俗习惯。原始人类为了适应环境，逐渐形成了一定的生活习惯，如从赤裸着身体到用树叶或兽皮等物体遮盖身体，慢慢开始穿着打扮，人们在不同的场合就有了不同的穿着。随着社会的进步，各地的风俗走向不同的流向，一部分风俗依然留存于民间，继续产生影响；另一部分风俗则上升为"礼"，变为统治者所规定的言行准则。饮食、丧葬等其他领域的礼仪也都是这样发展而来的，因此可以说礼仪产生于风俗习惯。

微课3.1

"礼"的"俗"的历史演变

二、古代礼仪的发展

礼仪在传承沿袭的过程中不断发生着变革，经过原始社会的萌芽，自人类进入奴隶社会以后，古代礼仪的发展历程主要可以分为以下几个阶段。

（一）礼仪的形成：夏、商、西周三代

夏、商、周时期，人类开始进入奴隶社会，统治阶级为了巩固自己的统治地位，把原始的古代礼仪发展成符合奴隶社会政治需要的礼制，"礼"被打上了阶级的烙印。在这个阶段，中国第一次形成了比较完整的国家礼仪与制度。如包括吉礼、凶礼、宾礼、军礼、嘉礼在内的"传统五礼"就是在这个时期形成的一整套涉及社会生活各方面的礼仪规范和行为标准。古代的礼制典籍也大多记录了这一时期的礼仪，如我国最早的礼仪学专著《周礼》《仪礼》《礼记》。

（二）礼仪的变革：春秋战国时期

春秋战国时期，诸侯争霸，周王室日渐衰微，周礼也因此受到了很大的冲击，出现了"礼崩乐坏"的局面。但与此同时，学术界形成了"百花齐放，百家争鸣"的局面，以孔子、孟子、荀子为代表的诸子百家对礼教进行了深入的研究和发展，对礼仪的起源、本质和功能进行了系统阐述，第一次在理论上全面而深刻地论述了社会等级秩序划分及其意义。孔子非常重视礼仪，把"礼"看成是治国、安邦、平天下的基础。他要求人们用礼仪规范来约束自己的行为，要做到"非礼勿视，非礼勿听，非礼勿言，非礼勿动"。管仲认为"礼"关系到国家的生死存亡，把"礼"看作人生的指导思想和维持国家的第一支柱。

（三）礼仪的强化：秦汉至清末

随着社会的变革和发展，特别是在封建社会的后期，礼越来越成为束缚人们思想和行为的桎梏。在我国长达两千多年的封建社会里，尽管礼仪文化在不同的朝代具有不同的政治、经济、文化特征，但有一个共同点，就是一直为统治阶级所利用，礼仪始终是维护封建社会等级秩序的工具。这一时期的礼仪的重要特点是尊君抑臣、尊夫抑妇、尊父抑子、尊神抑人。在漫长的历史演变过程中，具备这些特点的礼仪逐渐变成妨碍人类个性自由发展、阻挠人类平等交往、窒息人类思想自由的精神枷锁，严重影响了社会的进步和发展。

封建社会形成了一套成熟的礼仪体系，为后世继承、完善和流传。随着人类社会的不断发展，礼仪也渗透社会的各个方面。古代礼仪不断被赋予时代新的内涵，许多礼仪从内容到形式都在不断变革，近现代礼仪进入了全新的发展时期。

传统五礼：古代礼仪的主要内容

古代礼仪包括的范围内容和形式都非常广泛，中国礼仪以周为最，中国古代一般推行周礼，经礼家系统整理，总结归纳为五大类：吉礼、凶礼、宾礼、军礼、嘉礼，总称"五礼"。古代祭祀之事为吉礼，丧葬之事为凶礼，宾客之事为宾礼，军旅之事为军礼，冠婚之事为嘉礼。这是中国最早记载的几种礼仪，后来的礼仪基本由此演化而来。

微课3.2

"礼"之深意：解读"礼"的丰富内涵

一、吉礼

吉礼指的是祭祀礼仪，是五礼中最重要的部分，为五礼之首。古人祭祀以求吉祥，故称吉礼。《礼记·祭统》有云，"凡治人之道，莫急于礼；礼有五经，莫重于祭"，可见祭祀礼仪在中华礼仪文化中占据着重要地位。天、地、人是中国古代宇宙观最基本的三要素，因此吉礼主要包括对天神、地祇、人鬼的祭祀典礼。

（一）祭天神

天神只能由天子来祭祀，受祀的天神不仅类型多，而且有尊卑之别。第一等为祀昊天上帝，天子选择在冬至这一天，阴尽阳生之日，在国都南郊圜丘圆形的祭天之坛祭祀；第二等为祀日月星辰，日月为天之明，星辰指金、木、水、火、土五行及十二辰和二十八星宿，这是与民生关系最为密切的天体；第三等为祀除第二等之外，凡是职所有司、有功于民的列星，如司中、司命、风师、雨师等。祀天神的各种仪式与祭祀用品都有其讲究，一名一物，蕴含着深意和敬意。在祭天仪式中，通过虔诚地祈福，以求风调雨顺、五谷丰登、国泰民安。

（二）祭地祇

远古时已有对土地的崇拜，大地生长五谷，养育万物，犹如慈爱的母亲，故有"父天而母地"之说。依照尊卑等级可将祭地祇分为三类：第一等为社稷（土神、谷神）、五祀（门神、户神、井神、灶神、中溜）、五岳（东岳泰山、南岳衡山、西岳华山、北岳恒山、中岳嵩山）；第二等为山林、川泽，主要祭祀四方的大河、大山；第三等是四方百物，即掌管四方百物的各种小神。

（三）祭人鬼

祭祀人鬼，主要是对祖先的祭祀，此类祭祀必须在宗庙之中进行。祠、禴、尝、烝分别是春夏秋冬四时的祭名，所谓四时祭，就是每逢岁时之首，用时令蔬果祭祖。关于先圣先师的祭祀，最初的祭奠没有特定的对象，至汉代，将周公定为先圣，孔子定为先师。到唐太宗时期，尊孔子为先圣。此后，孔子一直保持在国学祭祀中的独尊地位。中国古代重视礼教，对于在伦理教化上有突出表现者，即所谓礼乐读书之官，国家将其纳入祭奠先圣先师的祀典。祭祀这些先圣先师的地点在学宫孔庙，每年春秋行祭祀大礼。

二、凶礼

凶礼指的是哀悯、吊唁、忧患方面的礼仪，表达对离世之人的敬畏及对减轻灾祸的祈福，主要包括丧礼、荒礼、吊礼、禬礼、恤礼五个部分，主体内容是丧礼和荒礼。

《周礼·春官·大宗伯》记载："以凶礼哀邦国之忧，以丧礼哀死亡，以荒礼哀凶札，以吊礼哀祸灾，以禬礼哀围败，以恤礼哀寇乱。"以凶礼哀吊救助邦国的忧患，以丧礼来哀吊死亡，以荒礼来救助饥荒与疫病的流行，以吊礼哀吊发生的严重自然灾害、水火灾祸，以禬礼相助被围而遭祸败的盟国，以恤礼慰问国内的动乱或曾遭寇乱的邻国。

（一）丧礼

丧礼是古代礼仪中最为重要的礼仪之一，其核心是通过对死者遗体的各种处理仪式，来表达对死者的敬爱之情。丧礼仪式有停尸仪式、报丧仪式、招魂仪式、送魂仪式、做七仪式、吊唁仪式、入殓仪式、丧服仪式、出丧择日仪式、哭丧仪式、下葬仪式等，各种仪式都非常讲究。与丧礼密切相关的是丧服制度，根据与死者的亲疏关系，生者依次有斩衰、齐衰、大功、小功、缌麻等五种服期不等的丧服。几千年来人们形成的丧葬礼仪，如同生者与死者的对话，揭示了中国人生死观的深层内涵。

（二）荒礼

荒礼是指遇到饥荒年或瘟疫流行时，统治阶层表达体察灾情、与民同苦之意的礼仪。《逸周书·籴匡》将农业丰歉分为成年、年俭、年饥、大荒四种情况，灾荒时直接贷给饥民粮食。先秦荒礼大致有祷神、变礼、减缮减用及提供财物赒补等几种形式。灾荒之年举行荒礼，不仅可以安抚民心，维护社会安定，同时也能有效地节省财物，有利于人民的生产和生活。因此，先秦以后荒礼仍受到社会各阶层的重视。

（三）吊礼

吊礼是指当他国或他人遭受水火灾害等自然灾害后，统治阶层派人慰问的礼仪。对由于天灾人祸而死伤的事件进行吊唁，表达一种面对凄惨遭遇却无可奈何的哀叹，以这样的方式进行心灵上的慰藉。鲁庄公十一年秋，宋国发生大水，鲁君派人前往吊问，曰："天作淫雨，害于粢盛，如何不吊？"代表天子吊慰抚恤各国诸侯及人民，可以从一定程度上安慰受伤害的对象，舒缓灾害带来的痛苦。

（四）禬礼

禬礼是指当他国因外来侵略或内部动乱灾祸，蒙受经济、财产、人员的损失时，同盟诸侯筹集财物予以援助的礼仪。《穀梁传》云"更宋之所丧财也"，即补充宋国因为灾祸而丧失的财物，使之尽快恢复正常的社会生活。虽然死者不可复生，但是损失的财物可以提供。及时向友邦国家伸出援助之手，赈济灾民，可以从一定程度上安抚民心，满足应急之需。

（五）恤礼

恤礼指邻国发生内乱、政变、恶斗或是受到外来侵略，虽然财产损失不大，但人心不安，此时友邦派使者前往慰问，以示分忧的礼仪。与恤礼相关的内容很多，比方发生灾荒时，政府要贯彻"散礼""薄征""缓刑""劝分""移民""通财"等原则。于今亦然，困顿危难之时，社会各阶层，从上至下都能伸出关爱之手，依靠爱心和团结的力量，有助于尽快恢复信心，早日渡过难关。此敬天法地爱民之心，无论何时何境都历久弥新。

三、宾礼

宾礼指的是天子接见诸侯、宾客以及各诸侯国之间相互拜访时的礼仪。《周礼·春官·大宗伯》记载："以宾礼亲邦国。"由于宾礼以天子为主，诸侯为宾，所以因来宾身份、时间、目的等的不同，各有称呼——春见曰朝，夏见曰宗，秋见曰觐，冬见曰遇，时见曰会，殷见曰同，时聘曰问，殷覜曰视，有着朝、宗、觐、遇、会、同、问、视等一系列礼仪制度。

（一）朝觐之礼

朝觐是周代诸侯朝见天子的礼制，朝觐之礼用意在于明君臣之义，通上下之情。诸侯于春秋两季朝见天子，此为定期朝见，"春见曰朝，秋见曰觐"，合称为朝觐。诸侯朝觐天子"述职"，即各地封君在朝觐天子时，要亲自向天子汇报封国情况。朝觐述职的礼仪规矩比较严格，所有诸侯应按照公、侯、伯、子、男的五等爵位，身穿不同服饰，立于不同位置，公爵立于东面，侯及其余各爵立于西面，按照顺序述职。

（二）朝聘之礼

朝聘是指诸侯定期朝见天子的礼制，派遣卿大夫为使者，到京都作礼仪性的问候，并报告邦国的情况。朝聘主要有三种形式：每隔一年派大夫朝见天子称为"小聘"；每隔三年派卿朝见天子为"大聘"；每隔五年亲自朝见天子为"朝"。觐见时要贡奉玉帛珍玩及本国土产奇珍。觐见后，由王室盛情款待，再由王室使臣送其返国。诸侯之间的使节互聘，也有相同的礼节规定。聘问之礼的制定，有利于诸侯之间相互尊敬。

（三）会同之礼

会、同这两种礼仪只是在形式上略有不同，所以通常是合在一起，即为"会同"。朝觐和朝聘之礼，在周代特指周天子接待一方一服的诸侯、使者时所用的礼仪，但若四方六服的诸侯同来朝觐，则有会同之礼。会同是四方齐会，六服皆来，会同之地既可以在京师，也可以在别地，甚至在王国境外。由于会同是各方诸侯同聚一堂，因此也就成为诸侯大国炫耀实力的大好时机，通常是在国门之外建坛壝或宫室举行典礼。春会同建于东方，夏会同建于南方，秋会同建于西方，冬会同建于北方。

会同时由于诸侯众多，各人的位置次序都要预先排列好。会同之日，各诸侯国派代表持本国旗帜站好位置，天子登坛，诸侯入列，立于自己的旗下。所有人站位妥当后，天子走下坛来，面南而立，对天下诸侯三揖为礼——对和自己无亲戚关系的庶姓诸侯行拱手向下推作"土揖"礼，对异姓诸侯行拱手平推作"时揖"礼，对同姓诸侯则行拱手向上推作"天揖"礼。三揖之后，天子回到坛上，令傧者传话，命诸侯分别上坛，奠玉享币行礼。享献之后，天子乘龙马之车，载太常之旗，率诸侯于东门之外拜祭日神，祭祀明神。此时通常举行盟誓之仪，以进一步巩固和加强天子与各路诸侯之间的联系。

（四）相见之礼

相见之礼指的是相互见面时的礼节，包括趋礼、拜礼、拱手礼、揖礼、鞠躬礼、寒暄礼等礼节。其中，拜礼和揖礼是人与人相见时最主要的礼节。这些礼节在古代规范着各色人等的日常生活，给人们的行止坐卧提供了准则。这些礼节都是人们观念的反映，每一个礼节的背后都有着丰富的文化内涵。

1.趋礼

"趋"是古人日常生活中常用的一种传统礼节，指在一些特定场合，卑者、贱者、后辈、地主自觉遵照法律的规定或约定的习俗，用低头弯腰、小步快走的方式，向尊者、贵者、前辈、宾客表示恭敬。

2.拜礼

据《周礼》记载，拜礼有九种："一曰稽首，二曰顿首，三曰空首，四曰振动，五曰吉拜，六曰凶拜，七曰奇拜，八曰褒拜，九曰肃拜。""九拜"是我国古代特有的向对方表示崇高敬意的跪拜礼，是不同等级、不同身份的社会成员，在不同场合所使用的规定礼仪。前四种是日常生活中的交往礼节，后五种只在特殊情况下才使用，其中吉拜、凶拜是丧葬中的拜礼，肃拜是军旅和妇人所行的拜礼。

3. 拱手礼

拱手礼起源很早，又称捧手礼、抱拳礼，无高低贵贱之分，是一种形同现代人握手一样的礼仪。行礼时，双脚站直，上身直立或微俯，男生左手在前，右手握拳在后，女生右手在前左手在后，两手合抱于胸前，有节奏地晃动两三下，并微笑说出相互之间的问候。

4. 揖礼

揖礼起源于周代以前，约有三千年历史。根据双方的地位和关系，有土揖、时揖、天揖、特揖、旁三揖之分。"天揖礼"多用于正式场合，晚辈给长辈行此礼，推手时稍稍向上；"时揖礼"是同级之间行礼，见面时平平推手；"土揖礼"主要用于长辈或上司还礼，推手时稍稍向下。行礼时双手叠放于胸前，大拇指内扣，身略前倾，表示敬意。

5. 鞠躬礼

鞠躬，两脚并拢，两手下垂于股部两侧，弯曲上身以表示敬意。这种礼节是现在致敬、致哀时仍然在普遍使用的礼节。

6. 寒暄礼

寒暄，是问候起居寒暖的客套话。旧时在拱手的同时，说"幸会幸会"或"久仰久仰"，然后询问其家人健康平安与否。初次见面还有"请问贵姓""请教台甫""敢问贵庚贵府"等套话。

随着时代的变化，复杂繁多的古礼不能很好地适应人际交往日趋频繁的现实需要，因而日益趋向简化。

四、军礼

军礼指的是国家有关军事方面的礼仪活动。古代军事活动严谨、慎重，从日常训练到战争得胜归来这个过程具有很多的仪式礼节，体现了古人对战争胜利的渴望及对战争失败的恐惧，主要是为了鼓舞士气。《周礼·春官·大宗伯》中记载："大师之礼，用众也；大均之礼，恤众也；大田之礼，简众也；大役之礼，任众也；大封之礼，合众也。"军礼的主要内容有：大师之礼、大均之礼、大田之礼、大役之礼、大封之礼。

（一）大师之礼

大师之礼指军队征伐，天子亲自出征的礼仪，是军礼中最重要的礼仪。大师之礼包括祭天、祭社、告庙、祭祀先师、祭军神军旗、祭行道之神、誓师、出征、凯旋、献俘、受降、饮至诸仪节。天子御驾亲征，威仪盛大，这样既可以鼓舞军队的士气，又能调动举国上下为正义而战的热情。

（二）大均之礼

大均之礼是指王者和诸侯在均土地、征赋税时举行军事检阅，以安抚民众的礼仪。上古兵农合一，出则为兵，入则为民，各家都要承担军赋，应征的士兵必须自备车马、盔甲等。大均之礼的重点是校核户口，公平地分摊军赋，使民众负担均衡，避免民众苦乐不均。唐宋以后，随着社会的变化，军礼中不再有这一条。

（三）大田之礼

大田之礼指天子定期参加四时狩猎，有春蒐、夏苗、秋狝、冬狩，其主要目的是练习战阵，检阅战车与士兵的数量、作战能力，训练未来战争的协调配合能力。礼法规定，田猎不捕幼兽，不采鸟卵，不杀有孕之兽，不伤未长成的小兽，不破坏鸟巢。另外，围猎捕杀要围而不合，留有余地，不能一网打尽，斩草除根。这些礼法对于保护野生动物资源，维持自然界生态平衡是有积极意义的。

（四）大役之礼

大役之礼指国家兴办筑城邑、建宫殿、开河、造堤等大规模土木工程时，需要征调民力的一种徒役礼仪。有的人家里只有一个劳动力，而且上有老、下有小，而有的人家里劳动力和男孩很多，情况差别很大，不能简单划一，应按照人性化的原则，大役之礼要求根据民力的强弱分派任务，也就是孔子所说"射不主皮，为力不同科"的思想。

（五）大封之礼

大封之礼是勘定国与国、私家封地与封地间的疆界、立界碑的一种礼仪活动。古代的边界上有封土，上面种着树，这叫封。某个诸侯的领土被人家夺走了，后来又把它夺回来，在得到确认之后要举行仪式，把原先逃亡的居民招募回到原地生活，这个仪式叫作大封之礼。军队里面这样的礼非常多，比方说日常的训练车马、旌旗、兵器、军容、行列、站列、营阵、校阅，甚至士兵的坐作、进退、击刺，以及日常训练都有仪式。战争得胜回来，则有凯旋、告庙、献俘、献捷、受降等仪节。

五、嘉礼

嘉礼是古代礼仪中内容最丰富的部分，是五礼中唯一用来"亲万民"的，即用来沟通人际关系、联络感情的礼仪，所以它包含的内容相当广泛，涉及日常生活、王位承袭、宴请宾朋等多方面的内容。嘉礼旨在规范秩序与端正人心，在古代社会生活中使用频率非常高。《周礼·春官·大宗伯》："以嘉礼亲万民，以饮食之礼亲宗族兄弟，以婚冠之礼亲成男女，以宾射之礼亲故旧朋友，以飨燕之礼亲四方之宾客，以脤膰之礼亲兄弟之国，以贺庆之礼亲异姓之国。"嘉礼最主要的内容有饮食之礼，婚冠之礼，宾射之礼，飨燕之礼，养老之礼等。

（一）饮食之礼

饮食之礼通常专指宗族之内的家宴，而不是日常家居的饮食。宗族兄弟合族宴饮，大抵有两种，一种逢祭而宴，一种以时而宴。适时举办家宴，可以促进传统大家族的人际关系，加深宗族兄弟的情谊。

"夫礼之初，始诸饮食"，饮食是礼仪最直接的表现形式之一，我国古代形成了一系列的饮食礼仪，如布菜礼、入座礼、进餐礼等。

1.布菜礼

布菜，是一种古老的中国传统。饭菜、餐具的摆放各有其讲究。饭菜的摆放，左边依次为带骨的熟肉、主食（饭），右边依次是大块的熟肉、酒和饮料。在最里边放酱酪调料，外边放烤肉，右边放蒸葱。干肉类的菜肴，弯曲的在左，挺直的在右。若是烧鱼，以鱼尾向着宾客；若是干鱼，则以鱼头向着宾客。冬天鱼肚向着宾客的右方，夏天鱼脊向着宾客的右方。如今，我们仍延续了部分古代的布菜礼仪，如菜肴摆放有序、菜品讲究数量等。

2.入座礼

《弟子规》曰："或饮食，或坐走，长者先，幼者后。"入座有先后，长幼有区别。一般情况下会按照职务尊卑、年龄长幼、先女后男的顺序去安排座次。座次是根据"尚左尊东"和"面朝大门为尊"的原则，先邀请宾客入座上席，再请长辈入座，入座时从椅子左边进入。这些礼仪，我们沿用至今。

3.进餐礼

"虚坐尽后，食坐尽前。"一般情况下，要坐得比尊者长者靠后一些，以示谦恭；在进食时，要尽量坐得靠前一些，靠近摆放馔品的食案，以免不慎掉落的食物弄脏座席。"食至起，上客起，让食不唾。"宴饮开始，馔品端上来时，做客人的要起立；有贵客到来时，其他客人都要起立，以示恭敬。主人让食，要热情取用，不可置之不理。"共食不饱"，同别人一起进食，不能吃得过饱，要注意谦让。这些礼仪规范深深地植根于我们的传统血脉之中，并对我们的现代生活产生了潜移默化的影响。

（二）婚冠之礼

婚冠之礼是古代嘉礼之一。男子二十而冠，女子十五而笄。男女有冠笄之礼，表示成年。《周礼》言："以婚冠之礼亲成男女。"古代男子二十岁行冠礼后即可成婚，并享受成人待遇，女子十五岁行笄礼后也可结婚，所以把婚礼、冠礼合称为婚冠礼。

1.冠礼

冠礼是指古代男子年满二十岁时所行的一种典礼，即加冠以示成年。冠礼在宗庙中进行，由父亲主持，并由指定的贵宾给行冠礼的青年加冠三次，每一次都有其独特的寓意。

第一次为缁布冠，这是用黑麻布做成的帽子，传说这是太古之冠，以此表示不能忘本；第二次是皮弁冠，这是用白鹿皮制成的帽子，表示从此要服兵役，为国出力；第三次为爵弁冠，这种帽子是用红中带黑的细麻布或丝帛做成的，前小后大，形状如同爵，表示从此可以参加祭祀活动。

加冠后，由贵宾向冠者宣读祝词，并给起一个与俊士德行相当的美"字"，使他成为受人尊敬的贵族成员。因为男子二十岁行冠礼，所以后世将二十岁称作"弱冠"。"三加"之仪是行于士人的冠礼，如果是诸侯的冠礼，则要"四加"，即在三加之后加玄冕，这是一种外黑里红的礼帽，供诸侯祭祀四方百物。天子的冠礼为"五加"，即在四加之后加衮冕，衮冕是供天子祭祀先王时用的。

2. 笄礼

笄礼是指古代女子年满十五岁时所行的一种典礼，因将头发盘起，再插入笄加以固定，而得名为"笄礼"，同样表示成年，只是仪式不如冠礼隆重。笄礼是女子的成年礼，举行过笄礼的女子，意味着可以谈婚论嫁了。

笄礼的形式，主要是结发加簪并取字，礼仪程序大体和冠礼相同，只不过主持笄礼的是女性家长，为女子结发加簪的也是女性贵宾。结发，是改变幼年时代的发式，将头发梳成发髻，盘在头顶，然后用纚把发髻包住，再用笄插定发簪，笄后还要为之取字，表示其已成人。明以后，笄礼逐渐废而不用，但民间依然保持了笄礼的一些遗风，如女子出嫁，要改变婚前发式，将头发挽束成髻，以表示与未婚女子的区别。

3. 婚礼

中国传统文化中，把夫妇看成"人伦之始"。《周易·序卦传》说："有夫妇然后有父子，有父子然后有君臣，有君臣然后有上下，有上下然后礼仪有所错。"大千世界、万象人生都以夫妇之礼为其始点。由于社会发展程度的不同，我国古代的婚姻形式多种多样，诸如媵妾制、劫夺婚、转房婚、入赘婚、交换婚、典妻婚、指腹婚、冥婚等，但处于主导地位的是媒聘婚，即经过明媒正娶的婚姻形式。

在媒聘婚姻中，媒妁居于关键地位。所谓媒，就是谋合二姓；所谓妁，就是斟酌二姓。媒妁的作用是审度和谋合联婚二姓的门第与财富是否相当，是否门当户对。所以古人为婚，必须有"父母之命，媒妁之言"，二者缺一不可。

根据礼经规定，周代婚礼分为如下六大程序。

第一步是纳采，一般是由男家请媒人到女家提亲，媒人实际成为纳采的主角，也是婚礼中的重要角色。纳采时，以雁作为礼物，赠送女家，取雁飞南北，合于阴阳之意，寓指男女成亲。

第二步是问名，即询问女子之名。经过媒人的纳采，女家表示同意后，男方再派人执雁到女家，询问女子之名及其排行、出生时辰等，女家要设宴款待。问名的目的是询问女子之名、出生时辰等，通过占卜方式测定男女是否相配、联姻是吉是凶。

第三步是纳吉，即订婚。若占卜预测婚配吉顺，男方即将吉兆的消息告诉女家，同时还要再以雁为礼物，从而正式确定婚姻。

第四步是纳征，又称纳币。正式订婚之后，男方要给女方送上聘礼，包括玄纁、束帛（黑三红二的五匹帛）和俪皮（成对的鹿皮）等贵重的礼物，以此象征阳奇阴偶、配偶成双的意思。

第五步是请期，纳征之后，男家便又一次占卜，以确定成婚的吉日，请媒人带着大雁到女家通告成婚日期，征求女方同意。

第六步是亲迎，婚期当日，新郎乘车前往女家迎娶新娘。装扮好的新娘立于房中，新娘的父亲则于门外迎接新郎入室。新郎以雁为礼，送呈女家，行礼之后退出女家，新娘随行。新郎亲自驾车，请新娘上车，然后新郎将车交于驾车人，自己先行乘车赶回家中，在家门外迎候新娘。新娘驾到，新郎将其迎入家中，家已经摆好宴席，新郎、新娘行"同牢""合卺"等礼。同牢，就是新郎新娘共吃祭祀后的同一肉食，象征夫妇自此以后尊卑相同；合卺，即新郎新娘手持用同一只匏瓜分成的两个瓢，一人一只，用来盛酒漱口。匏瓜味苦，以苦酒漱口，就是要夫妇从此后同甘共苦、相亲相爱。合卺之后要将瓜瓢还原为一，象征着夫妇两人从此合二为一，相伴到老。

宴后，新婚夫妇脱去礼服进入新房，新郎要为新娘解缨。缨是一种丝绳，女子订婚后即束于发上，以示她已经有了婚约。解缨后撤去烛火，婚礼告成。第二天早晨，新妇谒见舅姑（即公婆），以枣粟献于舅，以干肉献于姑，并请舅姑进食，表示新妇从此成为家庭中的正式一员。

（三）宾射之礼

射礼，是古代贵族男子进行射箭时的一种礼仪。古人在进行一些重大的活动时，常以射箭作为活动中的一项内容，以此体现习武、尚武的风尚。古代乡有乡射礼，朝廷有大射礼。在射礼中，即使有天子参与，也必须立宾主，所以称宾射之礼。四方前来朝聘的诸侯，是天子的宾客。宾射多于朝中进行，其目的主要是使主人与宾客之间原来就已建立的朋友关系更加密切。每逢有故交旧友相聚之时，主人便邀请来宾一起进行射箭活动。此时进行这项活动并不仅仅是为了娱乐和消遣，更重要的是通过射箭活动营造出热烈欢快的气氛。主人和宾客在这种气氛中，边轮流射箭，边相互交谈，回忆往事，畅叙友情。所以举行宾射之礼，不仅使宾客置身于轻松愉快、无拘无束的环境与气氛之中，而且又充分体现出主人的坦诚与热情。

（四）飨燕之礼

飨燕之礼规模宏大，是古时王室以酒肉招待宾客的礼仪，分为飨礼和燕礼两种，其中飨礼的级别比燕礼的级别高。

1. 飨礼

飨礼是西周时代由周天子或者诸侯举行的比较隆重的礼仪，是周代宴饮的最高仪节。飨礼在太庙举行，虽设酒肉，但并不真吃真喝。烹太牢（祭祀时使用的祭品）以饮宾客，牛牲"半解其体"，不煮熟亦不食用。飨礼的仪式较为烦琐，饮宴过程中需要奏乐，十分隆重，以敬为主，重点在礼仪往来而不在于饮食。

2. 燕礼

燕（宴）礼是诸侯宴请本国臣子或他国使臣时的礼仪。燕礼在寝宫举行，有一定之规，为吃喝之宴，相对于飨礼，燕礼较为随意，以欢愉为目的，以饮酒为主。燕礼对中国饮食文化的形成具有深远的影响，节日设宴在中国民间食俗上形成节日饮食礼仪。

飨礼和燕礼是周王朝联络宗室、稳定下属的基础，实质上就是一个纽带。周天子宴请诸侯也好，诸侯宴请本国的臣子也好，都是为了使彼此之间联系得更为紧密，同时也是周王朝以礼乐治天下的体现。

（五）养老之礼

养老礼也是嘉礼中的一种礼仪，是对国内年老而又德高望重者定期赠予酒食时所行的一种礼节。

1. 养老

所谓"养老"，对象主要是指四种人：第一种是三老五更。三老、五更都是古代乡官，是有着极其丰富的阅历，精通世故，曾任官职，现已致仕（辞去官职退休）的老年人，年龄在 50 岁以上。由于这些老人通晓三德（正直、刚、柔）、五事（貌、言、视、听、思），便在乡里掌管乡民教化之事。第二种是子孙为国殉难捐躯的老人。第三种是原为天子或诸侯国的属官，后告老还乡的人。第四种是年事已高的普通老人。古代将高寿分为上、中、下三寿：120 岁以上为上寿，100 岁以上为中寿，80 岁以上为下寿。

2. 优老

除了养老，我国还有优老的传统。优老是指对老年人的优待政策，往往由国家颁布律令加以施行。如在田役方面，规定对于 80 岁以上的老人，家庭中可免除一名男丁的田役；对于 90 岁以上的老人，全家免除田役。在道路交通方面，规定车辆、行人见到老人要主动让路躲避。在刑律方面，规定 70 岁以上不得为奴，八九十岁虽然有罪，亦不加刑。北魏时，还有为高年老人授名誉官职的办法，也表示了一种恭敬之意。历代养老、优老的法令和规定，体现了社会文明与进步的一个方面。

历久弥坚：古代礼仪的传承

中国传统礼仪从起源到形成，不断发展，许多礼仪从内容到形式都在不断发生改变。在继承中国传统礼仪规范的基础上，通过不断革新，现代礼仪文化的内涵逐渐丰富，进入了全新的发展时期，已经成为现代文明不可或缺的重要组成部分。传承和发扬优秀的礼仪文化，让中华礼仪文化在持续创新中绽放出永恒魅力，有利于创造诚信、友善、文明、和谐的社会环境，构建社会主义和谐社会。

一、生生不息的礼仪文化

中国礼仪在中国文化中起着"准法律"的作用，渗透于人们日常生活中的点点滴滴。礼仪文化积淀了中华民族深沉的精神追求，民族因文化而融成，亦因文化而发展壮大。纵观人类发展历史中，许多民族虽然创造了灿烂的文化，但最终还是黯然退出了历史舞台。以信为本、以孝为先、以和为贵等礼仪文化为中华民族生生不息、发展壮大提供了丰厚滋养，为文化自信打下了厚重的历史根基。

（一）以信为本

"以信为本，无信不立。"诚信是我国传统道德的核心，是民本，是家风，更是国魂。"不宝金玉，而忠信以为宝"，守信重诺被誉为中华民族的传统美德。儒家把"信"作为治国、立事的根本。《论语》中记载了这样一个故事。弟子问孔子如何治国，孔子说要做到三点：要"足食""足兵"，还要得到百姓的信任。弟子问："如果不得已必须去掉一项，去哪一项？"孔子回答："去兵。"弟子又问，如果还必须去掉一项，去哪一项？孔子说："去食，民无信不立。"可见，在孔子看来，得到百姓的信任比什么都重要。诚信是治国的根本保证，人不信则不立，事不信则不成，国不信则不稳。因此，提倡和讲究礼仪首先要诚实守信。

（二）以孝为先

"百善孝为先"，世间自古流传着二十四孝的故事，就是为了赞叹孝道、弘扬孝道，让人们都能见贤思齐。二十四孝中的第一则"孝感动天"，就是讲舜行孝道的故事。舜天生就懂得大孝，其父脾气古怪，继母性情变化无常，同父异母的弟弟非常不懂事，多次设诡计陷害舜，但舜毫无嫉恨，总是以德报怨。舜每天去历山耕田种地，干活时有大象跑来替他拉犁，小鸟飞来为他播种，是他的孝行感动了上天。尧帝听说舜的事迹后，让自己的九个儿子拜舜为师，把自己的两个心爱的女儿同时嫁给舜为妻，最后还把天下禅让给了舜。正如《孝经》所言："夫孝，天之经也，地之义也，民之行也。"孝道犹如天上日月星辰的运行、地上万物的自然生长一样，是天经地义的，是为人最基本的道德品行。

（三）以和为贵

"礼之用，和为贵。"以和为贵，是儒家倡导的道德实践的原则。几千年来，"和"文化完全融入了中国人的血液，成为中国人的灵魂。《淮南子》中记载了大禹化干戈为玉帛，宾服天下的故事。在中国人看来，"和"是治国理政者妥善处理矛盾冲突的最高境界。《左传》中记载了春秋时代楚庄王"止戈为武"的观点。"武"字是由"止"和"戈"两字合成的，停止使用武器，制止暴力，才是"武"的精神之所在。这两个事例说明，中华民族对和平的热爱和追求深深印刻在我们的文化基因中。对于中国人来说，以和为贵、与人为善，是生活习惯，更是文化认同。这反映了我们民族的性格，也展现了我们文化的价值取向。

二、礼仪文化的现代传承

礼仪，是中华民族的瑰宝。在纷繁复杂的现代社会，我们时常被快节奏的生活裹挟。中国优秀传统礼仪文化，如同一股清泉，滋润着我们的心田。礼仪不仅仅是一种行为规范，更是一种生活艺术，还是一种精神修养。从古至今，礼仪文化以其独特的魅力，影响着每一位华夏儿女。中国人向来注重礼尚往来，我们更要从丰厚的文化遗产中继承和发扬中华礼仪优良传统。

（一）社交礼仪传统的传承

乡土文化是中国人的根性文化，乡土社会的生存方式与社会结构决定了乡民之间形成特定的自我组织、自我服务、守望相助的互惠关系。进入现代社会以后，社会结构发生重大变化，人们的生产与生活方式已经越过了家庭与村落的范围，人际关系也发生重大变化，人情礼俗传统随着城市化进程的加快与乡村治理方式的变化趋向淡化，并呈现新的变化。我们要重视以人情社交礼俗传统为基础，融合现代公益慈善与志愿服务精神，重建与增进家庭、村落、社区的亲密关系，特别是让远离故乡的新城市人，通过日常生活中礼仪传统的现代转化，如传统节日的社区成员聚会、邻里间的相互关爱等，在城市住宅区重新获得家园感。

（二）人生礼仪传统的传承

人生仪礼是生命个体经过仪式洗礼的社会化过程，也是人生命历程中的重要时间节点。诞生礼是人生经历的第一道仪礼。为了祝贺新生命的诞生与护佑新生命的健康，满月礼表达的是对新生命诞生的喜悦与祝福，周岁礼充满了对幼儿未来的期待。成年礼是人生仪礼的重要环节，作为一种宣布告别青少年时期、迈入成年社会的过渡仪式，仪式的空间设置要能够营造出神圣与庄严的仪式感，能够唤起受礼者对于民族文化的认同，从小家庭走入大社会，成为社会的一员。通过仪式互动，受礼者可以感知民族文化的魅力，增进民族文化认同。近代以来，婚丧礼俗成为传统礼仪与当代社会生活融合转化的重要载体。在当代社会的生活场域和仪式环节中，人生礼仪呈现传统与现代融合的鲜活与多样状态。

（三）节日礼仪传统的传承

节日礼仪是传统礼仪的重要组成部分，人们在节日礼仪中享受与传承传统。春节回家团圆、敬拜祖先，强化了家庭伦理与情感传统；邻里互访，增进了社区团结。清明祭祀先人和为国牺牲的烈士，通过虔诚的祭拜礼仪，感恩先人和先烈，传承家国情怀。端午纪念屈原等爱国先贤的礼仪，强化了人们的历史伦理与爱国精神。中秋的赏月与团圆庆贺礼仪让自然与人伦传统得到强化。重阳节是中国的敬老节，重阳敬老祈寿礼仪传统在当代具有越来越重要的现实意义。传承重阳敬老礼仪，动员社会各方力量以实际行动表达对老年人的敬重与关怀，更能体现当代社会文明程度，能够更好地促进社会和谐稳定。

　　中国作为一个拥有数千年历史的文明古国，其丰富多彩的传统礼仪文化不仅体现了古代先民的智慧和修养，而且在今天仍具有重要的现实指导意义。中国传统礼仪不仅是塑造个人品质和维护社会秩序的重要手段，也是传承和弘扬中华文化的重要方式。礼仪是中华文化的重要组成部分，通过学习和实践礼仪，我们可以更好地了解和体验中华文化的深厚底蕴。在今天这个快速发展的时代，我们更应该珍视和传承这份宝贵的文化遗产，让它在新时代焕发出更加璀璨的光芒。

经典领航

《礼记·冠义》

　　凡人之所以为人者，礼义也。礼义之始，在于正容体、齐颜色、顺辞令[1]。容体正，颜色齐，辞令顺，而后礼义备[2]。以正君臣、亲父子、和长幼。君臣正，父子亲，长幼和，而后礼义立。故冠[3]而后服[4]备，服备而后容体正、颜色齐、辞令顺。故曰：冠者，礼之始也。是故古者圣王重冠。

　　古者冠礼筮日筮宾[5]，所以敬冠事[6]，敬冠事所以[7]重礼；重礼所以为国本[8]也。

　　故冠于阼[9]，以[10]著代[11]也；醮[12]于客位[13]，三加[14]弥尊[15]，加有成[16]也；已冠而字之，成人之道也。见于母，母拜之；见于兄弟，兄弟拜之；成人而与为礼也。玄冠、玄端[17]奠挚[18]于君，遂以挚见于乡大夫、乡先生；以成人见也。

　　成人之者，将责成人礼[19]焉也。责成人礼焉者，将责为人子、为人弟、为人臣、为人少者之礼行焉。将责四者之行于人，其礼可不重与[20]？

　　故孝弟[21]忠顺之行立，而后可以为人[22]；可以为人，而后可以治人也。故圣王重礼。故曰：冠者，礼之始也，嘉事[23]之重者也。是故古者重冠；重冠故行之于庙；行之于庙者，所以尊重事[24]；尊重事而不敢擅重事；不敢擅重事，所以自卑[25]而尊先祖也。

【注释】

1. 正容体：端正仪容身体。齐颜色：使表情态度端庄。顺辞令：使言辞政令畅通。

2. 备：完备。

3. 冠：举行冠礼。

4. 服：礼服。

5. 筮日筮宾：用蓍草算卦的方式确定举行冠礼的日期和所请的主宾。

6. 敬冠事：显示出对冠礼之事的恭敬之意。

7. 所以：用来。

8. 国本：立国之本。

9. 冠于阼：在东面的台阶上行冠礼。阼：东面的台阶，主人迎接宾客的地方。

10. 以：用来。

11. 著代：突出表示儿子将要替代父亲成为家长。著：突出、强调。代：替代。

12. 醮：用酒祭祀神灵的礼仪。

13. 客位：台阶西面。

14. 三加：三次加冠之礼。

15. 弥尊：越来越尊贵。

16. 加有成：勉励冠者有更大的成就。

17. 玄冠、玄端：礼冠、礼服的一种。玄：一种颜色，黑中略带有一点红色。

18. 奠挚：置放见面礼物。奠：放置。挚：见面时的礼物。

19. 责成人礼：根据成人之礼去担当自己的责任。

20. 可不重与：能不重视吗？与：同"欤"。

21. 弟：同"悌"，谦逊退让之礼。

22. 为人：做一个区别于禽兽而知礼仪的人。

23. 嘉事：指嘉礼。礼分为五类，即吉礼、凶礼、军礼、宾礼、嘉礼。冠礼属于嘉礼中的一种。

24. 所以尊重事：用来表示对重大事情的尊重。

25. 自卑：把自己的好恶、利益放在第二位。

【解读】

古代男子到了二十岁要举行隆重的加冠典礼，表示该男子已经成人，可以享受成年人所应享受的权利和义务。所以男子二十岁称为弱冠之年。本篇是论冠礼的重要性。冠礼是告诉行礼者，从此以后就不再是依赖父母的孩子，而是要按照成年人的标准来要求自己了。重视冠礼是为了体现礼义对人的重要。要体现出对冠礼的重视，必然有形式。所以，要郑重其事地确定举行冠礼的日期，而不能随便；要郑重其事地选定主宾，主宾是冠礼之中最尊贵的德高望重之人。

《礼记·昏义》

昏礼者，将合二姓之好，上以事宗庙，而下以继后世也。故君子重之。是以昏礼纳采、问名、纳吉、纳征、请期，皆主人筵几于庙，而拜迎于门外，入，揖让而升，听命于庙[1]，所以敬慎重正昏礼也。

父亲醮[2]子，而命之迎，男先于女也。子承命以迎，主人筵几于庙，而拜迎于门外。婿执雁[3]入，揖让升堂，再拜奠雁，盖亲受之于父母也。降出，御妇车，而婿授绥，御轮三周。先俟于门外，妇至，婿揖妇以入，共牢而食[4]，合卺[5]而酳[6]，所以合体同尊卑以亲之也。

敬慎重正而后亲之，礼之大体，而所以成男女之别，而立夫妇之义也。男女有别，而后夫妇有义；夫妇有义，而后父子有亲；父子有亲，而后君臣有正。故曰：昏礼者，礼之本也。

夫礼始于冠，本于昏，重于丧祭，尊于朝聘，和于射乡。此礼之大体也。

夙兴，妇沐浴以俟见；质[7]明，赞[8]见妇于舅姑[9]，执笄[10]、枣、栗、段脩以见，赞醴妇[11]，妇祭脯醢，祭醴，成妇礼也。舅姑入室，妇以特豚馈，明妇顺也。厥明，舅姑共飨妇以一献之礼[12]，奠酬[13]。舅姑先降自西阶，妇降自阼阶，以著代也。

成妇礼，明妇顺，又申之以著代，所以重责妇顺焉也。妇顺者，顺于舅姑，和于室人[14]；而后当于夫，以成丝麻布帛之事，以审守委积[15]盖藏[16]。是故妇顺备而后内和理；内和理而后家可长久也；故圣王重之。

是以古者妇人先嫁三月，祖庙未毁[17]，教于公宫[18]，祖庙既毁，教于宗室[19]，教以妇德、妇言、妇容、妇功。教成祭之，牲用鱼，笔[20]之以蘋藻[21]，所以成妇顺也。

古者天子后立六宫、三夫人、九嫔、二十七世妇、八十一御妻，以听天下之内治，以明章妇顺；故天下内和而家理。天子立六官、三公、九卿、二十七大夫、八十一元士，以听天下之外治，以明章天下之男教；故外和而国治。故曰：天子听男教，后听女顺；天子理阳道，后治阴德；天子听外治，后听内职。教顺成俗，外内和顺，国家理治，此之谓盛德。

是故男教不修，阳事不得，适见于天，日为之食；妇顺不修，阴事不得，适见[22]于天，月为之食。是故日食则天子素服而修六官之职，荡天下之阳事；月食则后素服而修六宫之职，荡天下之阴事。故天子之与后，犹日之与月、阴之与阳，相须而后成者也。天子修男教，父道也；后修女顺，母道也。故曰：天子之与后，犹父之与母也。故为天王服斩衰，服父之义也；为后服资衰[23]，服母之义也。

【注释】

1. 听命于庙：女家父母先祭告宗庙，然后出门迎接男家派来的人，在庙堂西楹间听受使者转达男家的话语。

2. 醮：酌而无酬酢叫醮。

3. 雁：鹅。作为见面礼。

4. 共牢而食：夫妇共用一牲牢。

5. 合卺：婚礼中夫妇饮交杯酒。把匏瓜分成两个瓢，叫卺，新婚夫妇各拿一瓢来饮酒。

6. 醑：用酒漱口。

7. 质：天明时。

8. 赞：助。这里是协助新妇行礼的意思。

9. 舅姑：古时已婚妇女称公婆为舅姑。

10. 笄：盛物的竹器。段脩：用香料腌制而成的干肉。其中枣、栗是见公公的礼物，段脩是见婆婆的礼物。

11. 赞醴妇：赞者代替舅姑酌醴敬新妇。因舅姑尊，不便自己敬酒，而请赞者代替。赞：助舅姑行礼者。

12. 一献之礼：饮酒之礼，主人献宾，宾酢主人，主人又酌自饮毕，更爵以酬宾，宾奠而不饮，至此为一献。而飨妇之礼，舅献而姑酌，所以说"共飨妇以一献之礼"。

13. 奠酬：妇酢舅，舅于阼阶上受酢饮毕，乃酬，妇受而奠于荐左，正礼完毕。

14. 室人：指丈夫的姊妹及兄弟的妻子等女眷。

15. 委积：指粟米。露堆叫委，囷仓叫积。

16. 盖藏：指果蔬脯醢之类，需掩盖或收藏。

17. 祖庙未毁：说明尚在五服之内，还没有别成支族。

18. 宫：宗子的庙。

19. 宗室：支子的庙。

20. 芼：做羹的菜。

21. 蘋：形状像葵菜，生在浅水中，也叫田字草。藻：菱菜。蘋、藻都是阴柔之物。

22. 见：出现。

23. 资衰：齐衰。资：通"齐"(zī)。

【解读】

古代婚礼礼仪包括纳采、问名、纳吉、纳征、请期、亲迎六礼。本篇主要是阐述婚礼的意义，首先阐明婚礼的重要性，其次阐明新妇服侍舅姑的意义，最后讲妇女品德教育。婚礼的各个环节仪式，无不透露着对二人婚姻结合之"敬慎重正"。"敬慎重正而后亲之，礼之大体，而所以成男女之别，而立夫妇之义也。"婚姻在个体生命进程中是庄严、慎重、崇高、公开之事。因此，两姓结合必通过一定的仪式，男女双方家长需慎重对待，"六礼"均在祖庙中实行亦表现出对婚礼的敬重。这种敬重一方面是对"合二姓之好，上以事宗庙，而下以继后世"的自觉，另一方面，敬重也是夫妇相亲相合之要求。

《礼记·曲礼》(节选)

(一)

毋侧听，毋嗷应[1]，毋淫视[2]，毋怠荒[3]。游毋倨[4]，立毋跛[5]，坐毋箕[6]，寝毋伏。敛发毋髢[7]，冠毋免，劳毋袒，暑毋褰[8]裳。侍坐于长者，屦不上于堂，解屦不敢当阶。就屦，跪而举之，屏于侧。乡长者而屦，跪而迁屦，俯而纳屦。

【注释】

1. 嗷应：高声急应。

2. 淫视：流转眼珠斜看。

3. 怠荒：懒惰放荡。

4. 倨：傲慢。

5. 跛：单足踏地。

6. 箕：臀部着地，两腿前伸。

7. 髢：假发。

8. 褰：揭起。

(二)

为人子者，居不主[1]奥[2]，坐不中席[3]，行不中道，立不中门[4]。食飨[5]不为概[6]，祭祀不为尸[7]。听于无声，视于无形。不登高，不临深，不苟訾[8]，不苟笑。

【注释】

1. 主：坐。
2. 奥：屋的西南角，平时为尊者所坐之处。
3. 中席：坐席的中部。四人共坐一席时，席端为尊者所坐之处，如独坐则中部为尊者所坐之处。
4. 中门：门的中间设两闑，两闑之间称中门，是尊者出入的地方。闑：门中央所竖的短木。
5. 食飨：宴会宾客之礼。
6. 概：数量。
7. 不为尸：尸代受祭者。父在不为尸，如父在为尸，将受父拜，这是不敬的。
8. 訾：毁谤、非议。

（三）

虚[1]坐尽后，食坐尽前。坐必安，执[2]尔颜。长者不及，毋儳言[3]。正[4]尔容，听必恭。毋剿说[5]，毋雷同[6]。必则[7]古昔，称先王。侍坐于先生，先生问焉，终则对。请业则起，请益则起。父召，无"诺"；先生召，无"诺"。"唯"而起[8]。侍坐于所尊敬，毋余席，见同等不起。烛至起，食至起，上客起。烛不见跋[9]。尊客之前不叱狗。让食不唾。

【注释】

1. 虚：空。此指不是饮食时。
2. 执：保持。
3. 儳言：与长者所言不相关的话。
4. 正：端庄。
5. 剿说：取人之说以为己说。
6. 雷同：随声附和。
7. 则：法，依据。
8. 诺、唯：表示答应的词。但说"唯"，比说"诺"来得恭敬。
9. 跋：本，火炬把手的地方。

（四）

帷薄[1]之外不趋，堂上不趋，执玉不趋。堂上接武[2]，堂下布武[3]。室中不翔[4]。并坐不横肱。授立不跪[5]，授坐不立。

【注释】

1. 帷薄：帷是布幔；薄是帘子。
2. 接武：步步相连接，即细步走。

3. 布武：步与步不相接，即迈大步。

4. 翔：张开两臂行走。

5. 跪：两膝着地，直身而股不着于足跟，这是跪。如股着足跟，是坐。

【解读】

中国古代社会中"礼"无处不在，坐、立、行走等日常生活中的小事，在中国古代也极受人们的重视。古人从卫生、保健的角度，提出了坐立行卧的正确、科学的姿势，讲求"站如松，坐如钟，行如风"。所谓站如松，就是站姿要像松树一样有挺、直、高的美感；坐如钟，就是坐姿给人以端庄、稳重的感觉，使人产生信任感；行如风，就是步态体现出朝气蓬勃、积极向上的精神状态，给别人留下良好的印象。后逐渐将这些作为一种社会交往的礼节，成为一种社会公德。

湖湘学堂

礼学经世——曾国藩

曾国藩(1811年11月26日—1872年3月12日)，字伯涵，号涤生，谥号文正，"晚清第一名臣"、战略家、理学家、文学家、湘军的创立者和统帅。

有副对联概括曾国藩的一生："立德立功立言三不朽，为师为将为相一完人。"他给自己规定了严格的修身计划"日课十二条"，内容主要有：

一、主敬

无事时整齐严肃，心如止水；应事时专一不杂，心无旁骛。

二、静坐

每日须静坐，体验静极生阳来复之仁心，正位凝命，如鼎之镇。

三、早起

黎明即起，绝不恋床。

四、读书不二

一书未看完，绝不翻看其他，每日须读十页。

五、读史

每日至少读二十三史十页，即使有事亦不间断。

六、谨言

出言谨慎，时时以祸从口出为念。

七、养气

气藏丹田，修身养性。

八、保身

节劳节欲节饮食，随时将自己当作养病之人。

九、日知其所亡

每日记下茶余偶谈一篇，分为德行门、学问门、经济门、艺术门。

十、月无忘所能

每月作诗文数首，不可一味耽搁，否则最易溺心丧志。

十一、作字

早饭后习字半小时，凡笔墨应酬，皆作为功课看待，绝不留次日。

十二、夜不出门

旷功疲神，切戒切戒。

曾国藩家族向来治家严谨，也很有章法。曾国藩自幼受家风的熏陶，不仅对自己要求严格，对其子弟也要求很严格。他坚信"守礼仪，门第才会鼎盛"。曾文正公一直强调家庭的"礼义之旗帜"的家风，他说："吾不望代代得富贵，但愿代代有秀才，秀才者，读书之种子也，世家之招牌也，礼义之旗帜也。"

曾国藩对于家庭礼仪，非常重视"孝"，以孝敬双亲、兄弟情谊作为立身进业的首要义务，强调"于孝悌两字上尽一分便是一分学，尽十分便是十分学"，并反复督促"贤弟在孝悌上用功"。他强调子女守礼仪伦常，对待长辈，语气要谦恭有礼，用词要谨慎小心；对待同辈，毫无兄长的架子，从兄弟的角度考虑，避免发生误会；对待晚辈，称赞与教诲交加，避免他们走自己走过的弯路。曾国藩的持家教子方法，体现了家庭礼仪的要点，对家庭教育具有重大的参考和借鉴意义。

文化长廊

曾国藩与小偷的故事

在曾国藩小的时候，有一次老师给他布置了家庭作业——背书。如果你聪明才智较高，那么背这些四书五经应该不在话下，而曾国藩却用了足足一晚上，这可苦了一个人。这个人是谁呢？

原来那天凑巧有一个小偷光顾他家，在曾国藩家"一夜游"的同时顺便带点纪念品回去。这个小偷很早就潜入他家，埋伏在床底下，心想："万事俱备，只欠东风了，等他一睡，我就捞上一笔。"一个小时过去了，小偷耳边不停地传入背书声。两个小时过去了，小偷耳边仍听到背书词。三个小时过去了，同样的背书词从同一个人口中读出，曾国藩还是没完成老师布置的任务。终于，那个人抑扬顿挫地将其一字不漏地背出，可惜这个人不是曾国藩，而是一直潜伏在他家的手脚快发麻的小偷，小偷说："这么笨还读书干什么？我都背下来了！"这个小偷见他悟性如此之低，而自己却陪着他傻等了一晚，实在不值，撒手不干了。

"勤能补拙是良训，一分耕耘一分收获。"小偷的记忆力很好，听过几遍的文章都能背下来，天分很高，但是遗憾的是他有天分却没有加上勤奋，所以他只能是个小偷。而曾国藩虽然没有小偷那样的天分，却通过自己的勤奋和努力成为一位后人钦佩的人。其中的道理就在于：天分并不等于成功，只有勤奋才能让"天才"变成"人才"。

笃行致远

行中华礼仪，展文明风采——中华拜师礼体验活动

先圣荀子曾提出："国将兴，必贵师而重傅；贵师而重傅，则法度存。"教师是立教之本、兴教之源。俗语有云："生我者父母，教我者师父。"师者，所以传道授业解惑也。尊师重教历来是中华民族的优良文化传统。你知道中国古代拜师礼吗？今天，我们一起来了解中国传统的拜师礼仪吧！

1.活动形式

行拜师礼。

2.活动地点

学校报告厅。

3.活动组织

(1)整理衣冠：学生一一站立，教师依次帮学生整理好衣冠。学生"衣冠整齐"地排队集合，在教师的带领下进入报告厅。

(2)观学拜师：全体师生观看孔庙拜师视频，学习拜师礼仪。

(3)行拜师礼：学生依次上台，三叩首恭敬礼拜师长，并恭读"拜师帖"。

(4)六礼束脩：六位学生代表向恩师献上六礼束脩(肉干、芹菜、龙眼干、莲子、红枣、红豆)，并向恩师敬茶。

(5)拍照留影：学生在许愿墙上认真写下自己的学习心愿，全体师生以心愿墙为背景合影留念，记录这意义非凡的时刻。

项目四

求学向善

——中国传统教育经验

百年大计，教育为先。在浩渺的中华文明长河中，中国传统教育经验如璀璨星辰，照亮了一代又一代人的智慧之路。从"因材施教"的个性化教学，到"温故知新"的学习方法；从"尊师重道"的教育伦理，到"博学审问"的求知态度：中国传统教育经验凝聚了先人的智慧与心血，共同铸就了多元而包容的教育理念。从私塾到书院，从科举制到学制，中国传统教育不仅促进知识传授，更重视德育教化和人格培养，强调学以致用、知行合一。正是这些在历史长卷中传承发展的中国传统教育经验，不断启迪着当代教育的探索与实践。

【学习目标】

1. 理解中国传统教育思想。

2. 能用教育方法和原则分析教育问题。

3. 了解书院、湖湘书院文化，树立"经世致用"的理念。

4. 识别科举制主要特点、考试程序、考试内容等，分析现代教育体系下的教育公平。

5. 培养自身品德修养，加强对中国传统教育经验的批判性传承。

文化通识

纵观古今，中国传统教育囊括了教育思想和教育制度的演变。教育思想上，以儒家思想为核心，提倡道德与人格教育。教育制度上，为促进人才培养，形成了官学私学双轴，科举制为选拔官员开辟了标准路径，书院为学术研究和文化交流提供了平台。中国传统教育经验对塑造中华民族的文化传承、价值观及教育体系发挥了基石和指引的作用。

斯文在兹：教育思想

在中国古代历史长河中，先秦时期无疑是一个哲学与教育思想都极为活跃的黄金时代。这一时期所出现的教育流派，如以孔子为代表的儒家，以墨子为代表的墨家，以老子为代表的道家等，他们的教育思想不仅深刻影响了当时的社会结构和文化发展，而且对后世的教育理念和实践产生了深远的影响。

一、儒家教育思想

（一）代表人物

1.孔子

孔子，儒学教育思想的奠基人，首创私人讲学之风，是中国教育史上第一个将毕生精力贡献给教育事业的伟大先哲。孔子建构了完整的"德道"思想体系，他曾说"行有余力，则以学文"，主张把道德教育放在首位。仁德是孔子要求培养学生具备的最高尚的道德品质。

2.孟子

孟子一生热爱教育事业，将"得天下英才而教育之"作为人生的三大乐趣之一。他门下授业弟子众多，且一生崇拜孔子，自称"乃所愿，则学孔子也"。他继承和发展了孔子的学说，被后世称为思孟学派、孔子思想的嫡传。

3.荀子

作为先秦儒家教育思想集大成者，荀子青年时曾游学稷下，盛年于稷下传学施教，三游稷下时被尊为"祭酒",成为稷下学术教育中心的领袖。在稷下学宫的经历,使荀子有条件对各家学说进行批判吸收,而成为融会百家的大学者。荀子晚年居楚兰陵授徒讲学,著书传业,培养了许多人才,其弟子知名于世者有韩非、李斯等。

4.朱熹

朱熹(1130年—1200年),字元晦,一字仲晦,号晦庵,又号紫阳,世称晦庵先生、朱文公。朱熹作为两宋后期具有代表性的大儒,深受二程、张载等人思想的影响,满怀"为天地立心,为生民立命,为往圣继绝学,为万世开太平"的理想,因此,他在著书讲学和出仕为官,打理地方政务的过程中,也积极践行着自身的教育思想。

(二)儒家教育的"成人之道"

儒家的教育理念,重视经典的人文教养,以人性论作为理论依据,将修身正己视为逻辑起点,通过内化育人的实践方式,力求培养全面发展的高尚"君子"。

1.人性论

儒家对人性与教育的关系的认识,可以追溯到孔子的教育思想。孔子认为,人性本善,即人天生具有向善的潜质和倾向。孔子的人性论承认人的差别受环境与教育影响,肯定了教育和学习在人的发展中的作用,有力地冲击了以天命观为基础的"血统论"和宗法世袭观念。这一观点在他的学生孟子那里得到了进一步的发展。孟子强调"性善论",认为人的善良本性如同水流向下一样自然,但需要后天的教育和修养来发挥和维持。

与孟子相对的是荀子的"性恶论"。荀子认为人的本性是自私的,社会秩序和道德规范是通过教化和法律来约束人的天性,使其行为符合社会的要求。教育的作用就是收回散失的善性加以存养扩充,"学问之道无他,求其放心而已矣",只要加强教育,努力学习,"人皆可以为尧舜"。

随着朝代变换,儒家人性论历经了不同的诠释和发展。在汉代,儒家成为官方意识形态,人性论与天命观念相结合,强调人的道德修养与天意的契合。宋明理学时期,儒家人性论更加注重内在心性的修炼和理性认知,如朱熹等提出了更为精细的人性理论。

尽管在人性本善还是本恶上有所分歧,但儒家教育思想都强调后天的教育和社会环境对人的品性的决定性作用。

2.修身正己

儒家提倡"仁政",推行以德治国,因此需教化民众,使其服从封建伦理道德规范。而要教化民众,就需要培养人才,使他们担负起教化天下的职能。如何培养人才呢?关键就在于修身正己。

何谓"修身"?《礼记·中庸》中讲"好学近乎知,力行近乎仁,知耻近乎勇,知斯三者,则知所以修身矣",旨在通过各种"法门"提高个体的心性修养,使其不断完善自身,塑造出完美的人格,兼具美德与智慧,获得不为物所役的自由和圆满。

何谓"正己"?《礼记·中庸》提出"在上位,不陵下;在下位,不援上;正己而不求于人，则无怨。上不怨天，下不尤人"，指的是端正自己的思想、言行，才能更好地影响他人或从事其他事务。

儒家强调统治者应率先垂范，借助自身的"修身正己"来改造和同化普通民众，从而建立起上仁下义、上慈下敬、尊卑有别、等级有差的合理统治秩序。

3.内化育人

儒家认为教育过程是掌握知识与完善人格的过程，也是知与行的过程，从而实现学习与人生价值有机统一。儒家教育的显著特点是启发人的内心自觉，教育人如何"做人"。相比较而言，孟子偏重向内，荀子偏重向外；孟子主张"内发"，荀子主张"外求"；孟子强调"思"，荀子强调"学"；孟子把教育或学习看成是"存养""内省""自得"的过程，荀子则把教育或学习看成是"闻、见、知、行"等环节。尽管在儒家内部对于"内发"还是"外求"有争议，但以孟子为代表的内在观一直居于主流地位。①

儒家的内在观要求知行合一，学习要身体力行。儒家认为教育是形成于内而形于外的，修养的高低主要靠行动来体现，也只有按照道德规范身体力行，才能不断提高自身修养水平。儒家的内在观强调内化、内求、自得，所以在教学过程中，需充分发挥学生的主动性。而儒家的教学原则，如因材施教、启发诱导、循序渐进、教学相长等无不体现这一点。

（三）"以德立人"

"为学之本，德行为先"，这句话虽然不是直接出自《论语》，但它深刻体现了儒家教育思想的核心原则。在儒家看来，学习不仅仅是为了获取知识和技能，更重要的是通过学习提升个人品德和道德修养，实现人格的完善。

微课4.1

德教为先的
传统教育思想

二、墨家教育思想

（一）代表人物

墨子，名翟，墨家学派的创始人。墨家的教育在于培养"贤士"或"兼士"，以备担当治国利民的职责。墨子认为贤士或兼士是否在位，对国家的治乱盛衰有决定性的影响。作为贤士或兼士，必须能够"厚乎德行，辩乎言谈，博乎道术"。

（二）墨家教育思想的基本内容

1.道德教育

儒学是春秋战国时期的显学，墨子因受儒家部分思想的影响，也十分注重道德教育，期待自己能教人向上向善。在墨子看来，虽然人的天性中有不好的成分，但是可以通过教

---

① 谭维智.教育学核心概念的嬗变与重构———基于新时代中国特色教育学话语体系建构的思考[J].教育研究，2018，39（11）：25-33，60.

育使人变得更好，突出了教育的教化作用，这一主张与儒家的教育主张极其相似。墨子的核心思想是"兼爱"，这是一种不分亲疏远近的爱、无差别的爱。这样的爱对学生的道德水平提出了极高的要求，他们必须克服人性中"恶"的一面，才有可能成为墨子所提倡的"兼士"，拥有"兼爱"之心。①

《墨子·尚贤上》中说道："况又有贤良之士，厚乎德行，辩乎言谈，博乎道术者乎。""厚乎德行"指敦厚的德行，意在说明墨子所认为的"兼士"必须具备良好的品德，因此他特别注重培养学生的品性道德。

2. 技能教育

墨子主张为社会培养有用之人，尤其是指为社会生产生活培养有用的匠人。《墨子》是墨子及其弟子对墨子思想观点和言论的记录，该书囊括了"兼爱""非攻""尚贤""尚同""节葬""节用"等十大主题，从政治学、经济学、军事学、逻辑学、自然科学技术等方面阐述了墨子的观点，是一本当时涵盖社会各领域知识的百科全书。《墨子》中记录了大量墨子关于科学技术的观点和看法，由于这些观点是从社会生产实践中归纳总结的，因而带有科学性质。墨子是一个实践家，他不仅主张学生要掌握这些规律，更要在生活中实践这些规律，从而掌握某项技能，成为对社会有用的"为义"者。

如在《墨子·耕柱》中有这样的记录，子硕问墨子："为义孰为大务？"墨子答："能谈辩者谈辩，能说书者说书，能从事者从事，然后义事成也。"从墨子的回答中，可知他主张培养技能型实用人才，注重技能的传授与学习。

3. 生活教育

墨子思想中有"节用""节葬"的观点，从中可以看出，墨子反对奢靡浪费的殡葬制度，以及骄奢淫逸的生活方式。

如《墨子·辞过》中说："俭节则昌，淫佚则亡。"墨子认为，节约事关国运，从俭弃奢，才是人间大道。此外，他还主张在生产时也不应耗材过多，应该处处、时时提倡节俭。这些思想在墨子教育学生时随处可见。墨子期望自己的学生能够在生产生活中做一个从俭节俭的人，做到物尽其用，这样天下才能大兴。

4. 处世教育

墨子曾言："染于苍则苍，染于黄则黄。"墨子认为环境对人的影响是极大的，人在好的环境中会成为一个品行良好、对社会有用的人，在不好的环境中就容易变成一个品行低下的人。因此，在教育学生时，墨子希望自己的学生结交的是益友而非损友。同时，墨子也强调"与朋友交"要有"兼爱"之心。

如《墨子·兼爱中》提道："夫爱人者，人亦从而爱之；利人者，人亦从而利之。"这些言论观点，都体现了墨子重视处世教育的思想。②

---

① 郑杰文.中国墨学通史[M].北京：人民出版社，2006.
② 任守景.墨子研究论丛[M].济南：齐鲁书社，2008.

三、道家教育思想

（一）代表人物

1. 老子

老子的著作《道德经》，是中国古代先秦诸子分家前的一部著作，是道家教育思想的重要来源。《道德经》文本以哲学意义之"道德"为纲宗，论述修身、治国、用兵、养生之道，而多以政治为旨归，文意深奥，包涵广博，被誉为"万经之王"。以老子为代表的道家主张回归自然、"复归"人的自然本性，一切任其自然，便是最好的教育。无为、不争，是老子对君王的告诫，不与民争利。

2. 庄子

庄子的主要著作《庄子》中承载着庄子关于技艺教育的思想，其中有众多关于技艺工匠的寓言故事，比如"匠石之齐""伯乐治马""津人操舟""庖丁解牛"等，体现着古代匠人高超的工艺及庄子对于技艺的教育思想，如"尊重本性""无用之用"等，对于当代教育思想具有启示作用。

（二）道家教育思想的主要内容

1. 以"道"为核心的自然主义

老子曰："人法地，地法天，天法道，道法自然。"老子把"道"看成是最高的实体范畴，当成万事万物的总根源，人类社会生活必须遵循的总规律。在老子看来，道，玄之又玄，它不可道，不可观，不可识，更不可分，只能用一种自然的方式去感受，去体悟。因为他又谈道："我无为，而民自化；我好静，而民自正；我无事，而民自富；我无欲，而民自朴。"所以老子所说的"道"就是"无为，无事，无欲"。老子心目中追求"道"的人就是"见素抱朴，少私寡欲"，即认为人的理想状态应是原始婴儿般无知无欲的朴素状态。这样"道"之人敦厚无私，淳朴无瑕。而这一教育理念，从更深远的意义上又具有尊重规律，以身施教和以生为本的丰富教育意义。

2. "知常"和遵循规律

教育是人类社会的一种特殊活动，有其自身的规律和内在发展态势。教育活动务必遵循这些规律顺应教育发展态势，这叫作"知常"。反之，如果我们凭一己之好恶或某种先入之见而主观妄为甚至胡作非为，就必然招致教育的失败。故老子曰："知常曰明。不知常，妄作，凶。"教育的作用绝不是去主观创造什么规律，在道家眼中，教育者无须设计什么，无须探索和创设什么抽象的教育法则，教育规律不是一种外在的约束，而是内在的自然法则。遵循学生主体的生命发展规律，教育活动不受外界政治、经济等活动影响，以启迪人之心智，使人开化。

3. "善行"和以身施教

自然主义教育思想提倡一种在生活中润物无声的教育方式。这样会使人感化，成为习惯，形成个性。以身施教是这一方式最好的诠释方法之一，正合乎老子"无为"而能自化的思想。老子曰："善行，无辙迹；善言，无瑕谪。""善行"的人，不会留下一点痕迹；"善言"的人，不会出现任何瑕疵。一个最好的教育者一定是一个"善行""善言"的人，他的言行已经超越了一般的有形教育活动，升华到了一种"知者不言"的境界，一种春风化雨，润物无声的境界。受教育者在充满美好教育气息环境的陶冶下，潜移默化地培植各种好习惯，自主地掌握知识，成为道德高尚、热爱生活、全面发展的人。这种美好境界不正是现代自然主义教育家和老子"无为"思想共同寻觅的目标吗？老子又曰："太上，不知有之；其次，亲而誉之；其次，畏之；其次，侮之。"最好的施教者是那些以其自身之"真"担当"无为"之教而默默无闻以至于大家"不知有之"的得道者。这样的教师才是真正领悟教育的真谛，掌握教育艺术的教育大师。由此可以看出道家教育思想为我们教育者对教学艺术的追求提出了一个更高境界。

4. "以百姓心为心"

"以百姓心为心"和"以生为本"进入每个学生的心灵世界，了解他们所知、所想和所思，产生相似的心灵共鸣，才能激发学生学习的内在动机和调动他们丰富的情感。这与教育教学的效果直接有关。不论是从古代教育理念还是现代教育理念来看，都秉持着"以人为本"的教育方式，这也是我们当今教育改革追求的目标之一。道家的观点阐述，就是教育者要做到"以百姓心为心"。因为"自化"是相对于"他化"而言，"他化"即是"外化"，指受教育者在包括施教者在内的外部力量和因素的作用下而受到教化。"自化"不是靠一种外在的规则，而是要发自受教育者的内在需求与自觉。应"视徒如己，反己以教"，即全身心地融入受教育者的内在心理状态，使施教者与受教者能真正做到"心心相印"。这就是"以百姓心为心"所昭示的深刻内涵。

（三）"处无为之事，行无言之教"

随着技术发展水平日益提高，人们的思想水平及价值观念也随之转变，尽管人类存在禀赋差异，但人们的追求也逐渐变得多样化，导致人与压力共舞，思想包袱较重，各种选择、人际、学业的烦恼增多。道法自然的教育理念，乃是汲取古代圣贤之智慧，将天地之大德融入育人之道。在这一理念的指导下，教育不再是刻板的填鸭式灌输，而是变得灵动生辉，如同春风化雨，潜移默化地滋养学子心田。这种教育方式，既符合人性的发展，又契合时代的要求，培养出的学子，必将以博大的胸怀和深邃的思考，为社会的进步贡献力量。①

---

① 王志伟，郭彬聪. 走出内卷化：道法自然思想的教育内蕴和实践启示[J]. 淮南师范学院学报，2022，24（1）：22-25.

成均之学：书院文化

随着历史的长河奔腾不息，中国古代教育孕育出一种独特的机构——书院。它不仅是知识的传播中心，更是文人学者交流思想、吟诗作画的雅集之地。在这片新绿洲中，我们可以瞥见古代中国私学的繁盛与变迁。

一、书院文化的历史演变

（一）初萌植根：唐五代时期

书院产生于唐代，最初因管理者的不同呈现出两种功能。一种是由中央政府设立的主要用于收藏、校勘、整理图书的机构，其性质相当于皇家图书馆；另一种是民间设立的主要供个人读书治学的地方，这些地方偶尔也会出现不太普遍的收徒讲学活动，虽然还没有形成系统的制度，但已经为后来普遍意义上的书院的产生奠定了基础。

五代时，战乱相寻，学校停废，地方有道德的知识分子、贤士大夫乃选择名胜之地，建屋招学，相与讲习于其中，取名"书院"，此书院之所由起。此外，五代时期的书院建设受到佛道的影响，一些书院与寺院或道观为邻，体现了书院在环境选择上的独特眼光，注重环境对人的陶冶作用，多建于环境秀丽、景色优美之处。

（二）繁茂鼎盛：宋元时期

宋初平定大乱以后，官立学校虽遍全国，而书院继续维持，再经有名大师的热心倡导，政府当局的嘉意褒扬，此倡彼和，各处景慕模仿的日多一日，于是书院遍布。主持的人多半是硕学巨儒，内容的充实，学生的发达，往往驾乎官立学校——州、县学之上；所以州、县学虽或时开时闭，而书院恒久常存。当时最著名的书院有四所——石鼓、白鹿洞、岳麓及应天府。

随着北宋科举取士规模日益扩大，朝廷崇尚儒术，鼓励民间办学，同时受佛教禅林制度及印刷术的使用的影响，书院迅速在宋朝发展繁荣。书院虽与政府有所关联，却不受政府的支配，讲习方面比较自由。主持的人员多半品学兼优，为深孚时望者，师生相处其间，日以礼义廉洁相砥砺。从这里面培养出来的人才，不但学问扎实，而且品德和操守也值得称赞。他们产生的影响，使得当地的风俗都受到了好的感染和转变。宋代国势虽弱，而风俗的醇厚，气节的高亮，于书院讲学制大有关系，在教育史上是最有价值的一页。①

元朝对书院采取了保护政策，这使得书院能够继续保持繁荣。据统计，元朝的书院总数达到了406所，其中新建书院有282所（也有统计数据为296所），兴复旧书院124所。这些书院遍布在当时的19个省区，尽管总体情况仍是南多北少，但北移的态势已经十分明显。

---

① 王琪.中国传统书院教育的当代镜鉴[J].河南教育学院学报(哲学社会科学版)，2023，42(3)：29-34.

元朝统治者在鼓励创办书院的同时，逐渐被世家控制，使得书院官学化成为当时书院发展的一个重要特征。政府控制书院主持人的委任权，控制书院师资延聘权，控制书院的考察稽查权，控制书院经费的使用权。

（三）转枝新韵：明清时期

明清时期书院的发展几经兴衰，清初统治者推崇科举和官学，抑制书院的发展，而清代中后期，书院高度发达，遍布各地。清末时期对书院开展了三项改革：一是整顿、改良旧书院；二是另建新型书院；三是将旧书院改造为新式学堂。

至此，延续了千余年的中国古代书院的办学性质发生了质的改变，并以新的形式继续发挥着兴学育才的作用。

二、书院教育的特点

（一）教学方式——讲会

宋代书院教育强调文化传承与道德养成并重，注重发挥环境熏陶和教师身教等隐性教育因素的作用，形成了以生徒自修为主，讲会、会讲为辅，质疑问难为补充的教育方式。

"讲会"一词最早出现于北齐，"末后一僧从空而下，诸人竞问来何太迟。答曰：今日相州城东彼岸寺鉴禅师讲会，各各竖义。"可见，"讲会"最早是指佛教徒讲经。南宋时期，出现了以明辨儒学经义为宗旨的书院讲会。讲会上承春秋战国论辩之风，旁采禅林传法之制，主张自由辩论，提倡学术争鸣。

书院讲会不仅是书院之间的学术交流活动，也是进行集体教学的重要组织形式。朱熹于淳熙七年（1180 年）起复主持白鹿洞书院，其诗《白鹿讲会次卜丈韵》是书院讲会确实存在的一大明证。但宋代书院之讲会在文献中甚为罕见，有关其规制、流程等细节已然无从考证。

朱熹《宋名臣言行录》后集卷八载，"（吕公著）公每进讲，多传经义。以进规会讲论语"。不过，吕氏之会讲指的是侍讲经筵，与书院无涉。乾道三年（1167 年），朱熹与张栻会讲于岳麓书院，开宋代书院会讲之先河。淳熙二年（1175 年），朱熹与陆九龄、陆九渊兄弟会讲于今江西上饶鹅湖寺。此举不囿于门户之见，体现了各学派同堂讲学的开放包容风气。

（二）办学理念——"兼容并包，博采众长"

"兼容并包，博采众长"既是治学态度，也是办学理念。宋代朱熹、陆九渊在学术上各持己见，但这并不妨碍他们开展学术交流。淳熙八年（1181 年），陆九渊至白鹿洞书院讲学，朱、陆二人同堂辩论。陆九渊以恳切的言辞讲解《论语》，听者莫不为之动容。朱熹抛弃学术歧见，将陆九渊的讲义刻石立于书院，造就了学术史上的一段佳话。在破除门户之见、崇尚学术自由方面，王守仁的论述更为深刻。他认为，为学不能离群索居、孤芳自赏，更不能固守一地、专从一师，"使道德仁义之习日亲日近，则世利纷华之染亦日远日疏"。这种自由讲学、自由辩论、自由钻研的风气为学术繁荣、教育兴盛注入了勃勃生机，为书院精神增添了无穷活力。

（三）学术研究与教学相结合

传统书院既是教育教学中心，又是学术研究中心。传统书院将教育活动和学术研究紧密结合的教学方式，体现了书院教育组织的独立、教学方式的独特和研究的新颖。书院的山长既是主讲人又是主持人。他们都承担着教育教学和学术研究的双重职责，不仅热衷于从事培养人才的教育教学工作，而且积极地从事学术理论的传播和研究。宋明两代之所以出现很多著名的书院，也与这方面有关。岳麓书院、白鹿洞书院在当时既是教育活动的中心，也是有名的学术探讨圣地。书院的名师宿儒利用书院宣传发展学术，把自己的所思所想、所学所悟用自己的方式传达给学生，使得教育教学和学术研究的关系更加紧密，使学术流派之间得到更多的交流和沟通。

（四）以文化人，以理致远

自宋代始，文化教育的平民化无形之中促进了书院教育的普及。书院教育不设特别的门槛，面向普罗大众，给更多的人以获得正式教育的平台。还有些书院为了磨砺学子的意志、培养学子朴素勤俭的品格，专门开设农作等劳动课程。无论是为了扩充知识、养德修身，还是为了更好地应试举业、服务社会，又或是其他原因，一切"有用之学"皆可成为书院课程，这也是书院教育普及发展的又一重要体现。

三、湖湘书院文化

湖湘书院文化历唐宋元明清而经久不衰，文化内涵极其丰富，在教育领域具有极大的探索空间，是书院文化、湖湘文化乃至中国文脉传承的重要载体。

（一）代表书院

1.长沙岳麓书院

岳麓书院自宋开宝年间始建成，千年间历经多次重建、增建，保留了唐、宋、明、清诸朝的文化遗存，贯通中国古代和近现代教育的血脉，历久弥新，地位独特。岳麓书院主体占地面积有31000多平方米，建筑面积约11000平方米，分教学、藏书、祭祀、园林、纪念五大建筑格局，布局对称，皆为清朝遗构，整体气势儒雅而雄伟。由此弘扬的湖湘文化和走出的湖湘人才，更是为中国文化史添上了浓墨重彩的一笔。

2.衡阳石鼓书院

石鼓书院位列我国宋代四大书院，是我国最早具有名副其实教学功能的古代书院。清乾隆《衡州府志》中记载："读书堂在石鼓山，旧为寻真观。唐刺史齐映建合江亭于山之右麓。"石鼓书院三面环水，四面凭虚，云烟雨露，茂草丰林，帆影碧波，渔舟唱晚，古朴庄重，扬名于宋，盛于明清，名噪朝野。无论是七贤祠、武侯祠，还是大观楼、合江亭，都在向今人述说着修身治国的君子情怀。①

3.株洲渌江书院

渌江书院位于醴陵县(今醴陵市),清乾隆十八年(1753年)创建,原为宋明学官,额名渌江书院,初建于醴陵城区的青云山,道光九年(1829年)迁至今址。渌江书院以其深厚的文化底蕴和卓越的教育理念,吸引了无数志在求学的莘莘学子。在其办学历史中,先后有陈梦元、余廷灿、张九钺、左宗棠、罗汝怀、罗正钧、吴德襄等名流执教,培育出了诸如宋赐裘、潘昉、刘泽湘、刘师陶、左铭三、傅熊湘、卜世藩、宁调元、刘谦、袁德宣等优秀学子。

历代书院人传承着当地的文化历史精神,对书院自身文化不断进行着修复补充,展现了对于核心文脉的传承之道,使得渌江书院几经辗转迁移依然散发着书卷气质,依然展现着苍劲芳华。随着时间的推移,书院文化在新的时代也发展出新的演化形式,对人们产生了新的启迪。渌江书院以文明教化人们崇学遵礼,时至今日依然有指导意义,有助于促进当代社会诚信文化与工匠精神、担当精神的广泛传播。书院能够引导人们清心崇德,以礼待人,尊贤重学,对于当地民风有着积极的教化作用,使人们的精神得以沉淀,用广博的学识来充实和丰富内心的精神世界,并且逐渐滋养心灵,完善内在的人格。

(二)掌握"经世致用"的湖湘精神

书院对儒生的道德要求主要包含了三个基本要素:一是应有正确的奋斗方向,有修齐治平的志向;二是应有明确的人生目标,有为天下献身的精神;三是应有亲民爱民的胸怀,以爱国爱民为己任。这也成为历代界定儒生的标准,亦是儒生的本质体现。在这种社会氛围下,儒家思想观念由中原传至湖湘,以潭州为中心的湖湘地区逐渐形成了崇儒尚贤的学习之风,不仅重视读书学习,还努力传播家国大义,使治学与兴邦有机结合起来,经由湖湘儿女吞吐内化的儒家思想,诞生出了"经世致用"的湖湘精神。在湖湘精神的熏陶下,湖湘地区书院特有的独立自主的治学精神、以德育人的人文精神、求真务实的实践精神、兼收并蓄的开放精神还有勇担道义的爱国精神,在为政治家、传道济民及社会教化等方面都为中国贡献了举足轻重的力量。

用人唯贤:科举制度

中国古代的科举制度最早起源于隋代。隋朝统一全国后,为了加强中央集权,解决人才匮乏问题,隋文帝开始尝试用科举制代替九品中正制,到隋炀帝大业三年,开设进士科,实行以试策取士。所谓"进士",即可以进受爵禄的意思。这种分科取士的办法,即为科举制,它把读书、应考、做官三者紧密结合起来,揭开了中国官员选拔史上新的篇章。

---

① 刘丹玉.湖湘地区书院建筑形制中的儒家思想观念研究[D].长沙:长沙理工大学,2022.

一、科举制

（一）科举制特点

科举制通过举行严格的考试来选拔人才，并以其公平竞争、公开透明的特点著称于世。科举考试不仅是对考生才华的一种检验，也是对其品德和智慧的一次综合评价。在科举中胜出的学子，往往能够得到朝廷的重用，将他们的才能和抱负与国家的需求紧密结合，共同推动社会的发展。

具体而言，科举制度有以下几个显著特点：首先，它是一种系统化的选官机制，从中央到地方，各级官员都需要通过科举考试来获得升迁的机会。[①] 其次，科举考试采用了极其严格的标准，包括但不限于儒家经典、文学创作、历史知识等多方面的考察。此外，科举考试强调公正性和公平性，确保每一位应试者都能在平等的基础上展示自己的才能。最后，科举制度对于考生的文化素养有着极高的要求，这促使许多读书人致力于学习和研究，以期在考试中脱颖而出。

（二）科举考试程序

科举考试共分为四级：童试—乡试—会试—殿试四级。

第一级——童试。家塾、私塾学生学到五六年，即可参加本乡村的童试，不分年龄大小，合格者统称"童生"。成绩优秀的一、二等童生，由三位乡里人和一位秀才保荐，可参加县试或者府试、院试，合格者即为"生员"，俗称"秀才"，这样就取得了参加科举考试的资格。

第二级——乡试。明清时期，每三年举行一次。参加乡试的是秀才，一般由乡里五人和一位秀才保荐，在各省城或京城贡院参加乡试，由朝廷特派进士出身的在京翰林或部院官员为主考，考取的叫"举人"（俗称"孝廉"），并取得参加全国会试的资格。乡试第一名称"解元"，放榜后由巡抚主持鹿鸣宴，席间唱《鹿鸣》诗、跳魁星舞。

第三级——会试。明清两代，在乡试后第二年的农历三月，各省举人和国子监生员皆可在北京礼部贡院应试，录取三百名"贡士"。会试第一名称为"会元"。

第四级——殿试。殿试是科举考试中最高的级别。殿试的试题由内阁预拟，然后呈请皇帝御览。殿试题一开始是"策问"，后来改为诗学赋，到明清时又恢复"策问"。殿试录取分三甲，由皇帝亲自对中选者面试，只考时务，从中钦点一甲（前三名），赐"进士及第"，第一名状元，第二名榜眼，第三名探花；二甲若干名，赐"进士出身"；三甲若干名，授"同进士出身"。皇榜公布一甲、二甲、三甲名单，俗称"金榜题名"。各期金榜题名人数多者数百人，少者几十人，完全根据朝廷人才需要和皇帝旨意。放榜后，皇帝设"琼林宴"，宴请主考官、各部大臣和新科进士。

乡试、会试、殿试均为第一名者，称"三元及第"。"连中三元"是科举场中佳话，明代历史上只有两人，即明洪武年间的黄观和正统年间的商辂获此殊荣。

---

① 陈勇，陈现龙.中国古代科举制度及其社会影响［M］.北京：中国社会科学出版社，2015.

（三）科举考试内容

隋朝把地方选举权收归中央后，科举考试确立了"以文取士"考试标准，取代了察举制"以德取人"的原则。由于唐代科举考试包括了常举、制举和科目选三大类，科目总数近三百种，不同科目考试内容和形式都存在很大差异。随着科举地位的提升，其考试内容的范围不断扩大，考试方式不断增加，难度不断提高，呈现多样化和不确定性的特点。科举考试的内容主要包括经义、诗赋、策论等。经义主要指儒家经典的学习，包括五经（《诗经》《尚书》《礼记》《易经》《春秋》）和四书（《大学》《中庸》《论语》《孟子》）。诗赋则是要求考生撰写诗歌和骈文，以考察其文学才华。策论则是对时政问题的论述，要求考生提出解决问题的建议和策略。[①]

（四）科举制防作弊手段

为了保证科举考试的公平性，当时预防作弊的相关措施很严格，考场是封闭式的，一排排号舍把考生隔开。但宋朝科举考试的普及，使得作弊现象也大量涌现，于是宋朝出现了别头试、锁院制、弥封制与誊录法四种制度。[②]

1. 别头试

考生若与考官有亲戚关系，那么应该避嫌，别置考场考试。该项制度确立于宋太宗时期，随后实行范围扩大，各级考试都设别头试。

2. 锁院制

所有考生在进入考试地点——贡院之前，都必须经过严密的搜查。考生携带的一切物品，甚至是贴身衣物都会经仔细查看。在正式进入考场后，每个考生都会被分配一个单间，不得与他人交流，甚至不知道身边是谁，还有专人把守。古代没有无线电传输等高科技手段，从外部交流上就阻断了作弊之路。在考试过程中，考生进入考场后，就不允许出来，直到考试结束。考试时间基本上是几天，最短也是一天。明朝规定，在贡院里考一天休息一天，到了清朝就规定考一天休息三天。但无论休息几天，考生不能离开贡院，吃喝拉撒都在里面。

3. 弥封制

在考试结束之后，将考卷上有关考生的姓名、籍贯等信息糊上，以杜绝主考官利用这些信息徇私舞弊的行为，直到全部试卷都评完了才将所有考生的答卷拆分、登记处理。宋代的糊名法于宋太宗淳化三年（992年）在殿试中首先采用，随后扩展到省试、发解试中，成为定制。

---

① 陈青之.陈青之中国教育史[M].长春：吉林人民出版社.2013.
② 易波.作弊与防弊博弈中科举考试功能的异化[D].长沙：湖南大学，2011.

4.誊录法

虽然糊名使考官无法看到考生的个人信息，但是仍然可以通过考生的笔迹或在答卷上留下的记号与考生"沟通"，因此，真宗景德二年（1005年），又创立誊录法，所谓誊录，即在收卷后，由专人誊写试卷副本，考官根据副本评阅定等。由于考官看到的已经不是考生原笔所答试卷，所以有效杜绝了舞弊现象。

二、科举制与教育公平

中国科举考试在制度公平、考试程式、文体标准等建设方面成就卓著，特别是分级考试、锁院、密封、誊卷、解额、省额及左右榜、分省定额等制度的实行，不但在最大程度上实现了"取士至公"，有效地选拔了社会精英参与到各级国家治理环节中，而且推动了社会基层流动，为国家不断输送了新鲜血液，也进一步强化了中国古代重视教育的传统，从而维护了国家的长治久安。[①]

但随着时间的推移，科举制度也暴露出不足之处，这些问题在一定程度上影响了社会的进步和发展。随着制度的演进，科举考试内容逐渐局限于八股文，形式僵化，严重束缚了考生的思维与创新能力，导致人才培养模式单一，缺乏适应时代需求的新思想、新技术。更为严重的是，科举录取人数的盲目扩张，导致了冗官现象的泛滥，官员队伍庞大却效率低下，国家财政负担沉重，行政效能大打折扣。

科举"取士至公"的经验与教训，告诉我们一味追求绝对的"公平"是徒劳的，必然招致"惟齐非齐"的结果，所谓"公平"是相对的，没有绝对的。教育改革当以国家长治久安、社会需求为根本，以培养和选拔经国治世、科研创新等各类新时代急需的人才为导向，避免教育和人才选拔的单一化、理想化，以致脱离现实需求的盲目发展。

微课4.2

中国古代选才制度的嬗变

---

① 张和生.高考公平问题的伦理审视与实证研究[D].长沙：中南大学，2013.

经典领航

《礼记·学记》(节选)

(一)

玉不琢，不成器；人不学，不知道。是故古之王者建国君民，教学为先。

(二)

虽有嘉肴，弗食不知其旨也；虽有至道，弗学不知其善也。是故学然后知不足，教然后知困。知不足，然后能自反也；知困，然后能自强也。故曰：教学相长[1]也。

(三)

大学之法，禁于未发之谓豫[2]，当其可之谓时，不陵节[3]而施之谓孙[4]，相观而善之谓摩。此四者，教之所由兴也。

(四)

故君子之教喻[5]也，道[6]而弗牵，强[7]而弗抑，开而弗达。道而弗牵则和；强而弗抑则易；开而弗达则思。和易以思，可谓善喻矣。

(五)

学者有四失，教者必知之。人之学也，或失则多，或失则寡，或失则易，或失则止[8]。此四者，心之莫同也。知其心，然后能救其失也。

【注释】

1. 教学相长：教与学是相互促进的。
2. 豫：预备，预防。
3. 陵节：超越阶段。
4. 孙(xùn)：通"逊"，顺也。
5. 喻：启发。

6.道(dǎo)：导引。下同。

7.强(qiǎng)：劝勉。

8.止：指学者尚未知晓通透道理，却不肯请教谘问，以为自己所想的即是结论。其缺点在于自我阻碍，犯了"思而不学则殆"的毛病。

【解读】

《学记》是《礼记》中的一篇，是中国教育史和世界教育史上一部最早的、最完整的专门论述教育、教学问题的论著，是对先秦儒家教育和教学活动的理论总结，被称为"教育学的雏形"。其文字言简意赅，喻辞生动。

什么是教育？东汉许慎在《说文解字》中解释道，"教，上所施，下所效也""育，养子使作善也"。而在西方，英文 education 一词来源于拉丁语 educere，是"向外"和"引出"两种意思的组合。如何通过教育引出孩子的才能和心中的善，是古今中外一直在探索的议题。中国自古以来，特别重视教育，这在《学记》对教育作用的阐释中可见一斑。"建国君民，教学为先"，强调了教育为社会政治服务的目的，从而把教育与个人发展、与社会进步密切相连，尤其突出了教育的政治功能，形成了中国古代教育的突出特色。此外，《学记》总结先秦以来教育成功与失败的经验教训，以指出问题为切入点，提出教育、教学过程中必须遵循的原则和应该采用的方法，如"豫时孙摩"、长善救失、藏息相辅、启发诱导原则等，至今仍影响着当下的教育教学。

《白鹿洞书院揭示》[1]

父子有亲，君臣有义，夫妇有别，长幼有序，朋友有信。

右五教之目。尧舜使契为司徒，敬敷五教，即此是也。学者学此而已，而其所以学之之序，亦有五焉，其别如左：

博学之，审问之，慎思之，明辨之，笃行之。

右为学之序。学、问、思、辨，四者所以穷理也。若夫笃行之事，则自修身以至于处事接物，亦各有要，其别如左：

言忠信，行笃敬，惩忿窒欲[2]，迁善改过。

右修身之要。

正其义不谋其利，明其道不计其功。

右处事之要。

己所不欲，勿施于人。行有不得，反求诸己[3]。

右接物之要。

【注释】

1.白鹿洞书院揭示：《白鹿洞书院揭示》又称《白鹿洞书院学规》，是朱熹专门为白鹿洞书院制定的教规。

2.惩忿窒欲：忿怒要设法化解，欲望要克制。

3.反求诸己：反过来追究自己，从自己方面找原因。

【解读】

《白鹿洞书院揭示》是南宋理学家朱熹（字元晦）于绍熙三年（1192 年）所写的一篇文章。文章详尽记录了白鹿洞书院的创建经过、选址、布局、建筑特点、教学内容、师生生活等诸多方面，充分体现了朱熹对理学的理解和诠释。

白鹿洞书院自北宋创建以来，历经千年而不衰。白鹿洞书院以"理"为最高原则，强调"格物致知""明理立志"和"诚意正心"，遵循"明明德于天下"的原则，致力于培养新的道德观念和政治理想。作为朱熹理学思想体系的重要组成部分，《白鹿洞书院揭示》集中体现了朱熹理学思想的核心和精髓，具有极其重要的学术价值和文化价值。随着朱熹理学思想在社会中的广泛传播，白鹿洞书院也成为宋代中国乃至世界历史上著名的学术、教育圣地。

《荀子·劝学》[1]（节选）

（一）

君子曰：学不可以已[2]。青，取之于蓝[3]，而青于蓝；冰，水为之，而寒于水。

（二）

故木受绳则直，金就砺[4]则利，君子博学而日参省乎己[5]，则知[6]明而行无过矣。

（三）

假[7]舆马者，非利足也，而致千里；假舟楫者，非能水也，而绝江河。君子生非异[8]也，善假于物也。

（四）

故不积跬[9]步，无以至千里；不积小流，无以成江海。骐骥[10]一跃，不能十步；驽马十驾[11]，功在不舍。锲而舍之，朽木不折；锲而不舍，金石可镂[12]。

（五）

昔者瓠巴鼓瑟[13]，而流鱼出听；伯牙鼓琴，而六马仰秣[14]。故声无小而不闻，行无隐而不形。玉在山而木草润，渊生珠而崖不枯[15]。

（六）

学也者，固学一之也[16]。一出焉，一入焉，涂巷之人[17]也；其善者少，不善者多，桀纣盗跖[18]也；全之尽之，然后学者也。

【注释】

1. 劝学：《劝学》是战国时期思想家、文学家荀子创作的一篇论说文，是《荀子》一书的首篇。

2. 已：停止。

3. 蓝：蓼(liǎo)蓝。蓼蓝：一年生草本植物，茎红紫色，叶子长椭圆形，干时暗蓝色。花淡红色，穗状花序，结瘦果，黑褐色。叶子含蓝汁，可以做蓝色染料。

4. 就砺：拿到磨刀石上去磨。就：动词，接近，靠近。砺：磨刀石。

5. 参省乎己：对自己检查、省察。

6. 知：通"智"，智慧。

7. 假：借助，利用。

8. 生非异：本性(同一般人)没有差别。生：通"性"天赋，资质。

9. 跬：古代的半步。古代称跨出一脚为"跬"，跨两脚为"步"。

10. 骐骥：骏马，千里马。

11. 驽马十驾：劣马拉车连走十天(也能走得很远)。驽马：劣马。驾：马拉车一天所走的路程叫"一驾"。

12. 镂：原指在金属上雕刻，泛指雕刻。

13. 瓠(hù)巴鼓瑟：瓠巴弹瑟。瓠巴：春秋战国时期楚国著名琴师、乐音家。

14. 仰秣：指马听见美妙的音乐，竟反常地抬起头倾听，不吃饲料。

15. 玉在山而木草润，渊生珠而崖不枯：山有美玉连草木也显得润泽，渊有珍珠连崖岸也显得不干枯。比喻人有修养，气质自然就显得高华。

16. 学也者，固学一之也：学习本是件很需要专心致志的事情。

17. 涂巷之人：指最普通的人。

18. 桀纣盗跖：指的是夏桀、商纣、盗跖。

【解读】

《劝学》作为荀子教育思想的瑰宝，以生动而深刻的比喻构建了学习的框架。开篇即以"青出于蓝"与"冰寒于水"之喻，彰显学习使人不断超越自我、升华个体境界的价值。"善假于物"强调外在条件与内在努力相辅相成，共促智才精进。同时，"积土成山"之喻，揭示了学习积累的深远意义，强调质变源于量变的积累过程。在方法论上，荀子倡导"君子博学而日参省乎己"，鼓励广泛学习并勤于自我反思，将知识转化为实践智慧。他也不忘提醒众人，学习应当是全神贯注、心无旁骛的过程，只有专注于所学，才能深入领会其精髓。

由此可知，《劝学》不仅传授了学习的重要性、态度与方法，更引领学子探索如何通过不懈努力与完善自我，实现个人价值与社会理想的和谐统一。

湖湘学堂

千年学府——岳麓书院

自北宋开宝九年创办以来，有一座古老的书院静静地伫立在湖南长沙的岳麓山脚下，它就是名扬四海的岳麓书院。作为中国古代四大书院之一，岳麓书院不仅是湖南的文化地标，更是中华民族智慧的象征，见证了中国教育的发展和学术的繁荣。

岳麓书院的创建，标志着中国书院制度的兴起，也是宋代教育制度的重要创新。历经宋、元、明、清四个朝代，岳麓书院经历了多次修缮和扩建，成为集学术研究、文化传播、人才培养于一体的重要学府。

书院占地广阔，建筑布局严谨而典雅。整个书院依山而建，与自然景观和谐相融。院内古树参天，环境幽静，有利于学子们静心学习。书院的主要建筑包括讲堂、图书馆、宿舍等，其中讲堂是学术交流的核心场所，图书馆则收藏着丰富的古籍，为学术研究提供了宝贵的资源。

岳麓书院秉承"教学相长"的教育理念，强调师生之间的互动和学术自由探讨。在这里，学生们不仅学习传统的儒家经典，还涉及历史、文学、哲学等多个领域。书院鼓励学生提问和辩论，培养了一代又一代具有独立思考能力的人才。

作为学术研究的重镇，岳麓书院吸引了众多著名学者前来讲学，如朱熹、王阳明等。他们的思想在这里交汇碰撞，形成了独特的学术流派。岳麓书院还是湖湘文化的发源地，对湖南乃至整个中国的文化发展产生了深远的影响。

如今的岳麓书院已成为一处著名的旅游景点和学术研究基地。它不仅是历史的见证者，更是鲜活的教育资源。在这里，人们可以亲身感受古代学者的治学精神和中国传统文化的魅力。

文化长廊

溯源探微——"惟楚有材，于斯为盛"

相传嘉庆年间，岳麓书院大修竣工，门人请山长袁名曜撰写楹联。

袁名曜即出上联"惟楚有材"嘱诸生应对，众人苦思无果，贡生张中阶至，脱口答曰："于斯为盛。"联为流水对，意思是：楚国（此处特指湖南）人才众多，而书院尤为兴盛。上联出自《左传·襄公二十六年》"虽楚有材，晋实用之"，下联出自《论语·泰伯》"唐虞之际，于斯为盛"。

这副楹联，正是岳麓书院千年以来人才辈出的真实写照。北宋书院创建初期，即有因卓著的办学成绩得到朝廷召见的山长周式；南宋时期有以书院掌教张栻和"岳麓巨子"为代表的湖湘学派；明清之际有杰出思想家王夫之；晚清以后出现了众多人才群体，包括鸦片战争前后以陶澍、魏源为主体的政治改良派，咸丰、同治年间以曾国藩、左宗棠、郭嵩焘、胡林翼为主体的"中兴将相"，戊戌变法期间以谭嗣同、唐才常为代表的维新变法派，变法失败后以蔡锷、陈天华为代表的资产阶级民主革命派，以及以曾多次寓居岳麓书院的毛泽东和蔡和森、邓中夏、何叔衡、李达、谢觉哉、周小舟等为代表的新民主主义革命团体。

人才济济之湖南，有着"中兴将相，十九湖湘"和"一群湖南人，半部近代史"的赞誉。而这些湖湘人才，多出自岳麓书院或与岳麓书院有着渊源。岳麓书院对中国历史影响之深远，可见一斑。

2020年9月17日，习近平总书记考察湖南大学岳麓书院时，在前坪对同学们说："'惟楚有材，于斯为盛'，真是人才济济啊！"当时，总书记对"于斯为盛"的"斯"作了新解。总书记说，这个"斯"，首先指的是湖湘大地代有人才出，涌现出许多报效祖国的栋梁之材；其次，也指我们这个伟大的时代，新时代是一个英雄辈出的时代，青年人正逢其时。

笃行致远

续千年文脉，担时代使命——探访岳麓书院

　　古时，众多求学的青年人会在书院中拜师习文，各抒己见，碰撞观点。可以说，书院是读书人寻求真理的青春课堂。而如今，书院文化作为中华优秀传统文化的代表，仍是无数"后浪"心中的文化根脉。

　　课余时间，让我们携手走入湖南的千年书院，亲身感受岳麓书院的独特风骨和精神，领略这座被誉为"千年学府"的历史遗迹的独特魅力。

1.活动形式

　　实地探访。

2.活动地点

　　岳麓书院。

3.活动组织

　　(1)前期准备：阅读岳麓书院的历史和文化背景资料，了解其基本情况和重要历史事件，准备问题清单，以便在实地考察时向讲解员或专家提问。

　　(2)实地参观：由教师带领，参观岳麓书院，了解岳麓书院的历史沿革、文化特色和教育理念。

　　(3)"三礼三祭"：感受岳麓书院"三礼三祭"系列活动。三礼：入学礼、拜师礼和谢师礼。"三祭"：清明祭先贤、端午祭屈原、金秋祭孔子。

　　(4)拍照留念：在岳麓书院标志性建筑前合影留念，记录这一难忘的文化之旅。

　　(5)分析反思：在活动结束后，进行心得分享。

项目五

潜心雕琢

——中国传统民间工艺

《周礼·冬官考工记》载："百工之事，皆圣人之作也。烁金以为刃，凝土以为器，作车以行陆，作舟以行水。"中国先民们在漫长的历史长河中潜心雕琢，创造出浩瀚璀璨的传统工艺，这些工艺不仅广泛地反映了我国先民的社会生活、世态人情和其审美情致，也折射出先民们高超的造物智慧，更映衬出中国人对于生活的崇高敬意。

一片匠心腐朽化，如琢如磨万物生。如今，这些恢宏的传统民间工艺就像一条跨越星汉的长长的血脉，细若游丝，却让我们后人与华夏先民们血脉相织，一次次为东方工艺美学所兴叹、折服，唤醒我们对生活的热爱。

【学习目标】

1. 了解剪纸、陶瓷、刺绣的历史源流与种类。

2. 能掌握一些基本的民间工艺制作的工序与技能。

3. 了解醴陵釉下五彩瓷与湘绣的基础艺术特点。

4. 感受传统民间工艺中的匠心精神，产生对传统民间工艺的热爱和保护意识。

文化通识

剪纸艺术、陶瓷工艺、刺绣技艺皆属于传统民间工艺的一种，无论是巧手造乾坤的剪纸艺术，还是用火与石淬炼出的斑斓陶瓷，抑或是一针一线绣出世间万象的传统刺绣，这每一项工艺都蕴含着丰富的文化内涵，以及独特的工艺特点。

指尖乾坤：剪纸艺术

剪纸，又名刻纸、窗花与剪画，是一种镂空艺术，乃中国最古老的民间艺术之一。它以剪刀或刻刀为工具，以纸张、金银箔、树皮、树叶、布、皮革等为载体材料，借由剪、刻、裁、撕等艺术加工手法，将载体材料剪刻成花草虫鱼、风景名胜、人物脸谱、龙凤走兽与吉祥纹样，生活气息浓郁。

微课5.1

成器之道：传统民间
工艺中的造物观

一、剪纸艺术的历史源流

（一）剪纸艺术的萌蘖

中国传统民间剪纸艺术有其自身的形成和发展过程。早在汉代纸张未被发明之前，人们就通过雕、镂、剔、刻、剪等镂空雕刻的技法，在一些薄片材料如金银箔、皮革、绢帛、树皮，甚至是树叶上制作工艺品，在今天，这些行为也被视为广义上的剪纸。司马迁《史记·晋世家》中便记叙了"剪桐封弟"的故事，讲述的是西周初期周成王年少时，与他的胞弟叔虞游戏，将一片梧桐叶子剪为"珪"——古代举行典礼时所执的玉器，赐予叔虞，以此封其到唐为侯的故事。据考古发现，在稍晚一些的战国时期，又有用皮革镂花（湖北望山一号楚墓出土文物之一）与银箔镂空刻花（河南辉县固围村战国遗址出土文物之一）的物品，这些文物形态与工艺都与剪纸十分相近；随后，汉代早期也就是汉文帝时，也出现了有关剪桐的记录，汉代民谣"汉妃抱娃窗前耍，巧剪桐叶照窗纱"一句描述的正是汉代的妇女抱着孩子在窗前玩，用梧桐叶剪成图形来装饰生活的场景。以上种种，都为中国传统民间剪纸艺术的形成奠定了一定的基础，此时期可谓剪纸艺术之雏形期。

（二）剪纸艺术的产生

真正意义上的剪纸，自然是在纸张被发明以后。我国是发明纸张的国家，早在西汉时

代已开始造纸。东汉时，宦官蔡伦总结前人经验，改进造纸工艺，使得纸张得以普及推广，逐渐取代简帛，成为人们广泛使用的一种生活材料。

至此，利用纸便于剪刻镂空的性能的符合民俗所需的剪纸艺术，随之在民众之中产生并流传开来。

然而，由于剪纸材料多为纸张，难以保存，因此目前我国发现最早的剪纸实物，是新疆吐鲁番火焰山附近出土的南北朝时期五幅团花剪纸。这几幅剪纸，材料为麻料纸，供祭祀所用，其所采用的重复折叠的方式和形象互不遮挡的处理手法，与今天的民间团花剪纸极其相似，艺术表现已相当成熟。

（三）剪纸艺术的发展

唐代的剪纸已经有了大发展。纵览《全唐诗》，其中有四十多首描写剪纸的诗歌，被后世俗称为"剪纸诗"。它们是唐代百花争艳的诗歌中的奇葩，充分体现了唐代诗歌艺术与剪纸艺术的融合发展，其中唐代诗人刘宪用"剪花疑始发，刻燕似新窥"的诗句说明了唐代剪纸已使用剪、刻两种技法。而诸多有关唐代宫廷剪彩花这一仪式的应制诗，也反映了当时剪纸艺术已广泛应用于节日庆典活动中。其中最有名的是诗人宋之问创作的《奉和立春日侍宴内出剪彩花应制》一诗，生动形象地说明唐代已盛行剪纸艺术。杜甫诗中更是有"暖汤濯我足，剪纸招我魂"的句子，言说着唐代以剪纸招魂的风俗，确证了剪纸艺术在当时已承载一定的民俗功用。由现代考古挖掘出的多种唐代剪纸工艺品，如现藏于大英博物馆的唐代剪纸，即可看出当时的剪纸手工艺术水平已相当高超，画面构图完整。

宋代艺术与生活通融构成了我国生活美学的源头，剪纸艺术在宋朝被用于生活各领域之中，不论是家居装饰领域还是生产制造领域，抑或是文娱艺术领域，都巧妙移植了剪纸艺术。如家居装饰领域便广泛使用剪纸艺术，造就了用于装饰的窗花，民间礼品的礼花，甚至将剪纸用于灯彩、茶盏的装饰。再如生产制造领域，江西的吉州窑在成型的器胎上，贴上剪纸纹样，再施以黑釉，最后揭去剪纸纹样入窑烧制，用这种工艺烧制的瓷器被后世称为剪纸贴花器物，它突破了手绘纹样的写实写意，使得陶瓷图案题材更加丰富多样，造型更为生动活泼。此外，宋代蓝印花布生产制作的镂花制版，也是用油纸板雕镂成纹而得的，刮浆印花的花版纹样也采用了剪纸的技法，并有阴刻、阳刻之分。在文娱艺术领域，此时出现了大量用驴、牛、马、羊等动物的皮雕刻成皮影戏人物的造型，这些皆是以剪纸艺术为基础手艺所发展起来的。宋朝剪纸艺术在生活各领域的广泛运用，使得此时也出现了很多专职剪纸的工匠，他们在剪纸艺术上深耕数载，各自在不同方向上钻研着剪纸艺术，他们有的擅长剪"诸家书字"，有的擅长剪制"诸色花样"。宋朝学者周密所著的《志雅堂杂钞》一书，记录了中国古代剪纸发展史上第一位留有姓名的艺人，他的名字叫作俞敬之。

明清时期中国民间剪纸艺术愈发臻于纯熟，可谓是走向了鼎盛时期。此时的民间剪纸艺术已经风靡全国，并从民间蔓延至宫廷，比如清朝皇帝在坤宁宫举行婚礼时会运用顶棚龙凤样式的团花剪纸。此外，还曾有人用纸剪成了鹿、鹤、松的"六合春"图案，施以彩绘，贴在朝服之上。

时至新世纪，剪纸艺术仍然凭借其广泛的群众基础与自身强健的生命力活跃于时代的舞台上，2006年5月20日，剪纸艺术遗产经国务院批准列入第一批国家级非物质文化遗产名录。

二、传统剪纸的基本技艺

（一）三种剪刻方法

剪纸艺术在剪刻技术方面，主要有阳刻法、阴刻法及阴阳混刻法三种剪刻方法。阳刻与阴刻是我国传统刻字的两种基本刻制方法，阳刻即凸出笔画线条，阴刻即与之相反，是凸出背景，需要将笔画线条镂空，以底色衬出镂空的笔画线条。

在剪纸中，也有阴刻、阳刻的区别。阳刻剪纸是保留剪纸纹样的边线，所以阳刻剪纸的主要特征是笔笔互通，线条互连，这也促使大部分阳刻剪纸作品都具有玲珑纤巧、细如毫发、精妙非凡的特点。阴刻剪纸则是剪去或刻去形体造型线条，保留块面部分，靠剪刻后的空白显示形象，其主要特点是黑白对比较强烈，线条不一定是相连的，故而阴刻剪纸的作品比阳刻剪纸的作品更显厚重、朴拙。然而绝大多数剪纸作品都是采用阴阳混刻法创作出的，该方法指的是在剪纸作品中，阴刻剪纸与阳刻剪纸的交替结合，一般是先利用阳刻将主体纹样的轮廓剪出，然后再进行阴刻的装饰修剪，这使得剪纸作品阴阳相济，画面效果更为和谐，更为生动。

（二）彩色剪纸着色技术

随着剪纸表现形式的发展，劳动人民在单色剪纸的基础上发展出彩色剪纸的形式，其着色技术也在逐渐成熟，彩色剪纸的着色技术可分为套色、染色、分色等，诸种形式各有特色和独到之处。

套色剪纸以阳刻剪纸为主稿，多用黑纸和金纸，剪好后，将其正面分别扣合在所需各种色纸的背面，用笔把需要套色的形状勾画下来，然后分别剪好，再把剪出的各种色纸按要求部位，正面向下，准确地套粘在主稿背面。其要求用色精练，突出主色。

染色剪纸是利用纸的渗水特性，在剪刻好的作品上蘸取颜料点色，点染时通常要求一支毛笔蘸一种色，使各色互渗而不乱，造就精美的晕染效果，使剪纸看起来色彩丰富且自然。

分色剪纸有的也称为剪贴剪纸、拼色剪纸，其基本原理就是用两种或两种以上单色剪纸剪刻出不同的部分，然后组合拼贴成一幅剪纸作品。这种方法要求拼贴组合时要注意色彩的配置，要充分考虑到构图中各种物象的形状、大小、位置的关系。

（三）五种剪刻要素

剪纸艺术看似简单，只需一刀一纸便可动手操作，实则易学而难精。剪纸是造型艺术，对于形态的要求是极其精细的，我国古代劳动人民根据剪纸的实际经验，把剪纸的几种形态归纳概括为五个字：圆、尖、方、缺、线。与此同时，古代劳动人民根据剪纸经验也对各种剪纸形态提出了不同要求。

剪圆要求如秋月,做到饱满而丰盈;剪尖要求如麦芒,做到锋利而挺拔;剪方要求如青砖,做到齐整且匀称;剪缺要求如锯齿,达到排列有序的效果;剪线要求如琴弦,做到纤细且精巧。这五个剪刻要素对于剪纸刀法提出了较高的要求,需要剪纸者的刀法臻于稳、准、巧的境地,方能游刃有余地做到"千刀不落,万剪不断",剪出理想中的纹样。

三、剪纸的造型寓意

剪纸通常借助谐音、象征、寓意等手法,对自然形态进行提炼、概括,民间剪纸善于把多种物象组合在一起,并产生理想中的效果。无论是用一个还是多个形象组合,皆是以象寓意、以意构象来造型,而不是根据客观的自然形态来造型,同时剪纸者又善于用比兴的手法创造出多种吉祥物,把约定俗成的形象组合起来表达自己的心理。

在剪纸造型中,葫芦的造型频繁出现,这种吉祥的造型通常象征多子,如《诗经·大雅·文王之什》中有诗云:"绵绵瓜瓞,民之初生。"葫芦藤蔓的蔓延象征着世系承继的绵长,葫芦结果多,且腹中多籽,象征着多子多福,象征着生命种子的绵延不绝,而中国古代人民认为多子便会多福,因此将葫芦视为吉祥的造型。

象征吉祥的造型除了葫芦以外,还有十二生肖。从古到今,凡中华民族子孙,每个人从出生的那一天起,就有一个生肖伴随一生,终生不变。生肖已成为每个华夏人的出生符号、生命符号之一,是每个人的吉祥物。因此,人们也非常积极地赋予了十二个生肖不同的象征意义,共同表达美好的祝愿和心灵的祈求。至隋唐时期,先民们开始用十二种生肖动物组成纹饰,并将之称为十二生肖纹样。此后,十二生肖图案便在民间吉祥剪纸广泛存在并流传至今。

除此之外,在传统的民间剪纸造型中,如果出现了凤凰的形象,则寓意着喜庆与幸福;而龙作为中华民族的精神图腾,从古至今就受到人们最高的崇拜和尊敬,因此我们也常常会在包括剪纸制作等各种民间手工制作中看到龙的形象,它通常象征着威望与祥瑞。诚然,龙凤图腾也经常一起出现,我国人民常用"龙凤呈祥"来表示对新人的祝福,龙飞凤舞的大红剪纸是新婚时欢悦、幸福、美满的象征。

鱼的造型、纹路,以及鱼鳞、鱼尾巴的造型和纹路,在中国传统剪纸中应用得很多,不仅生动有趣,洋溢着对生活的热爱,并且寓意美好,是吉庆、富裕、夫妻恩爱、爱情幸福、前途美好和幸运的象征。

火淬斑斓:陶瓷文化

中国是世界四大文明古国之一,陶瓷文化是古老的中华文明所孕育的优秀传统文化,也是中国对世界影响极为深远的文化名片。陶瓷是陶器和瓷器的总称,通常,我们会把胎体没有致密烧结的黏土和瓷石制品——不论是有色还是白色,统称为陶器;相对地,将经过高温烧成、胎体烧结程度较为致密、釉色品质优良的黏土或瓷石制品,称为瓷器。

一、陶瓷的历史源流

(一)陶瓷的诞生期

中华民族发展史中的一个重要组成部分就是陶瓷发展史,中国人在科学技术上的成果及对美的追求与塑造,在许多方面都是通过陶瓷制作来体现的。距今一万年以前的新石器时代,先民们在火堆旁取火,偶然发现被火烧过的黏土成为结状,变得特别硬,这个现象被古人发现并制造了陶器。

而后,关中地区大约在公元前6000年的老官台文化时期就有了较发达的陶器,有个别钵形器口沿装饰一条宽彩带,这是彩陶的萌芽。在公元前5000年的西安半坡村的仰韶文化遗址中,发现了很多精美的彩陶,表明在半坡时期,人们已经能熟练地控制窑温,并且彩绘艺术也达到了很高的水平。

最早的瓷器,出现在商代中期。其无论在胎体上,还是在釉层的烧制工艺上都尚显粗糙,烧制温度也较低,表现出原始性和过渡性,一般称其为"原始瓷"。瓷器的正式出现是在东汉,不过此时的瓷器类型还比较少,只有青瓷和黑瓷两种。

(二)陶瓷的发展期

三国两晋南北朝开始,陶瓷文化得到了进一步的发展,此时的北齐创造出白瓷,到隋朝白瓷的烧制技术愈渐成熟。

唐朝时期,白瓷达到了可以跟青瓷抗衡的地步,形成了"南青北白"的局面,南方代表是来自浙江的越窑,北方的代表是来自河北的邢窑,在当时的民间人们常用"南越北邢"来赞誉浙江与河北两地瓷器的代表作。此外,还值得一提的是,唐代还有许多精细的陶瓷品种出现,如后来闻名海外的陶器——"唐三彩"就出现在此时。

(三)陶瓷的繁荣期

来到宋代,瓷器进入百花齐放的时代,在这个朝代,有着最为著名的"五大名窑"——汝窑、官窑、哥窑、钧窑、定窑。宋代宋真宗赵恒命昌南镇烧造御器,器底书"景德年制",因昌南镇授命烧造出来的瓷器"素肌玉骨,光致茂美",宋真宗十分喜爱,故赐名昌南镇为景德镇,后来,此地瓷器享誉世界,被人们称为"瓷都"。

从元代开始,瓷器的百家争鸣时代结束了,变成了由景德镇一枝独秀的局面。此时景德镇在之前青白瓷的基础上,制出"釉色如鹅蛋"的卵白釉瓷与成熟的青花瓷,促使中国陶瓷工艺完成了一次里程碑式的跃进。

明清时期我国制瓷业发展迅猛,明初在景德镇建立御窑厂,以政府之力推动烧瓷工艺的提高与创新。斗彩、五彩瓷器分别在成化、嘉靖万历年间成熟。清代康雍乾三朝,在明代基础上大力发展制瓷,创制了粉彩、珐琅彩,以及墨彩、金彩等多项工艺,在烧造技巧和艺术水准方面均达到空前的高度。

二、我国的几大名窑

（一）汝窑

汝窑瓷器是中国最早的釉下彩瓷之一，汝窑选料精心、做工考究、胎体较薄，绝大多数都光素无纹饰，个别采用刻、印花装饰，其基本特点是造型秀丽。最特别之处在于其釉色正如诗歌"雨过天青云破处，这般颜色做将来"所吟咏的一般，如雨过天晴，清淡而含蓄，其釉面平滑细腻，如同美玉，这也完美地贴合了古代文人清雅素净的审美情致。

（二）官窑

官窑纹理布局规则有致，造型庄重大方，主要器型有瓶、尊、洗、盘、碗，也有仿周、汉时期青铜器的鼎、炉、觚、彝等式样，器物造型往往带有雍容典雅的宫廷风格。其烧瓷原料的选用和釉色的调配也甚为讲究，所用瓷土含铁量极高，故胎骨颜色泛黑紫。器之口沿部位因釉垂流，在薄层釉下露出紫黑色，俗称"紫口"；又底足露胎，故称"铁足"。

（三）哥窑

哥窑釉属无光釉，犹如"酥油"般光泽，色调丰富多彩，有米黄、粉青、奶白诸色。釉中气泡密集，有"聚沫攒珠"的美韵。哥窑瓷器的一个非常独特而且重要的特征就是瓷器的釉面开裂，或重叠犹如冰裂纹，或成细密小开片，以"金丝铁线"为典型，即较粗疏的黑色裂纹交织着细密的红、黄色裂纹。明代《格古要论》中有这样的描述："（哥窑）纹取冰裂、鳝血为上，梅花片墨纹次之。细碎纹，最下。"

（四）钧窑

钧窑以釉具五色，艳丽绝伦，独树一帜。传统钧瓷瑰丽多姿，玫瑰紫、海棠红、鸡血红、茄皮紫、葡萄紫、朱砂红、葱翠青……釉中红里透紫、紫里藏青、青中寓白、白里泛青，可谓纷彩争艳。钧瓷釉质乳光晶莹，肥厚玉润，类翠似玉赛玛瑙，有巧夺天工之美。

（五）定窑

定窑的胎质薄而轻，胎色白色微黄，较坚致，不太透明，釉呈米色，施釉极薄，可以见胎。釉色洁白晶莹，很多积釉形状好似泪痕，被称为"蜡泪痕"，隐现着黄绿颜色。在器物外壁薄釉的地方能看出胎上的旋坯痕，俗称"竹丝刷纹"。

三、陶瓷的文化意蕴

陶瓷的发展史贯穿了整个中华文明的发展，不仅见证了中国历史文明发展的演进，反映着人们的审美情趣和价值取向，还蕴含着中国传统文化精神内涵。中国陶瓷的文化精神是自然与人契合的向外延伸，同时也是对生活的真情体悟，是中国传统精神独特的文化符号。

一方面，中国陶瓷渗透了"天人合一"的文化内蕴。天人合一体现的是人与自然的和谐关系，《孟子·尽心上》有"尽其心者，知其性也。知其性，则知天矣"之语，认为人们只有觉悟到自己的本性，才能真正懂得天命。《周易》中提出"裁成辅相"的天人关系，要求人要顺应天时，这是典型的天人协调论。中国陶瓷的发展历程如行云流水一般，熔铸着中国古代哲人们对宇宙万物和自然生命的感悟，在制作过程中连接着天、地、人三者的共同运动。

著名的龙山黑陶是继仰韶文化彩陶之后的优秀品种，被誉为"土与火的艺术，力与美的结晶"。黑陶选用精细淘洗的陶土利用轮制做胎，采用封窑烟熏的渗炭工艺烧造，具有"黑如漆、薄如纸"的艺术特点，充分体现出自然材料与人工艺术设计的完美结合。

另一方面，中国陶瓷也彰显着"以人为本"的传统价值理念。在古代，儒家学者们便强调"以人为本"，在肯定人的价值基础上，重视人的主体价值，鼓励人们积极入世。儒家文化思想把"以人为本"的价值理念与经世态度和奋斗精神紧紧地结合在一起，提倡自强不息、开拓进取的入世精神。千百年来，"以人为本"的发展理念培育出坚忍不拔、积极进取的民族文化精神品质，为中国陶瓷的创制提供了源源不断的艺术灵感。

而"以人为本"就是人性化创作的基本理念。人类心理的满足需要通过创制的人性化得以实现，创制本应遵循人的心理要求的反映和满足。陶瓷工艺无论是纹样设计还是造型设计，皆彰显着"以人为本"。从陶瓷的纹样设计上来看，几千年来，人们通过在陶瓷器上描画不同的绘画题材，如植物、动物、文字及其他次要的题材，表达着他们对陶瓷的一种感情——热爱、希望、追求、吉祥等，从而看出，陶瓷纹饰可以体现人的意识，反映人的愿望与不同追求。而从陶瓷的造型设计上看，其造型创作的核心宗旨就是服务于人，如在千年前的宋代，一个看似不起眼的配件——茶盏托，其设计巧思的背后便是"以人为本"理念。宋代以前煮茶法如煮粥，"大都以饮食为中心耳"，宋代茶文化兴盛，茶盏在日常生活中的使用概率逐渐提高，人们更加频繁地端茶、倒茶，茶器开始更加凸显出来，与饮食器具有了更为明确的区分，这时的茶盏托拥有了更加鲜明的、独立的特质。此时的工匠们从人们基本需求出发，对茶盏托进行了一些细小的调整：如与托盘相比，茶盏托更加小巧，方便拿取；托足增高，适合端着喝的时候细细品味。茶盏托这一设计的调整，便是在非常实际的、平凡生活的基本需求上进行的，而其设计变化的内部原因则是"以人为本"价值观念的主导。

中国陶瓷艺术蕴含着深厚的传统精神文化，凝结着中华民族伟大的创新精神与卓越的文化品格，是中国传统哲学思想的一种物态体现。中国陶瓷艺术在民族文化精神的影响下，形成了浓郁的民族情结与独特的民族风格，成为自由灿烂的民族艺术之花。

锦绣中华：刺绣技艺

刺绣，古代称黹、针黹，民间俗称绣花。刺绣以绘制了纹样的绸缎、布帛等纺织品为材料，通过穿针引线，将纺织品绣出图案或文字，这项手工艺活动已经具有4000多年历史。刺绣能够以不同色彩、材质、粗细的绣线与多种运针方法，呈现出不同物象的样态与质感。刺绣不仅装饰美化着古代民众的生活，还和古代风俗习惯相织相融，并且浸润到了婚丧嫁娶、节庆祭祀、生辰寿诞等日常生活的各个领域。

一、刺绣的缘起

刺绣是中国古代劳动人民创造的一项古老的手工艺活动，但刺绣究竟是如何出现的，学界争议众多，尚无定论，但有几种比较常见的考据角度。

(一)民间传说中的刺绣缘起

在民间，传说周太王公亶父有三子——太伯、仲雍、季历，季历之子叫姬昌。在公亶父看来，姬昌最有才能，所以他有意传位于季历，然而按照当时的传承制度，即嫡长子继承制，王位是无法传到季历的。太伯、仲雍二人知其意，就主动出走句吴(今苏州一带)，当时句吴有断发文身的风俗，太伯、仲雍只好忍受痛苦入乡随俗，以表示自己不再返回北方。

多年以后，句吴的社会发生很大变化，但是断发文身这种风俗仍在流传，仲雍不忍后人还要忍受痛苦在身上刺刻纹样，于是聚集众人商讨此事，恰好这事被正在房内低头缝衣的小孙女女红听到。女红由于分神揣摩此事，不小心被针扎到手，鲜血染红了衣服。聪慧的她立马想出一个妙法，那便是在衣服上绣上文身的纹样，她用五彩丝线做了七天七夜，终于将一件绣着五彩纹样的衣服呈递给自己的祖父。仲雍看到后感到十分惊喜，这衣服上用五色丝线绣出的纹样比刺绘在身上的文身要好看很多。

后来仲雍穿上此衣移风易俗，倡导当地群众用这种刺绣的服饰代替文身，当地人因为感念女红与仲雍易俗之恩，将刺绣工艺又取名为"女红"。

(二)考古发现中的刺绣缘起

在一部分学者看来，仅仅用传说来断言刺绣的缘起不够严谨，主张通过现有考古成果来推定刺绣的缘起。

迄今为止，我国考古发现的最早刺绣是1974年在陕西宝鸡茹家庄西周墓出土的刺绣(该墓约建于公元前8世纪)，不过该地出土的刺绣准确来说只能算刺绣印痕，因为刺绣不易保存，早已腐烂，不过考古人员仍在几千年形成的腐泥和相应器物上，发现了刺绣的印痕和刺绣布匹的颜料。这种印痕类似于我们现在的发辫，技法类似于我们现在的锁绣。所以，我们又称其为辫绣或辫子股锁绣。

(三)文献记载中的刺绣缘起

《皇图要览》载："伏羲化蚕，西陵氏始蚕。"西陵氏之女嫘祖即黄帝的妻子，她是公认的养蚕治丝方法的创造者，被称为"蚕神"。另《黄帝内经》载："黄帝斩蚩尤，蚕神献丝，乃称织维之功。"这些人都是距今七八千年前的远古传说人物。以此看来，在距今七八千年前，先民已经学会缫丝织布了，这就具备了刺绣的物质前提。

《尚书注疏·卷四·益稷》载："帝(舜)曰：臣作朕股肱耳目。予欲左右有民，汝翼。予欲宣力四方，汝为。予欲观古人之象，日、月、星辰、山、龙、华虫，作会(绘)，宗彝、藻、火、粉末、黼、黻，絺绣，此五彩彰施于五色，作服，汝明。"这是虞舜对大禹说的一段话，意思就是将日、月、星辰、山、龙、华虫、宗彝、藻、火、粉末、黼、黻等 12 种纹样绣在衣服上。这种"衣画而裳绣"的装饰方式，便是后来闻名遐迩的十二章服制度，这个事情发生在大约公元前 21 世纪，距今约 4100 年。如此看来，刺绣起源于 4000 年前。

另外，《太平御览》引《太公六韬》也说"夏桀、殷纣之时，妇人锦绣文绮之，坐席衣以绫纨三百人"，也可见在距今 4000 年前，刺绣技艺已很成熟了。

二、刺绣的分类

由于刺绣分布广泛，是手工活中最细腻的一种，所以刺绣不仅种类非常之多，而且分类角度也非常多。

例如按照用途分，刺绣可分为两类：一类是以供应人们物质生活所需而生产的，如衣裙、手帕、被套、荷包、围巾等，称为日用品；另一类是供人们作为艺术品欣赏的，如挂画、屏风、横幅等。根据刺绣特点和材料，又可分为彩绣、包梗绣、雕绣、贴布绣、钉线绣、十字绣、绚带绣、抽纱绣、戳纱绣等。按照民族划分的话，我国的少数民族如维吾尔族、彝族、傣族、布依族、哈萨克族、瑶族、苗族、土家族、景颇族、侗族、白族、壮族、蒙古族、藏族等也都有具有自己特色的民族刺绣。

不过最常见的分类方式还是依据地域的不同来划分刺绣，如我国由于幅员辽阔，各地都有自己代表性的刺绣，如京绣、鲁绣、汴绣、湘绣、汉绣、蜀绣、温绣、苏绣、杭绣、粤绣、闽绣等。其中，湘绣、苏绣、粤绣、蜀绣又被称为中国"四大名绣"。

"四大名绣"，工艺精湛，各有所长，特色鲜明，是中国传统刺绣艺术的典型代表，均为世界级和国家级非物质文化遗产。湘绣是以湖南长沙为中心的带有鲜明湘楚文化特色的湖南刺绣产品的总称，以着色富于层次、针法多变、绣品若画为特点；苏绣，是苏州地区刺绣产品的总称，苏绣具有图案秀丽、绣工细致、色彩清雅的独特风格，地方特色浓郁；粤绣是广州刺绣和潮州刺绣的总称，粤绣强调用线多样、用色富丽、构图饱满；而蜀绣是巴蜀地区流行的一种历史悠久的民间工艺，具有针法严谨、针脚平齐、富有立体感等特点。

三、刺绣的技艺

（一）刺绣常见针法

刺绣的针法有多种，且各有特色，不同针法的应用表现出刺绣图案的不同特征，巧妙的针法组合应用可完美地绣出漂亮的刺绣作品。常见的针法是平针绣、回针绣、锁边绣、套针绣、十字针绣。

平针绣又称绗针绣或拱针绣，是最基本的刺绣针法之一，也是最常用的一种针法。平针绣针法非常简单，就是以均匀的针距从右到左进行反复地入针、出针，然后一起将针线抽出。平针绣一般用在绣品的边缘或装饰上，刺绣过程中一定要注意线迹的整齐顺畅。

回针绣是一种反方向的平针绣，是由两排平针交错相接而成。它的针脚长而密，能够很好地表现图案的轮廓和线条。回针绣常常用于绣制文字和动物皮毛等细节部分。

锁边绣是一种用于刺绣边缘的针法，能够使绣品更加整齐、美观。锁边绣的针脚短而密，能够很好地防止布料边缘脱线。

套针绣是一种表现图案层次和质感的针法，是由不同长度的线迹组成图案。套针绣的针脚长而稀疏，能够很好地表现图案的层次和质感。套针绣常常用于制作服装、家居用品等。

十字针绣是一种表现图案细节和纹理的针法，是由一个个十字形线迹组成图案。十字针绣的针脚短而密集，能够很好地表现图案的细节和纹理。十字针绣常常用于制作家居装饰品如挂画、横幅等。

（二）刺绣工序

刺绣是一门烦琐的技艺，一幅优秀作品的完成包括了设计、上稿、上绷、配线、刺绣、落绷等工序。

要绣出一幅精美的绣品，首先要有好的绣稿。绣稿可以说是刺绣的主题和灵魂，因此，设计及选择各类适合刺绣的画稿十分重要，传统刺绣多以历代名家画稿为本，或邀请专业画师进行设计。

上稿即将图案印在刺绣的底布上，传统工艺中常见的上稿法有复写法和反透法。

上绷就是将刺绣底布安放到绣绷或绣架上，这是刺绣工序中至关重要的一步。无论刺绣技艺多么精湛，如果绣绷没有上好，绣出的也多半是废品。上绷分为手绷和卷绷两种：手绷的上法较为简单，上绷过程中，布纹不能倾斜，布的经线与纬线必须保持垂直和水平状态；卷绷上绷最服帖，即使是满是皱褶的底布，也无须熨烫。上绷过程中一定要将底布与卷绷对齐，保持绣底平整服帖。上好卷绷的底部可以上下手交替刺绣，这样所耗心力小，更易达到事半功倍的效果。

配线也是刺绣工序中的一个重要环节。配线时，要根据所绣物象的色彩来选择线色搭配。绣线颜色丰富万千，即使相同颜色也有深浅变化。为了使绣品达到逼真的艺术效果，常常需要有由浅到深或由深到浅的色阶变化。丰富的色阶过渡才能使画面达到色彩调和、浓淡合宜的效果。有的精细部位还需将丝线分劈更细，或取两种不同色线合成一股，以达乱真的效果。

微课5.2

链接大众生活，
复活古老工艺

落绷即绣品上的图案完全绣好后，将绣品从绷架上取下。落绷的步骤是先放松绷线，拆掉绷边竹，接着取下绷针，退出绷门，抽出白布，最后拆掉绣地与棉布的缝线，取出绣品。

经典领航

《绣赋》

[南朝·梁]张率[1]

　　寻造物之妙巧，固饬化[2]于百工。嗟莫先于黼绣[3]，自帝虞而观风。杂藻火[4]于粉米[5]，郁山龙与华虫[6]。若夫观其缔缀[7]，与其依放。龟龙为文，神仙成象。总五色而极思，借罗纨[8]而发想。具万物之有状，尽众化之为形。既绵华而稠彩，亦密照而疏明。若春隰之扬花，似秋汉之含星。已间红而约紫，又表玄而裹素。间绿竹与蘅杜[9]，杂青松与芳树。若乃邯郸之女，宛洛少年。顾影自媚，窥镜自怜。极车马之光饬[10]，尽衣裳之妖妍。既徙倚于丹墀，亦徘徊于青阁，不息未而反本，吾谓遂离乎浇薄。

【注释】

1.张率(475年—527年)，字士简，南朝时期梁国的著名文人。

2.饬化：整饬，使……有序化、美化。

3.黼绣：古代礼服上绣有斧形的花纹，象征权位。

4.藻火：藻，水草，这里指水波纹；火，指火纹。藻、火都是古代服饰上的纹样。

5.粉米：指刺绣图案中的白色或浅色部分，如同米粉一样细腻。

6.山龙与华虫：都是古代服饰上的吉祥图案，山龙指龙形图案，华虫指一种美丽的虫子，通常指雉。

7.缔缀：刺绣中的针线缝合，指刺绣工艺。

8.罗纨：细软的丝织品，是刺绣的底料。

9.蘅杜：两种香草。

10.光饬：光彩照人，装饰华丽。

【解读】

　　这首创作于南朝的赋文抒发了对刺绣艺术的欣赏，准确地给出了刺绣在当时所达到的艺术境界，此赋从皇帝衮服十二章纹中的"藻""火""粉米""山龙""华虫(锦鸡)"，写到"万物"之形状，均在绣中体现；又用拟人化的描写，衬出绣作的灵动、天成，用辞赋特有的律动言绣之技、绣之情、绣之美，莫不倾尽笔墨文思，极尽溢美之词。

剪纸组诗

（一）《奉和立春日侍宴内出剪彩花应制[1]》

［唐］宋之问

金阁妆新杏[2]，琼筵[3]弄绮梅。

人间都未识，天上忽先开。

蝶绕香丝[4]住，蜂怜艳粉回。

今年春色早，应为剪刀催。

【注释】

1. 应制：本义为应皇帝之命，汉魏以来称应帝王之命而作的诗文为应制。

2. 妆新杏：用彩纸或绸缎剪成新的杏花来装饰。

3. 琼筵：琼玉般的筵席，这里指宫廷中的宴会场所。

4. 蝶绕香丝住：蝴蝶围绕着彩花的"香丝"（指彩花的线条或轮廓）停留。

（二）《剪彩》

［唐］李远

剪彩赠相亲[1]，银钗缀凤真。

双双衔绶鸟，两两度桥人。

叶逐金刀出，花随玉指新。

愿君千万岁，无岁不逢春。

【注释】

1. 赠相亲：赠送给自己亲近的人或亲戚。

（三）《长风纸平渡》

［宋］王子俊

剪纸铺平江[1]，雁飞翚字双[2]。

秋山青隔岸，谁启读书窗。

【注释】

1. 铺平江：形容纸制品在水面上漂浮，如同铺满了平静的江面。

2. 翚（huī）字双："翚字"是一种形状像鸟飞翔的图案或文字，"双"则指两只或成对。这里可能是指大雁飞翔时形成的队形，如同翚字一般。

【解读】

　　这三首与剪纸相关的诗对于剪纸的描述各有侧重。第一首诗通过描绘剪彩花的美丽和宫廷宴会的盛况，展现了唐代宫廷立春时节的习俗和文化氛围，同时，诗人也借此表达了对剪彩花技艺的赞赏和喜爱；第二首诗详细描绘剪彩的过程和场景，表达了对亲人或恋人的美好祝愿，同时也展现了诗人对生活中美好事物的赞美；第三首诗描述的是诗人坐在窗前读书，却忍不住细细观摩眼前那幅生动的剪纸，并被其中景色深深吸引。

　　三首诗说明上至宫廷贵族，下至平民百姓，剪纸这一工艺深深渗透于人们的社会生活中，具有广泛的群众基础。

《天工开物》（节选，制瓷七十二道工序）

　　凡白土曰垩土，为陶家精美器用。中国出惟五六处，北则真定定州[1]、平凉华亭、太原平定、开封禹州，南则泉郡德化（土出永定，窑在德化）、徽郡婺源、祁门[2]。他处白土陶范不粘，或以扫壁为墁。德化窑惟以烧造瓷仙、精巧人物、玩器，不适实用。真、开等郡瓷窑所出，色或黄滞无宝光。合并数郡，不敌江西饶郡产。浙省处州丽水、龙泉两邑，烧造过釉杯碗，青黑如漆，名曰处窑。宋、元时龙泉琉华山[3]下有章氏造窑，出款贵重，古董行所谓哥窑[4]器者即此。

　　若夫中华四裔驰名，猎取者皆饶郡、浮梁、景德镇之产也。此镇从古及今为烧器地，然不产白土。土出婺源、祁门二山。一名高梁山[5]，出粳米土，其性坚硬。一名开化山[6]，出糯米土，其性粢软。两土和合，瓷器方成。其土作成方块，小舟运至镇。造器者将两土等分入臼春一日，然后入缸水澄。其上浮者为细料，倾跌过一缸。其下沉底者为粗料。细料缸中再取上浮者，倾过为最细料，沉底者为中料。既澄之后，以砖砌方长塘，逼靠火窑，以借火力。倾所澄之泥于中吸干，然后重用清水调和造坯。

　　凡造瓷坯有两种，一曰印器，如方圆不等瓶、瓮、炉、盒之类，御器则有瓷屏风、烛台之类。先以黄泥塑成模印，或两破或两截，亦或囫囵，然后埏白泥印成，以釉水涂合其缝，烧出时自圆成无隙。一曰圆器，凡大小亿万杯、盘之类，乃生人日用必需。造者居十九，而印器则十一。造此器坯先制陶车。车竖直木一根，埋三尺入土内，使之安稳。上高二尺许，上下列圆盘，盘沿以短竹棍拨运旋转，盘顶正中用檀木刻成盔，头帽其上。

　　凡造杯、盘无有定形模式，以两手捧泥盔帽[7]之上，旋盘使转。拇指剪去甲，按定泥底，就大指薄旋而上，即成一杯碗之形（初学者任从作废[8]破坏，取泥再造）。功多业熟，即千万如出一范。凡盔帽上造小坯者，不必加泥，造中盘、大碗则增泥。大其帽，使干燥，而后受功。凡手指旋成坯后，覆转用盔帽。一印，微晒留滋润，又一印，晒成极白干。入水一汶漉，上盔帽，过利刀二次（过刀时手脉微振烧出，即成雀口）。然后补整碎缺，就车上旋转打圈。圈后，或画或书字画，后喷水数口，然后过釉。

　　凡为碎器[9]，与千钟粟[10]，与褐色杯等，不用青料。欲为碎器利刀，过后日晒极热，入清水一蘸而起，烧出自成裂纹千钟粟。则釉浆捷点，褐色[杯]则老茶叶煎水一抹也。（古碎

器，日本国极珍重，真者不惜千金。古香炉碎器不知何代造，底有铁钉[11]，其钉掩光色不锈）

凡饶镇白瓷釉，用小港嘴[12]泥浆和桃竹[13]叶灰调成，似清泔汁（泉郡瓷仙用松毛水调泥浆，处郡青瓷釉，未详所出），盛于缸内。凡诸器过釉，先荡其内，外边用指一蘸，涂弦自然流遍。凡画碗青料总一味，无名异（漆匠煎油，亦用以收火色）。此物不生，深土浮生地面深者，掘下三尺即止。各省直皆有之，亦辨认上料、中料、下料，用时先将炭火丛红锻过。上者出火成翠毛色，中者微青，下者近土褐。上者每斤锻出只得七两，中、下者以次缩减。如上品细料器及御器龙凤[缸]等，皆以上料画成。故其价每石值银二十四两，中者半之，下者则十之三而已。

凡饶镇所用，以衢、信两郡山。中者为上料，名曰浙料。上高诸邑者为中，丰城诸处者为下也。凡使料锻过之后，以乳钵极研（其钵底留粗，不转釉），然后调画水调研。时色如皂，入火则成青碧色。凡将碎器为紫霞色杯者，用胭脂打湿，将铁线纽一兜络，盛碎器其中，炭火炙热，然后以湿胭脂一抹即成。凡宣红器乃烧成之后出火，另施工巧微炙而成者，非世上朱砂能留红质于火内也。（宣红元末已失传，正德中历试复造出）

凡瓷器经画过釉之后，装入匣钵（装时手拿微重，后日烧出即成坳口，不复周正）。钵以粗泥造，其中一泥饼托一器，底空处以沙实之。大器一匣装一个，小器十余共一匣钵。钵佳者装烧十余度，劣者一二次即坏。凡匣钵装器入窑，然后举火。其窑上空十二圆眼，名曰天窗。火以十二时辰为足。先发门火十个时，火力从下攻上。然后天窗掷柴烧两时，火力从上透下。器在火中，其软如棉絮。以铁叉取一，以验火候之足。辨认真足，然后绝薪止火，共计一坯工力，过手七十二方克成器，其中微细节目，尚不能尽也。

窑变[14]、回青[15]：正德中，内使监造御器。时宣红失传不成，身家俱丧。一人跃入自焚，托梦他人造出，竞传窑变，好异者遂妄传烧出鹿、象诸异物也。又回青乃西域大青，美者亦名佛头青。上料无名异出火似之，非大青能入洪炉存本色也。

【注释】

1. 真定定州：即真定府定州，明代北直隶境内，今河北境内，产白瓷。

2. 徽郡婺源、祁门：明代南直隶境内，今江西婺源及安徽祁门。

3. 涂本误作"华琉山"，今改为琉华山。

4. 哥窑：宋代人章生一、章生二兄弟在浙江龙泉设瓷窑，名重一时，称为哥窑。

5. 高梁山：即高岭，所产瓷土称高岭土，质硬。

6. 开化山：在今安徽祁门，所产瓷土性软而黏。

7. 涂本作"盔冒"，今改为盔帽。

8. 涂本为"作费"，今改为"作废"。

9. 碎器：即碎瓷，宋代哥窑创制，表面釉层有装饰性裂纹的瓷器。原理是将坯体烘干，再沾水，涂上热膨胀系数比坯体大的釉。窑温下降，瓷面釉层比坯体收缩快，于是出现自然的表面裂纹。

10. 千钟粟：带有米粒状花纹的瓷器。

11. 铁钉：瓷器底部放支撑坯体的底托留下的印迹。

12.小港嘴：景德镇附近的地名。

13.桃竹：据本书《杀青·造竹纸》原注，似指猕猴桃藤，即杨桃藤。

14.窑变：用含变价金属的釉烧瓷时，因烧成条件不同，成釉呈各种颜色。有时火候掌握不当，烧成后釉色与预料的相反，呈现各种颜色或混杂颜色，这就叫窑变。窑变瓷的釉色光怪陆离，但难于复制。

15.回青：含钴的釉料，有两种。一种从西域、南海进口，是不含锰的钴矿石，元、明时烧制宫中御器时常用它。另一种是国产含锰的钴矿石，明中期以后或单独用，或与进口的钴矿石混用。

【解读】

本文是对古代景德镇制瓷工艺的一种高度概括和总结。这些工序涵盖了从原料采集、加工到瓷器成型的全过程，体现了古代工匠们的精湛技艺和匠心独运。从勘山、烧矿、碎石、筛洗、舂石、淘洗、制浆、制匣，到成型、装饰、烧制等多个环节，每个环节都需要工匠们精心操作，以确保最终成品的完美呈现。正是这种精益求精的工艺追求，使得景德镇成为"工匠来八方，器成天下走""村村陶埏，处处窑火""天下窑器所聚"的全国制瓷中心。

湖湘学堂

东方陶瓷艺术的高峰——醴陵釉下五彩瓷

醴陵坐落于湘东，与江西景德镇、福建德化并称为中国三大陶瓷产业区，有"瓷都"之称。据《醴陵县志》载，醴陵地区制瓷始于清雍正七年，至清末光绪三十三年，湖南瓷业学堂研制出深绿、海碧、茶色、玛瑙、艳黑五种高耐火性釉下颜料，从而烧制出独具特色的釉下五彩瓷，醴陵釉下五彩瓷横空出世。据传，醴陵近代瓷业先驱熊希龄曾把醴陵的釉下五彩瓷呈贡慈禧，并进言"江西瓷已有千百年历史，醴陵瓷仅数年之功"。慈禧很是开心，大加赏赐。

经过近百年的发展，醴陵釉下五彩瓷具备"白如玉，明如镜，薄如纸，声如磬"的艺术特征，开创了中国陶瓷艺术新的一页。为什么其能在近代异军突起，打破青花瓷的垄断地位，迅速将东方瓷器推向一个新的巅峰。答案便是湖南人"敢为人先"的创新精神，这使得醴陵窑博采众长、思变求新，一举突破了千百年来釉下单色彩绘风貌，使釉下彩瓷进入了一个五彩缤纷的艺术世界。

釉下五彩瓷的装饰工艺独具特色，其装饰工艺的程序大致分为构图、勾线、分水、喷釉、烧成五个基本步骤，其中勾线和分水是釉下五彩瓷装饰工艺中的重要步骤。

与此同时，釉下五彩瓷的烧制技术也与众不同。"三烧制"是釉下五彩瓷的特色烧制工艺，即将已成型而未施釉的胎骨先经低温素烧一次后再彩饰，彩饰完成后，为除去彩料中的胶、油等有机物，使其便于上釉，需进行第二次低温焙烧，然后施石灰碱釉，入高温窑烧成。因其制作过程中需入窑烧三次，故称之"三烧制"。

釉彩丰富，是釉下五彩瓷色彩表现上的一个重要特征。醴陵釉下五彩瓷打破了釉下青花和釉里红等单色釉下彩绘技法的桎梏，色彩表现自由而丰富。此外，色彩处理上，其追求宁静、平和的心灵感受，极少采用强烈的对比，多以中间色展现深浅、浓淡的对比，层次清晰丰富，给人素雅的视觉效果。

然而，醴陵釉下五彩瓷虽素雅，但并不单调，这是由于其装饰题材多样，包括人物、动植物、几何纹样、吉祥图案和书法文字等，制瓷工匠们常采用夸张、变形、象征、比兴等传统表现手法，运用各种题材表达人们对于美好生活的憧憬。其装饰构图疏密有致、纹样变化多样，其装饰图案艺术可分为国画式、图案式，以及图案与绘画相结合形式，其不仅饱含艺术性与趣味性，更注重追求胎质、造型、色彩意境与美学的珠联璧合。

锦绣湖南——湘绣工艺

湘绣，是以湖南长沙为中心的带有鲜明湘楚文化特色的湖南刺绣产品的总称，是中国传统刺绣艺术的重要代表。作为中国"四大名绣"之一，湘绣拥有两千多年的历史，以其独特的艺术魅力和精湛的工艺技术闻名于世，曾多次作为国礼走出国门。

湘绣是起源于湖南的民间刺绣，具有两千多年的历史。据考古发现，早在战国时期，湖南地区就已经有了刺绣工艺的存在。随着历史的发展，湘绣逐渐吸取了苏绣和粤绣的优点，形成了自己独特的艺术风格。

湘绣整体艺术风格大气、磅礴、霸气。在湘绣的诸多代表作中，大多为大型刺绣，有描绘祖国大好河山的作品，如《张家界》《锦堂春色》《凤凰》等，画面构图宏大，气势磅礴；也有描绘伟大历史时刻、伟大人物的作品，如《毛主席去安源》《建党百年》《鲁迅——永不休战》等，都表达了人们在特殊时期的艰苦奋斗和斗志昂扬；随着刺绣技艺的发展，鬅毛针法体系广泛地运用到湘绣狮虎题材中，更是表现了湘绣大气、磅礴、霸气的艺术风格，湘绣狮虎凛凛生威与苏绣中猫的小巧精灵、温顺绵软是截然不同的。

湘绣大气、磅礴、霸气的艺术风格与湖湘地域文化是分不开的。从1958年长沙烈士公园三号木廓楚墓中出土的楚国刺绣中，可以看到大量有关图腾、巫神、祈福等题材的纹样，有着极为浪漫、奔放的楚汉之风，图案写实与抽象变形并存，呈现出浓厚的巫神文化特点。在漫长的发展历程中，这种大气、浪漫、奔放的楚文化一直深深滋养着湘绣艺术。

此外，湘绣的艺术风格还表现为绣品形象生动逼真。富有创造力的湘绣艺人根据不同物象、不同部位自然纹理的不同表现要求，发展、改善了目前的70多种针法，这70多种针法大致可分为平绣、织绣、网绣、纽绣、结绣五大类，后来又陆续出现鬅毛针、乱针绣等独特的湘绣针法。与作画一样，湘绣的绣线即颜料，绣针即画笔，湘绣艺人巧妙地运用多种多样的针法，在飞针走线中，各种颜色的绣线在绣地上互相融合，或粗或细，或粉或蓝，同一色彩从浅到深、从深到浅彼此有序地交错、过渡，自然纯粹，不露痕迹，一个个浓淡深浅、阴阳向背的色阶最终形成绚烂、和谐的湘绣色彩，物象质感较强。

湘绣的精细得益于湘绣针法多变、绣线劈丝细致的特点，湘绣的精细绣制过程需要绣工们具备高超的技艺和耐心、毅力，这与湖南人吃苦耐劳的精神不谋而合。同时，湘绣作为湖南地区的传统手工艺品，其文化传承过程也充满了挑战与艰险，这也更需要绣工们具备坚忍不拔的精神，持存着对湘绣技艺的热爱，使湘绣技艺得以代代相传，并不断发展壮大。

笃行致远

承千古遗韵，传非遗技艺——刺绣技艺体验活动

"绣花能生香，绣鸟能听声，绣虎能奔跑，绣人能传神"，这是民间对湘绣技艺的盛赞。湘绣巧妙地将我国传统的绘画、书法及其他艺术与刺绣融为一体，造就了"远观气势宏伟，近看出神入化"的艺术效果。

接下来，就让我们一起以布为纸，以线替墨，以针作笔，绘制一席繁花流动的盛宴。

1.活动形式

手工活动。

2.活动地点

湖南湘绣博物馆。

3.活动组织

（1）参观绣展：参观湖南湘绣博物馆二楼"针尖上的湖湘之美"展览厅，依次浏览"针尖之源、针尖之兴、针尖之盛、针尖之梦"四个展区。

（2）学习绣法：邀请湘绣老师现场讲授刺绣步骤及湘绣基本针法。

（3）施展绣艺：在了解完湘绣的基本针法以后，选择自己想要创作的湘绣手工作品进行制作。

（4）展示绣品：在完成湘绣手工作品后，展示自己的作品，对自己的作品作出说明，并分享自己对本次体验的心得。

（5）宣传绣作：在活动结束以后，任选一个社交平台发布一条体验非遗技艺——湘绣技艺的动态，借平台动态为湘绣做一次宣传。

项目六

知术匠心
——中国传统科技成就

从"嫦娥"奔月到"天问"探火、从"北斗"指路到"天宫"揽胜……这些年来，中华民族的浪漫想象和硬核科技不断交融，神话故事和科学探索实现跨越时空的古今对话。这些名字，从来不只是名字，它们是历史、是传承、是梦想，是向上仰望，每一个名字都蕴含着传统智慧和对未来的探索。从古至今，中国人对于未知领域的探索和实践，实现了一个又一个的科技奇迹。让我们一起走进中国传统科技，探索中国科技精神。

【学习目标】

1. 了解中国传统科技成就的基本史实，认识其价值与影响。

2. 感受中国传统科技的文化意蕴，了解中国古代科技文明精髓。

3. 了解湖湘文化名人、数学家丁取忠的生平及主要思想。

4. 坚定文化自信，激活传统科技文化生命力，增强对中华优秀传统文化的热爱及崇敬之情。

文化通识

科学通常是指人们关于自然现象和规律的知识体系,包括数学、物理、化学、天文学、地学、生物学、农学、医学等学科。

技术一般被理解为关于工具、物质产品及它们被用来达到实用目的的方式的知识,包括纺织、建筑、机械、冶金、车船、兵器、陶瓷、造纸、印刷等部门。

古代中国在科学技术的各个领域和部门中,都创造了辉煌的历史和卓越的成就。中国传统科技文化是我国先民在与自然长期交互作用过程中的智慧结晶,拥有以天算农医为代表的知识体系和以四大发明为代表的技术系统,富含深具中华文化特色的组织管理经验、科技方法和思想内容,对整个人类文明作出了不可估量的贡献。培根、马克思等思想家都认为正是来自中国的火药、指南针、造纸术等科技发明推动了世界近代历史的进程。但四大发明远不能充分展现中国古代科技文明的全貌。中国古代还有哪些推动过人类文明进程的科技发明创造?

仰望苍穹:古代天文学

在人类不同文明的早期,就产生了各种各样关于天的学问,在中国古代这种学问被叫作"天文"。"天文"一词较早就出现在中国古代的早期典籍中,如《易经·系辞上》说"仰以观于天文,俯以察于地理",《汉书·艺文志》中说"天文者,序二十八宿,步五星日月,以系吉凶之象,圣王所以参政也",可见在中国古代,天文是指天体运行所呈现的景象及对这些天象的推算和预测。人们根据天象的变化,预卜吉凶,为帝王行事提供指导。

古代天文学有两大主要分支,即天文观测和历法编制。这两大分支之所以能获得长足发展与辉煌成就,与天文历法的两大现实用途息息相关:一是"敬授民时",即通过历法的制定,引导农业经济顺应气候、天象、物候的周期性变化,从而指导农业生产;二是为了观星占卜,通过观测天象变化判断国运人事的吉凶,达到探知"天意"的目的。古人认为,天文异象如日月蚀、彗星的出现,是各种灾难(如政变、篡权等)的先兆。中国古代的各朝各代常设钦天监,其负责人需就天文异象的出现向皇帝作秘密报告,以便对此采取相关措施。显然,对天文学的研究被赋予了满足政治和经济实际需求的双重功能,获得了历朝历代政府的大力支持。

微课6.1

浪漫观星指南——
中国古代二十八星宿

一、天文观测

(一)天文观测的世界"最早"记录

中国古代的天文观测记录，是世界公认最悠久、最系统的。这些记录不仅展示了中国古代天文学的卓越成就，也为现代天文学的发展提供了宝贵的资料。这些记录不仅来自古书典籍，还得到了现代科学研究的验证和支持。

1. 流星雨

中国古书《竹书纪年》中记载了夏朝时期的一次流星雨现象："夏帝癸十五年，夜中星陨如雨。"此外，《左传》中也有关于天琴座流星雨的详细记录，这是世界上关于天琴座流星雨最早、最详细的记载之一。

2. 日食

中国古人对日食的观测记录也极为丰富。最早的日食记录可以追溯到夏代仲康元年，这是据《书经·胤征篇》考证得出的结论。在商代甲骨文中，也有多次日食的纪事。到了周代，《诗经·小雅》中更是记录了公元前776年9月6日发生的日食，这是我国历史上第一次有确切日期的日食记录。

3. 月食

据《中国古代天象记录的研究和应用》记载，中国古代最早的月食记录见于殷商甲骨卜辞。这表明在殷商时期，古人就已经开始注意到月食这一天文现象，并尝试通过占卜等方式来解读其背后的含义。在春秋时期，《诗经·小雅》中有"彼月而食，则维其常"的诗句，这指的就是发生在公元前776年的一场月食。这是世界上最早的月食记录之一，显示了当时中国人对天文现象的敏锐观察。汉代天文学家张衡在《灵宪》中提出了月食的部分原理，即"当日之冲，光常不合者，蔽于地也，是谓暗虚，在星则星微，遇月则月食"。他正确地解释了月食是由于地球挡住了太阳照射到月球上的光而形成的。西汉时期，天文学家开始利用天球仪等仪器观测、记录月食现象，这标志着中国古代月食观测技术的初步形成。

4. 哈雷彗星

哈雷彗星是一颗以大约76年为周期的彗星，其名字来源于英国天文学家哈雷。然而，哈雷并不是第一个观测到这颗彗星的人，也不是第一个预测其回归的人。世界上关于哈雷彗星的最早记录来自中国的《春秋》。《春秋》记载了公元前613年的一个天文现象，鲁文公十四年秋七月，"有星孛入于北斗"。这里的"星孛"即指哈雷彗星，中国古代的天文学家们通过长期的观测和记录，已经注意到了这颗彗星的周期性回归。虽然他们当时可能并未能准确计算出其回归周期，但他们的观测记录无疑为后来的科学研究提供了重要的线索和基础。而这一记录比欧洲最早关于哈雷彗星的观测记录早了600多年。

除了《春秋》之外，中国古代的其他典籍如《史记》《汉书》等也都有关于哈雷彗星的观测记录。这些记录不仅展示了中国古代天文学者的观测能力和对天文现象的理解能力，也反映了当时社会的科学文化水平和人们对自然现象的敬畏和探索精神。

5. 新星和超新星

中国古代对新星和超新星的观测记录可以追溯到很早的时期。例如，中国现存的最早新星纪事见于殷墟出土的甲骨卜辞中，时间都是公元前 14 世纪。这表明在殷商时期，古人就已经开始注意到天空中新出现的星体，并尝试通过占卜等方式来解读其背后的含义。最早的超新星纪录也出现在汉代。据《续汉书·天文志》记载，东汉灵帝"中平二年(185年)十月癸亥，客星出南门中，大如半筵，五色喜怒，稍小，至后年六月乃消"。这是人类历史上发现的第一颗超新星，被后世称为超新星 SN185。

6. 木星卫星

唐代瞿昙悉达编撰的《开元占经》中记载了一则关于中国战国时期的天文学家甘德曾用肉眼看到了木星的卫星的记录："单阏(yān)之岁，摄提格在卯，岁星在子，与婺(xū)女、虚、危晨出夕入，其状甚大有光，若有小赤星附于其侧，是谓同盟。""同盟"一词意味着甘德意识到岁星(木星)与小赤星并非两颗不相干的星体，而是属于一个系统。结合木星卫星的亮度与公转轨道半径，甘德很可能看到了木卫三或木卫四。这一观测时间大约是在公元前 364 年的夏天，这是世界上关于木星卫星的最早观测记录之一。

(二)仪器制作

精确的天文观测需要有精密的天文仪器，因此我国古代在创造天文仪器方面，也作出了杰出的贡献。古代主要天文仪器如表 6-1 所示。

表 6-1　我国古代主要天文仪器

朝代	发明者	仪器名称	特征
西汉	落下闳	改制浑仪	依据赤道坐标制作，望远镜发明前最先进的天文观测工具
东汉	张衡	天体仪	水力作为动力
		候风地动仪	最早的地震仪，可预测地震 (地动仪属于地理学范畴，因为是张衡发明的，在这里可以提及)
唐代	李淳风	浑天黄道仪	能测出天体的赤道、黄道、白道坐标
北宋	苏颂	水运仪象台	集观测、演示、报时于一身
元代	郭守敬	简仪	结构简化，精度更高的浑仪
		仰仪	测量太阳的赤经赤纬

其中，李淳风发明的浑天黄道仪不仅是中国古代天文学史上的重要里程碑，也是世界天文学史上的杰出贡献。它的设计精巧、功能完备，代表了当时天文学仪器制造的最高水平。同时，浑天黄道仪的研制成功也反映了唐代科技水平的显著提升和人们对天文现象探索的深入。

浑天黄道仪的主要功能包括测定天体的位置、观测太阳和月亮的运行轨迹，以及进行天文历法的推算等。浑天黄道仪的构造复杂而精密，主要分为三层，由外到内分别是六合仪、三辰仪、四游仪。

六合仪：最外层，由地平环、子午环和外赤道环固定在一起组成。这些环面刻有周天度数，分别代表地平方向、天体的极轴方向和天球赤道平面。六合仪的设计使得仪器能够稳定地指向天空中的各个方向。

三辰仪：中间一层，由直径八尺的黄道环、赤道环和白道环结合而成。这一层的设计尤为创新，它解决了太史黄道铜仪难以对准黄道的难题，并可以直接测得天体的入宿度。黄道环和白道环分别用于观测太阳和月亮的位置，而赤道环则代表天球赤道平面。

四游仪：最内层，夹带着窥管。窥管可以在双环里滑动，通过转动四游环并移动窥管的位置，可以观测任何天区。这种设计极大地提高了观测的灵活性和准确性。

二、历法编制

历法是人们为了社会生产实践的需要而创立的长时间的计时系统。利用和生产实践密切相关的自然现象的变化规律，将其作为天然计量时间的尺度，这为人们计量时间的工作带来极大方便。于是，反映季节变化规律的"回归年"、反映月貌变化规律的"朔望月"和反映昼夜变化规律的"太阳日"，便组成三个大小合适的时间计量单位。这三种计量单位并用的历法，人们称为阴阳历（例如农历）。只考虑回归年变化的称为阳历（例如现行的公历）。固定十二个朔望月作为一年的称为阴历。

相传在远古时期已经制定出我国历史上最早的一部历法，即《黄帝历》。到了夏代，又制定出以阴历正月为岁首的《夏历》，这是现代阴历的起源。到了商、周时代，为适应农业生产发展的需要，开始使用阴阳合历，分别以阴历十二月与阳历十一月为岁首，为了调整阴阳历参差，开始设置了闰月。我国古代上百次地改进了历法，郭守敬于1280年编订的《授时历》采用365.2425日作为一个回归年的长度，这个数值与现今世界上通用的公历值相同。在700多年前，郭守敬就能够测算得如此精密，实在是很了不起的成就，比欧洲的格里高利历早了300多年。

我国古代的历法大都使用传统的阴阳历，但是所包含的内容却不仅仅是年月日时的安排，还包括日月五星位置的推算、日月食的预报、节气的安排等。二十四节气是我国劳动人民通过观察太阳周年运动而形成的时间知识体系及实践，是我国劳动人民的独创。从这点也可看出我国古代领先的生产的和科学的发展水平。世界上也有很多国家使用过阴阳历，但是他们最多也只知道有二分二至，这是我国古代历法优越的地方。

总之，我国古代历法不仅包括节气的推算、每月的日数的分配、月和闰月的安排等，还包括许多天文学的内容，如日、月食发生时刻和可见情况、五大行星位置的推算和预报等。这说明了我国古代对天文学和天文现象的重视，同时，这类天文现象也是用来验证历法准确性的重要手段之一。

仰望星空，叩问苍穹。亘古至今，人世间的诸多一切，大都是宇宙星空在尘世间的镜像和映射。远古中华先贤，以太阳为坐标创建了太阳历，以北天极的北斗为轴，建立了赤道天文坐标体系，然后从天文到人文，构造了天人合一的宇宙观和时空观。从古代的天文观测到当代的航天发展，中华民族探索宇宙奥秘的脚步，从未停歇。

扎根大地：古代农学

农业自产生以来，始终是我国古代社会最主要和最重要的生产部门。在农业生产几千年的发展进程中，劳动人民积累了丰富的农耕经验，形成了一整套农业生产技术，传统农业科技文化成为我们的宝贵遗产之一。我国传统农业科技的主要成就可归纳为以下几方面。

一、农业生产模式的精耕细作

精耕细作以"天时""地利""物性"为依据，并针对这些客观差异采取一系列趋利避害的科学技术措施。精耕细作是中国农业在耕作栽培技术方面的优良传统，其主要目的在于提高土地利用率和土地生产率，达到单位面积产量的最大化，至今仍对中国农业生产有着深远的影响。

在精耕细作传统的影响下，中国古代耕作技术体系制度也不断成熟、完善。我国传统耕作制度是多熟制与轮作倒茬、间作套种相结合的模式。

二、农业生产工具的不断创新

农业科技的进步从生产工具上也可以体现出来。我国各个历史时期都有新农具的创造。原始时期先产生木质的耒、耜，之后出现了石耜、骨耜、石铲、石锄及犁铧等；西周创造了青铜中耕农具钱和镈、碎土覆种工具耰等；春秋战国时期已有铁犁铧、铁锄、连枷、石磨等；汉代创造了耦犁、耧车、耱、辘轳、翻车、风扇车等；魏晋南北朝时创造了人字耙、水碓等；隋唐时出现曲辕犁、筒车、立井水车等；宋元时创造的农具更多，有踏犁、秧马、高转筒车、水击面罗、水轮三事等；明清又有代耕架、风力水车等的出现。中国传统农具形式多样，种类丰富。除用人力畜力外，还注意利用风力和水力作为动力。不少农具的发明早于世界其他地区，对国外产生过深远影响。

三、闻名遐迩的水利建设杰作

水是农业的命脉，因此中国古代很重视水利，在这方面也有着突出的成就。从先秦时期开始，各种以农业灌溉为主要目的的水利设施的兴建就是古代科技活动的重要内容。从古老的都江堰到蜿蜒壮丽的京杭大运河，再到灵秀雅致的灵渠，这些享誉世界的工程不仅见证了中华文明的辉煌历程，更是人类水利史上的奇迹，令人惊叹。

1. 都江堰

都江堰位于四川省都江堰市城西，坐落在成都平原西部的岷江上，始建于秦昭王末年（约前256—前251年），是蜀郡太守李冰父子在前人鳖灵开凿的基础上组织修建的大型水利工程。都江堰由分水鱼嘴、飞沙堰、宝瓶口等部分组成，具有防洪、灌溉、水运等多方面的功能。都江堰是全世界迄今为止年代最久、唯一留存、仍在一直使用、以无坝引水为特征的宏大水利工程，被誉为"世界水利文化的鼻祖"，2000年被联合国教科文组织列入"世界文化遗产"名录，是中国古代劳动人民勤劳、勇敢、智慧的结晶。

2. 京杭大运河

京杭大运河是世界上里程最长、工程最大的古代运河，也是最古老的运河之一。它开凿于春秋时期，完成于隋朝，繁荣于唐宋，取直于元代，疏通于明清。大运河连接了北京、河北、天津、山东、江苏、浙江六省市，贯通了海河、黄河、淮河、长江、钱塘江五大水系，全长约1794千米。它不仅是中国古代南北交通的大动脉，也是世界上开凿最早、最长的运河，与长城、坎儿井并称为中国古代的三项伟大工程。

3. 灵渠

灵渠位于广西壮族自治区兴安县境内，古称秦凿渠、零渠、陡河、兴安运河、湘桂运河，始建于秦代，公元前214年凿成通航。灵渠主体工程由铧嘴、大天平、小天平、南渠、北渠、泄水天平、水涵、陡门、堰坝、秦堤、桥梁等部分组成，连接了湘、漓二江，沟通了长江水系和珠江两大水系，成为北接湖广、南连两粤的水运交通枢纽。同时，它也起到了灌溉农田的作用。灵渠是世界上最古老的运河之一，被誉为"世界古代水利建筑明珠"，显示了古代中国水利建设先进的科技水平。

四、卷帙浩繁的农学著作

在以小农经济为主体的古代中国，历代统治者都以"农"为天下之根本。所以，在中国古代科学技术体系中，农业科学技术始终占有最重要的地位，农业科学技术理论也是最丰富的，形成了一个农学文献系统。主要的农学著作有西汉氾胜之的《氾胜之书》、北魏贾思勰的《齐民要术》、南宋陈敷的《陈敷农书》、元代王祯的《王祯农书》、明代徐光启的《农政全书》等。这些作品被统称为"古代五大农书"。

其中北魏贾思勰的《齐民要术》是有世界性影响的农书。在此书中，贾思勰建立了较为完整的农学体系，划分出了以实用为特点的农学类目。从农副产品的加工、酿造，到家畜、家禽的疫病防治，几乎对农业生产所涉及的各个方面都做了较为详细、清晰的论述。它是一部总结我国古代农业生产技术经验的杰出著作，是一部具有高度科学价值的"农业百科全书"，受到国内外专家的广泛重视和高度评价，是我国宝贵的科学文化遗产。

总之，我国传统农业的发展与统治者的思想密切相关，统治者的重视和"重农抑商"政策，以及中国人浓重的农耕思想，促进了我国古代农业的发展，使我国古代农业曾长期处于世界领先地位，但这在一定程度上也阻碍了古代科技向现代科技的转型。

医者仁心：古代医学

中医作为中国传统文化的重要组成部分，蕴含着深厚的文化底蕴和哲学思想。中医强调"阴阳五行"等哲学思想，体现了中国古代哲学的独特思想和观念。中医的医学理论和诊疗方法也与中国传统文化密切相关，例如中药的配伍原则、针灸的经络学说等，体现了中国古代文化的独特魅力。

一、中医学五大核心理论

中医学是至今依然屹立于现代世界科学之林的唯一传统学科。它以完整系统、博大精深的理论体系，高超的医疗技术和丰富的典籍著称于世。早在春秋战国时期成书的《黄帝内经》，就已全面奠定了中医理论的基础。中医学五大核心理论——阴阳五行学说、脏象学说、经络学说、形神学说和天人学说，均肇始于此书。

阴阳五行学说贯穿于中医理论体系的一切方面。阴阳学说确定了人体脏腑组织部位的上下、前后、内外、表里，说明了人体功能活动与物质基础之间对立制约、互根互用、消长平衡和相互转化的关系。五行学说揭示了人体内部各重要脏器、组织之间及人体内环境与外环境各重要因素之间递相滋生、递相克制的功能结构。

脏象学说主要研究脏象的概念内涵。各脏腑的形态结构、生理机能、病理变化及其精气、血、精、津液、神之间的相互关系，以及脏腑之间、脏腑与形体官窍及自然社会环境之间的相互关系。脏象学说属于中国古代唯物论和辩证法范畴，强调以五脏为中心的整体观。主要阐述人体五脏(心、肝、脾、肺、肾)的生理机能、生理特性，以及与形、窍、志、液、时的关系。

经络学说研究经脉和络脉的循行部位、生理功能、病理变化及其与脏腑之间的联系。它认为人体除了脏腑外，还有许多经络分布全身，主要有十二经脉、奇经八脉、十五别络等。经络是人体运行气血、联络脏腑肢节、沟通上下内外的通道。经络与脏腑相互联属，通过经络系统将人体内外各部组织器官联系起来构成一个整体。经络学说在中医临床实践中具有重要地位。

形神学说研究心理与生理、病理的关系，强调生命是形、气、神三者的统一体。形指的是人体的物质结构如骨骼、肌肉、器官等；气是维持生命活动的能量和动力；神则是指人的精神和意识层面。形、气、神三者之间关系密切、相互依存，共同维持人体的生命活动。形神学说认为形是气和神的载体，提供了气和神存在的基础；气是维持形和神活动的能量，推动身体的生理活动同时也影响神的状态；神则是形和气的最高表现，体现了一个人的精神和意识状态。中医通过调理气的运行来达到预防疾病、维护健康的目的。

天人学说探究天地四时对人体机能的影响，总结气候的阴晴变化，四季的寒暑循环，日夜的晦明更替，地理区域的燥湿寒温，生活环境的幽旷雅噪，以及稍远的月亮圆缺、太阳黑子活动，更远的星系、星象变化，作用于人体腠理开合、气血趋向、阴阳消长、脉象沉浮的规律。这一学说实际上已具备了现代新兴的环境医学和时间医学的雏形。

二、古代名医及医学典籍

（一）医祖扁鹊

扁鹊，原名秦越人，春秋战国时期的一位杰出名医，他不仅是中医利用切脉诊断的先驱者，还留下了虽已佚失却影响深远的著作，如《扁鹊内经》与《扁鹊外经》。他自幼跟随长桑君学医，不仅继承了师父的全部医术与秘方，更在饮下山巅"上池"之水后，医术达到了超凡入圣的境界。起初，他因成功救治了沉睡五日不醒的赵简子而声名鹊起，赵简子为表感激，赐其蓬鹊山田四万亩，此地因扁鹊居住并常有石鹊翩飞、石人静观之景，故赵人尊称其为"扁鹊"，意即在此地如吉祥喜鹊般受人敬仰。

扁鹊的医术不仅限于一隅，他游历四方，行医济世。在虢国，他妙手回春，治愈了虢太子患有的"尸厥症"，使其起死回生，这一壮举更是传为佳话。然而，扁鹊的生涯并非一帆风顺，他在咸阳时因医术高超而遭到秦太医李醯的嫉妒，最终不幸被害。即便如此，蓬鹊山的赵人仍对扁鹊怀有深深的敬意，他们不远千里从咸阳带回扁鹊的头颅，葬于山下，并改村名为"神头村"，建庙立祠，世代供奉，以表纪念。

在扁鹊的众多传奇故事中，"讳疾忌医"一事尤为发人深省。公元前357年，扁鹊行至齐国临淄，面见蔡桓公时，以其敏锐的医术洞察出桓侯身有微恙，却接连三次被桓侯以"寡人无疾"为由拒绝治疗。扁鹊深知病入膏肓，回天乏术，最终选择离开。不久，桓侯病情恶化，悔之晚矣，终因错失治疗良机而病逝。这一故事不仅展现了扁鹊高超的医术与医德，更深刻揭示了人们面对疾病时讳疾忌医的普遍心理，成为了流传千古的警示。

（二）医圣张仲景

张仲景是东汉末年医学家，"建安三神医"之一，被后人尊称为"医圣"。张仲景广泛收集医方，写出了传世巨著《伤寒杂病论》。它确立的"辨证论治"原则，是中医临床的基本原则，是中医的灵魂所在。

建安年间（196年—220年），张仲景被朝廷指派为长沙太守。他用自己的医术，为百姓解除病痛。在封建时代，做官的不能随便进入民宅，接近百姓，可是不接触百姓，就不能为他们治疗，自己的医术也就不能长进。于是张仲景想了一个办法，择定每月初一和十五两天，大开衙门，不问政事，让有病的百姓进来，他端端正正地坐在大堂上，挨个地仔细为群众诊治。他让衙役贴出安民告示，告诉老百姓这一消息。他的举动在当地产生了强烈的震动，老百姓无不拍手称快，对张仲景更加拥戴。时间久了便形成了惯例，每逢农历初一和十五的日子，他的衙门前便聚集了来自各方求医看病的群众，甚至有些人带着行李远道而来。后来人们就把坐在药铺里给人看病的医生，通称为"坐堂医生"，用来纪念张仲景。

《伤寒杂病论》创造了三个世界第一：首次记载了人工呼吸、药物灌肠和胆道蛔虫治疗方法。成书近2000年的时间里，《伤寒杂病论》一直拥有很强的生命力，它被公认为中国医学方书的鼻祖，并被学术界誉为讲究辨证论治而又自成一家的最有影响的临床经典著作。书中所列药方，大都配伍精当，有不少已经被现代科学证实，后世医家按法施用，每能取得很好疗效。

（三）神医华佗

华佗与董奉、张仲景并称为"建安三神医"。他钻研医术而不求仕途，医术全面，精通内、妇、儿、针灸各科，尤其擅长外科，精于手术。华佗首创用全身麻醉法施行外科手术，他所使用的"麻沸散"是世界上最早的麻醉剂。华佗也是中国古代医疗体育的创始人之一。他不仅善于治病，还特别提倡养生之道。他曾对弟子吴普说："人体欲得劳动，但不当使极耳，动摇则俗气得消，血脉流通，病不得生，户枢不朽也。"华佗继承和发展了前人"圣人不治已病，治未病"的预防理论，为年老体弱者编排了一套模仿猿、鹿、熊、虎等五种禽兽姿态的健身操——五禽戏。

华佗生活的时代，是在东汉末年三国初期。那时，军阀混乱，水旱成灾，疫病流行，人民处于水深火热之中。当时一位著名诗人王粲在其《七哀诗》里，写了这样两句："出门无所见，白骨蔽平原。"目睹这种情况，华佗非常痛恨作恶多端的封建豪强，十分同情受压迫受剥削的劳动人民。为此，他不愿做官，宁愿捏着金箍铃，到处奔跑，为人民解脱疾苦。华佗看病不受症状表象所惑，他用药精简，深谙身心交互为用，不滥用药物。华佗重视预防保健，"治人于未病"，观察自然生态，教人调息生命和谐。但对于病入膏肓的患者，则不加针药，坦然相告。

华佗被后人称为"外科圣手""外科鼻祖"，后人多用"神医华佗"称呼他，又以"华佗再世"称誉有杰出医术的医师。

（四）药王孙思邈

唐代医学巨匠、道士孙思邈，不仅是中医医德规范与大医精诚理念的奠基人，更以其卓越的医学成就和崇高的医德风范被后世尊称为"药王"。他的一生致力于医学研究与临床实践，历经数十载春秋，编著了《千金要方》与《千金翼方》两部医学巨著，这两部作品不仅详尽记录了唐初医学的辉煌成就，更深刻体现了孙思邈"人命至重，有贵千金，一方济之，德逾于此"的崇高理念，故而得名"千金"。

在孙思邈晚年，他云游至邱县，被当地优美的自然风光与淳朴的民风深深吸引，于是决定在此驻足，于郊寺之中悬壶济世，无欲无求，广施医术而不求回报。他继承了董奉的遗风，为人治病分文不取，只愿患者病愈后在寺旁栽种杏树三株，以示感激。年复一年，这些杏树汇聚成林，果实成熟时，孙思邈便以杏换谷，用以赈济贫困。相传，此间有虎伏跪求医，孙思邈首创"虎撑"法治愈金簪卡喉之疾，虎有灵性，不复危害人畜，自愿守护那片杏林，甚至成了孙思邈的坐骑，传为佳话。药王仙逝后，那虎绕寺哀啸三日，而后不知所踪，留下了这段人与自然和谐共处的美丽传说。

（五）药圣李时珍

李时珍出身于世医家庭，从小就喜爱医药，立志悬壶济世。经过刻苦学习和实践，他在三十岁时已经成为当地名医。后楚王聘李时珍到王府掌管良医所事务，三年后，又推荐其上京任太医院判后，经举荐补太医院之阙，一年后李时珍辞职回家。在此期间，李时珍阅读王府和太医院中大量的医书，医学水平大增。自 1565 年起，他先后到武当山、庐山、茅山、牛首山等地收集药物标本和处方，并拜渔人、樵夫、农民、车夫、药工、捕蛇者为师，记录上千万字札记，历经二十七个寒暑，三易其稿，于明万历十八年（1590 年）完成了 192 万字的巨著《本草纲目》。1593 年，李时珍逝世。

李时珍的《本草纲目》是当时最系统、最完整、最科学的一部医药学著作，不仅为中国药物学的发展作出了重大贡献，而且对世界医药学、植物学、动物学、矿物学、化学的发展也产生了深远的影响，被誉为"东方医药巨典"，英国著名生物学家达尔文称它为"中国古代百科全书"。李时珍也被后世尊为"药圣"。

我国传统医学自古以来便具有"尚德"的特点。中医的传统医德以"仁"为核心，其精神实质是关爱生命、尊重生命，医学的萌芽正是源于原始社会人与人之间的互助和关爱。"仁术"一词出于《孟子》，"医乃仁术"是儒家伦理在医德领域的集中体现，也成为我国医者千百年来恪守的座右铭。

智慧超群：古代数学

古代数学，起源于人类早期的生产活动，产生于商业上计算的需要、了解数字间的关系、测量土地及预测天文事件。我国古代把数学叫算术，又称算学，最后才改为数学。

谈起古代数学，很多人都知道古希腊曾在几何学中获得了伟大成就，但我们对中国古代数学曾经的历史却没那么了解。实际上，我国古代对于数学的研究也是非常深刻并且很辉煌的，对于中华民族乃至人类文明的发展都作出了很大贡献。

一、数学的起源

我们的先民在从野蛮走向文明的漫长历程中，逐渐认识了数与形的概念。出土的新石器时期的陶器大多为圆形或其他规则形状，陶器上有各种几何图案，通常还有三个着地点，这都是几何知识的萌芽。先秦典籍中有"隶首作数""结绳记事""刻木记事"的记载，说明人们从辨别事物的多寡中逐渐认识了数，并创造了计数的符号。殷商甲骨文（前 14 世纪—前 11 世纪）中已有 13 个计数单字，最大的数是"三万"，最小的是"一"。一、十、百、千、万，各有专名。其中已经蕴含有十进位置值制萌芽。传说伏羲创造了画圆的"规"、画方的"矩"，也传说黄帝臣子倕（chuí）是"规矩"和"准绳"的创始人。早在大禹治水时，禹便"左准绳"（左手拿着准绳），"右规矩"（右手拿着规矩）（《史记·禹本纪》）。因此，我们可以说，"规""矩""准""绳"是我们祖先最早使用的数学工具。

春秋时期，随着铁器的出现，生产力的提高，中国开始了由奴隶制向封建制的过渡。新的生产关系促进了科学技术的发展与进步，私学开始出现。此时人们已经掌握了完备的十进位置值制记数法，普遍使用了算筹这种先进的计算工具。人们已谙熟九九乘法表、整数四则运算，并使用了分数。

二、框架的确立

战国时期，各诸侯国相继完成了向封建制度的过渡。思想界、学术界诸子林立，百家争鸣，异常活跃，为数学和科学技术的发展创造了良好的条件。人们通过田地及国土面积的测量，粟米的交换，收获及战利品的分配，城池的修建，水利工程的设计，赋税的合理负担，产量的计算，以及测高望远等生产生活实践，积累了大量的数学知识，并注重收集、整理，便是成书《九章算术》（省称《九章》）。《九章》集先秦到西汉数学知识之大成，是中国最重要的数学经典，它之于中国和东方数学，大体相当于《几何原本》之于希腊和欧洲数学。

微课6.2

揭秘千年数学宝典：
《九章算术》
的古韵智慧

三、体系的建立

《九章算术》之后，中国的数学著述基本上采取两种方式：一是为《九章算术》作注；二是以《九章算术》为基础编纂新的著作。经过两汉社会经济和科学技术的大发展，到魏晋，中国封建社会进入一个新的阶段，庄园农奴制和门阀士族占据了经济政治舞台的中心。思想文化领域中，儒家的统治地位被削弱，谶纬迷信和烦琐的经学退出历史舞台，代之以谈三玄——《周易》《老子》《庄子》为主的辩难之风。学者们通过析理，探讨思维规律，思想界出现了战国的百家争鸣以来所未有过的生动局面。与此相适应，数学家重视理论研究，力图把自先秦到两汉积累起来的数学知识建立在必然的可靠的基础之上。刘徽和他的《九章算术注》便是这个时代造就的最伟大的数学家和最杰出的数学著作。

隋唐是中国封建社会经济政治文化的鼎盛时期。其统治者在国子监设算学馆，置算学博士、助教指导学生学习。唐李淳风等奉敕于显庆元年（656年）为《周髀算经》《九章算术》《海岛算经》《孙子算经》《夏侯阳算经》《缀术》《张丘建算经》《五曹算经》《五经算术》《缉古算经》十部算经作注，作为算学馆教材，这就是著名的"算经十书"，其是中国古代数学奠基时期的总结。

四、继承与发展

经过盛唐的大发展，唐中叶之后，生产关系和社会各方面逐渐产生新的实质性变革，到10世纪下半叶，赵匡胤建立宋朝，统一中国，中国封建社会进入了另一个新的阶段，土地所有制以国有为主变为私有为主，租佃农民取代了魏唐的具有农奴身份的部曲、徒附。农业、手工业、商业和科学技术得到更大发展。中国古代四大发明之一印刷术得到广泛应用。数学著作借助印刷术得以空前广泛地流传，对传播普及数学知识，其意义尤为深远。

随着商业贸易的蓬勃发展，人们改进筹算乘除法。大科学家沈括（1031年—1095年）在《梦溪笔谈》中首创隙积术，开高阶等差级数求和问题之先河，又提出会圆术，首次提出求弓形弧长的近似公式。

1279年元灭南宋，占领中国。13世纪中叶至14世纪初，是宋元数学高潮的集中体现，也是中国历史上留下重要数学著作最多的半个世纪，并形成了南宋统治下的长江中下游与金元统治下的太行山两侧两个数学中心。

南方中心以秦九韶、杨辉为代表，以高次方程数值解法、同余式解法及改进乘除捷算法的研究为主。北方中心则以李冶为代表，以列高次方程的天元术及其解法为主。元统一中国后的朱世杰，则集南北两个数学中心之大成，达到了当时中国筹算的最高水平。

五、艰难与复兴

16世纪末，利玛窦等欧洲传教士来华，与徐光启等一起翻译《几何原本》等著作。后来，传教士们又引入了三角学、对数等西方初等数学，从此，中国数学开始了中西融会贯通的阶段。

1723年，雍正帝即位，认为传教士不利于自己的统治，除少数供职于钦天监者外，将传教士悉数转移到澳门。此后，西学的传入遂告一段落，中国数学家一方面消化前此传入的数学知识，一方面忙于整理中国古典数学著作。1773年乾隆帝决定修《四库全书》，从此掀起了乾嘉时期（1736年—1820年）研究整理中国古典数学的热潮。

18世纪初，法人杜德美（1668年—1720年）传入牛顿、格雷果里创造的三个三角函数的级数展开式。后来，三角函数和对数函数展开式的研究成为中国数学家的重要课题。1840年，列强用大炮轰开了清朝闭关自守的大门，中国逐渐沦为半封建半殖民地社会。西方数学以前所未有的规模大量传入。1852年李善兰（1811年—1882年）作为中国现代数学研究第一人与英国传教士伟烈亚力（1815年—1887年）合译《几何原本》《代数学》《代微积拾级》等许多西方数学著作。然时处清末，经济衰落，社会动荡，有志于研究现代数学的人没有与现代工程技术结合的条件，而士大夫阶层中更多的人抱有对西学的偏见，不求甚解。此后不久，尤其是维新变法和新文化运动之后，中国古代数学传统基本中断，中国数学研究纳入了统一的现代数学。

中国古代数学最明显的特点是解决的往往是生活中实际遇到的问题；偏重问题本身的求解，而非一些抽象的概念；往往列出明确的程序化的算法，来告诉你如何一步一步做下去。比方说计算物体的体积或面积，通过书中介绍的方法，即使是没有相关几何学背景，只学过简单算术的人也可以一步一步计算出相应的结果。而西方古代数学的方法和思路与中国古代数学有着非常明显的差别。古希腊的数学主要遵循的是公理定理的证明体系：给出若干抽象的数学公理，然后通过推理一步一步推出各种定理。这套基于公理的推理体系有着高度的严谨性，为近代数学的繁荣发展提供了强有力的支持，当今世界的主流数学主体上继承的也是西方的推理体系。近几十年来，特别是随着计算机技术的发展，算术算法体系的优点被越来越多地发现，其被承认的范围也越来越广，认可的人也越来越多。21世纪是中国数学复兴的世纪，人们期待，在下个世纪中国将重新取得数学大国的地位。

经典领航

《周髀算经》(节选)[1]

　　昔者周公问于商高曰:"窃闻乎大夫善数也,请问古者包牺立周天历度——夫天不可阶而升地,不可将尺寸而度,请问数从安出?"商高曰:"数之法出于圆方,圆出于方,方出于矩[2],矩出于九九八十一。故折矩,以为勾广三,股修四,径隅五。既方之,外半其一矩[3],环而共盘,得成三四五。两矩共长[4]二十有五,是谓积矩。故禹之所以治天下者,此数之所生也。"

【注释】

　　1. 节选自《周髀算经》卷一。

　　2. 矩:又称曲尺,L形的木匠工具,由长短两根木条组成的直角。古代"矩"指L形曲尺,"矩形"才是"矩"衍生的长方形。

　　3. 既方之,外半其一矩:此句有争议。清代《四库全书》定为"既方其外半之一矩",而之前版本多为"既方之外半其一矩"。经陈良佐、李国伟、李继闵、曲安京等学者研究,"既方之,外半其一矩"更符合逻辑。

　　4. 长:指的是面积。古代对不同维度的量纲进行比较,并没有发明新的术语,而统称"长"。赵爽注称:"两矩者,勾股各自乘之实。共长者,并实之数。"

【解读】

　　《周髀算经》原名《周髀》,算经的十书之一,是古老的天文学和数学著作,主要阐明当时的盖天说和四分历法。唐初规定它为国子监明算科的教材之一,故改名《周髀算经》。《周髀算经》不仅证明了勾股定理,还采用最简便可行的方法确定天文历法,揭示日月星辰的运行规律,囊括四季更替、气候变化,包含南北有极、昼夜相推的道理,给后来者生活作息提供有力的保障,自此以后历代数学家、天文学家无不以《周髀算经》为参考,在此基础上不断创新和发展。

《齐民要术》(节选)

齐民者，若今言平民也，盖神农为未耜，以利天下。殷周之盛，《诗》《书》所述，要在安民，富而教之。晁错曰："圣王在上而民不冻不饥者，非能耕而食之，织而衣之，为开其资财之道也。夫寒之于衣，不待轻暖；饥之于食，不待甘旨。饥寒至身，不顾廉耻。一日不再食则饥，终岁不制衣则寒。夫腹饥不得食，体寒不得衣，慈母不能保其子，君亦安能以有民？"

皇甫隆为敦煌，敦煌俗不晓作耧犁，及种，人牛功力既费，而收谷更少，皇甫隆乃教作耧犁，所省佣力过半，得谷加五[1]。又，敦煌俗，妇女作裙，孪缩[2]如羊肠，用布一匹。隆又改之，所省复不赀[3]。黄霸为颍川，使邮亭、乡官皆畜鸡豚，以赡鳏寡、贫穷者；及务耕桑，节用，殖财，种树。鳏寡孤独有死无以葬者，乡部书言，霸具为区处[4]：某所大木，可以为棺；某亭豚子，可以祭。吏往，皆如言。

【注释】

1. 加五：增加五成。
2. 孪缩：褶皱。
3. 不赀：不计其数。
4. 区处：分别处理。

【解读】

《齐民要术》大约成书于北魏末年(533年—544年)，是北朝北魏时期中国农学家贾思勰所著的一部综合性农学著作，也是世界农学史上专著之一，是中国现存最早的一部完整的农书。全书10卷92篇，系统地总结了6世纪以前黄河中下游地区劳动人民农牧业生产经验、食品的加工与贮藏、野生植物的利用，以及治荒的方法，详细介绍了季节、气候，和不同土壤与不同农作物的关系。

本文意思是：

《齐民要术》中"齐民"的意思就如同现在我们说的"平民"。当初神农氏制作未、耜这两种农具，来使天下人受益。殷周二朝强盛的时候，《诗经》和《尚书》记述的内容，关键在于安定人民，人民富足后再来教导人民。晁错说："圣明的君主在位而百姓不受冻不挨饿的原因，不是君王能亲自耕种使他们有饭吃，亲自织布使他们有衣穿，而是能为他们开辟增加财富的途径。寒冷时穿衣，不完全是为了轻便保暖；饥饿时吃饭，不见得只为求得甘甜的滋味。当饥饿寒冷降临到身上时，人民就不再顾及廉耻。一天不吃二顿饭就会饥饿，一年不置办衣物就会受寒。当肚中饥饿吃不到饭食，身上寒冷穿不上衣服时，连慈母也不能保全她的子女，国君又怎能拥有自己的人民呢？"

皇甫隆治理敦煌时，敦煌的风俗是人民不懂得用耧犁来耕作，等到种地时，人和牛花费了不少气力工夫，最后所收获的谷物却很少。皇甫隆于是教导人民制作耧犁，和以前的耕作方法比，所花力气不过一半，收获的谷物却增加了五成。另外，按敦煌的习俗，妇女做出的裙子，褶皱得像羊肠，使用布有一匹之多。皇甫隆又改进了制裙工艺，结果所节省的衣料不计其数。黄霸治理颍川，让邮亭、乡官都畜养鸡猪，来赡养鳏夫寡妇、生活贫穷窘困之人；同时从事耕田种桑，节约用度，增殖财富，种树。鳏夫寡妇这类无依无靠的人死后没有下葬的物品，乡官按常例报告给黄霸后，他便具体地一一分别处理，让手下记住：某某地有大树，可以做棺木；某某亭有猪仔，可以做祭祀用品。下吏去了一看，都和他所说的一模一样。

《本草纲目》（节选）[1]

纪[2]称望龙光，知古剑；觇宝气，辨明珠。故萍实商羊，非天明[3]莫洞。厥后博物称华[4]，辨字称康[5]，析宝玉称猗顿[6]，亦仅仅晨星耳。楚蕲阳李君东璧，一日过予，弇山园谒予，留饮数日。予窥其人，睟然貌也，癯然身也，津津然谈议也，真北斗以南一人。解其装，无长物，有《本草纲目》数十卷。谓予曰："时珍，荆楚鄙人也，幼多羸疾，质成钝椎，长耽典籍，若啖蔗饴。遂渔猎群书，搜罗百氏。凡子、史、经、传、声韵、农圃、医卜、星相、乐府诸家，稍有得处，辄著数言。古有《本草》一书，自炎皇及汉、梁、唐、宋，下迨国朝，注解群氏旧矣。第其中舛缪差讹遗漏，不可枚数，乃敢奋编摩之志，僭纂述之权。岁历三十稔，书考八百余家，稿凡三易。复者芟之，阙者缉之，讹者绳之。旧本一千五百一十八种，今增药三百七十四种，分为一十六部，著成五十二卷，虽非集成，亦粗大备，僭名曰《本草纲目》。愿乞一言，以托不朽。"予开卷细玩，每药标正名为纲，附释名为目，正始也。次以集解、辩疑、正误，详其土产形状也。次以气味、主治、附方，著其体用也。上自坟典[7]，下及传奇[8]，凡有相关，靡不备采。如入金谷之园，种色夺目；如登龙君之宫，宝藏悉陈；如对冰壶玉鉴，毛发可指数也。博而不繁，详而有要，综核究竟，直窥渊海。兹岂仅以医书观哉？实性理之精微，格物之《通典》，帝王之秘箓，臣民之重宝也。李君用心嘉惠何勤哉！噫，碔玉[9]莫剖，朱紫相倾[10]，弊也久矣。予方著《弇州卮言》，何幸睹兹集哉？兹集也，藏之深山石室无当，盍镵之，以共天下后世味《太玄》如子云[11]者。

时万历岁庚寅春上元日，弇州山人凤洲王世贞拜。

【注释】

1. 节选自《本草纲目·原序》。
2. 纪：古籍记录。
3. 天明：天才。
4. 华：西晋的张华，强记博识，广学多闻，著有《博物志》十卷。
5. 康：指魏晋名士嵇康，善认古字。
6. 猗顿：春秋时珠宝富豪，以识别宝玉著称。
7. 坟典：三坟、五典的并称，后转为古代典籍的通称。
8. 传奇：泛指各种文艺作品。

9.碔玉：似玉的美石。

10朱紫相倾：朱色和紫色相排斥。喻真假优劣相混。

11.《太玄》如子云：西汉学者扬雄(字子云)模仿《周易》作《太玄经》。

【解读】

《本草纲目》，药学著作，52卷，明朝李时珍撰，刊于1590年。全书共190多万字，载有药物1892种，收集医方11096个，绘制精美插图1160幅，分为16部、60类；是作者在继承和总结以前本草学成就的基础上，结合长期学习、采访所积累的大量药学知识，经过实践和钻研，历时数十年而编成的一部巨著。该书考证了过去本草学中的若干错误，综合了大量科学资料，提出了较科学的药物分类方法，融入先进的生物进化思想，反映了丰富的临床实践，是一部具有世界性影响的博物学著作。

《九章算术》(节选)[1]

唐朝议大夫行太史令上轻车都尉臣李淳风[2]等奉敕注释：方田[3]，以御[4]田畴界域。今有田广十五步，纵十六步。问：为田几何？答曰：一亩。又有田广十二步，纵十四步。问：为田几何？答曰：一百六十八步。

方田术曰：广纵步数相乘得积步。此积谓田幂。凡广纵相乘谓之幂。臣淳风等谨按：经云"广纵相乘得积步"，注云"广纵相乘谓之幂"，观斯注意，积幂义同。以理推之，固不当尔。何则？幂是四方单布之名，积乃众数聚居之称。循名责实，二者全殊。虽欲同之，窃恐不可。今以凡言幂者据广纵之一方；其言积者举众步之都数。经云相乘得积步，即是都数之明文。注云谓之为幂，全乖积步之本意。此注前云积为田幂，于理得通。复云谓之为幂，繁而不当。今者注释存善去非，略为科简[5]，遗诸后学。以亩法二百四十步除之，即亩数。百亩为一顷。臣淳风等谨按：此为篇端，故特举顷、亩二法。余数不复一言者，从此可知。一亩田，广十五步，纵而疏之，令为十五行，即每行广一步而纵十六步。又横而截之，令为十六行，即每行广一步而纵十五步。此即纵疏横截之步，各自为方。凡有二百四十步，为一亩之地，步数正同。以此言之，即广纵相乘得积步，验矣。二百四十步者，亩法也。百亩者，顷法也。故以除之，即得。

【注释】

1.节选自《九章算术》卷一"方田"篇。

2.李淳风：唐代天文学家、数学家，曾注释《九章算术》及刘徽注。在注释《九章算术》少广章开立圆术时，引用了祖暅提出的球体积的正确计算公式，介绍了球体积公式的理论基础，即"祖暅原理"。

3.方田：长方形的田。

4.御：治理。

5.料简：选择；拣择。

【解读】

　　《九章算术》是我国秦汉时期的一部综合性的历史著作，是当时世界上最简练有效的应用数学，又称《黄帝九章算法》或《九章算经》，是"算经十书"中最重要的一部数学著作。它对战国、秦汉时期我国劳动人民取得的数学知识进行了系统总结，反映的是中国先民在生产劳动、丈量土地和测量容积等实践活动中所创造的数学知识。它的出现标志着中国古代数学形成了完整的体系。

　　《九章算术》是一本问题集形式的书，含有上百个计算公式和246个应用问题，共分为9章，包括方田、粟米、衰（cuī）分、少广、商功、均输、盈不足、方程、勾股，是中国古代算法的基础，有完整的分数四则运算法则，比例和比例分配算法，若干面积、体积公式，开平方、开立方程序，方程术（线性方程组解法），正负数加减法则，解勾股弦公式和简单的测望问题算法。

湖湘学堂

湖南数学之领袖——丁取忠

清中后期是湖南人才辈出的鼎盛期，无外乎是官显政要、名流贤达，然而望城籍的丁取忠开创了长沙数学学派，以卓有成就的数学家之名独领风骚地走进了历史。《清史稿》《清史列传》《碑传集补》《湖南通志》《长沙市志》《望城县志》均为他立传。

丁取忠（1810年—1877年），字肃存，号果臣，一号云梧，1810年2月出生于长沙市望城区高塘岭白芙堂一寒素的书香之家，为父亲丁宏会第四子。丁取忠自幼读书"蹇涩不能上口，及其既熟，诵万言琅琅流，强记者不能敌也"。他两进长沙城南学院就读，在科举场上屡试不第，"皆为名诸生（秀才）以终其生"，最终官至候选训导。他在科场上有所失，却在科学研究和出版事业上作出了杰出贡献。

丁取忠少年时就"喜步算"，"每持筹凝思，寝食俱废"，"用心于众所不屑之地"。道光壬辰年（1832年），他正式"习算"。道光十七年（1837年），他入读城南书院，与邹汉勋（被《湖湘近现代文献家通考》列为文献家）和黄朗轩三人突破书院课业限制，共同钻研数学，"珠、笔、筹弗离于手，细草图说弗离于案，今有之分弗离于心"。道光二十四至二十五年（1844年—1845年）间，又与表弟李锡蕃一起"讲求勾股开方诸法，孜孜不倦，持牙筹、珠盘相推较，声丁丁然"，促成了李锡蕃写出《借根方勾股细草》。

咸丰元年（1851年），邹汉勋为之作序的《数学拾遗》出版，这是丁取忠在数学上首批面世的成果。1852年秋天，他整理出版了《舆地经纬度里表》一书，这是数学知识在地理方面的应用。1854年，丁取忠在长沙向大数学家徐有壬（时任湖南布政使）请教数学。1861年，他与数学大家、翰林院编修吴嘉善交，常"举生平疑义往返研究"。同治二年（1863年）夏，《白芙堂算书十七种》以活字版印行。同时表弟李锡蕃遗稿《借根方勾股细草》刊行。同治五年（1866年），丁取忠校正李善兰的《天算或问》一卷。同治九年（1870年），丁取忠游学广州，为亡友邹伯奇捐资刊刻《邹征君遗书》，他复加审校，于1873年印刷成书，该书在我国数学史和物理学史上都具有颇高地位。

1871年，丁取忠将主要精力转向刊刻算书，培育后进。他聚集了黄宗宪（得意门生）、左潜（左宗棠侄）、曾纪鸿（曾国藩子）、殷家俊和黄传祁等门生，在长沙城北隅古荷池精舍，从事数学图籍的整理校刊。他采用了以课题带科研，以发表促写作，以编辑助学习的办法，使湖湘数学界充满生气，迅速达到当时国内先进水平，被数学史家称为"长沙数学学派"，令国人刮目相看。

在数学方面，丁取忠重视数学理论，这是超越古代一些算家的。例如他认为"苟算理既明，则全书各式亦无不可涣然冰释"。他觉得数学方法具有内在联系，如发现李善兰与邹伯奇的对数新法"与西人近日所推之新法不谋而隐陷合符"。他评论旧算书的利弊，"喜其演数之详，复病其抉理之不显，则虽详如未详也"。他对西方数学也是有分析的。例如"对数一术乃西土所称为大道至简者"；"代数尤为古算书所无"；西法开方"隔位作点之法，人皆便之"，但与中国的天元术相比较，它不能解带从的方程，是一缺点。

同时他还注重数学的应用，反对为数学而数学。他的几本著作及地理数学、商业数学便是明证。这种应用目标表现为更高层次的"经世致用"思想。例如，他为魏源的《海国图志》加以数学计算，就反映着先进知识分子"睁开眼睛看世界"的积极行动。他"尤喜《格术补》一书"，因为这里面介绍了几何光学，用数学方法表述了反射镜、透镜、透镜组等成像规律，以及眼镜、望远镜、显微镜等光学仪器的基本原理，与"制造"之学联系更紧密。这是主张富国强兵的知识分子应具备的知识。

丁取忠注重循序渐进的观点："今算学之衰非不精深之患而不熟习之患。其高明者穷深极远为隐奥以相矜异，而其下者不能循途望进，望而生畏废然意阻。遂使所著之书流布环宇，虽有识者赏其佳妙，而习之不便于世用。"所以他们的《白芙堂算学丛书》首先注意浅近易晓，再在普及的基础上提高。这本著作是清末流传最广的一部传统数学著作集，打破了以往私家刻书只包括个人文集的模式，开启了出版大型数学丛书如《中西算学丛书》《古今算学丛书》的先河，并将眼光投向国外，体现"睁眼看世界"的时代特点。英国科技史专家李约瑟称丁取忠编著的《白芙堂算学丛书》为"著名的古代数学著作集"。

丁取忠"家法朴野，不好名"，遵守科学道德。例如《算书廿一种》吴嘉善嘱"印行必署名同述"，他却坚持"改归先生专名"，"不敢掠美"。《对数详解》曾纪鸿坚持要署丁取忠之名，他只好在序言中声明这主要是曾纪鸿的工作成果，"以示不没其实云"。他谦虚谨慎，知之为知之，不知为不知。如书中常见"其理较深、不敢卤莽付梓"等字样。

丁取忠并不是一个只知埋头读书的书呆子。他那种"猛勇精进"，办事果决，坚持到底的气概，以及长于交游，知人善任，充分调动成员积极性的组织能力，都是他能办成几件实事的基本条件。他作为一个科学工作的组织领导者的形象更超出他作为一位科学家的形象。在他的指导栽培下，左潜、曾纪鸿、黄宗宪等门生在数学领域均卓有成就，闻名于世。

因此在百多年前，丁取忠就被同时代人誉为"湖南数学之领袖""楚南绝学之倡导"。1983 年，日本编撰世界上第一部综合性科技史词典《科学技术史事典》，书中收录四位湖南籍科学家，丁取忠名列其中。美国学者乔纳森·波特在《中国近代早期科学》一文中将丁取忠列为世界科学界首要人物。

笃行致远

聚创新动力，筑科技强国——科技馆参观活动

日新月异的科技发展使悠远的古老传说塑形于"当代神话"，让独特的"中国式浪漫"薪火相传。行于科技之轨，步于创新之路。党的二十大报告指出"我们要坚持教育优先发展，科技自立自强，人才引领驱动"。让我们大力弘扬科学精神、传播科学知识、树立热爱科学、崇尚科学的社会风尚。在这个周末，带上你的小伙伴，去到湖南省科学技术馆，开启一场"浪漫"的科技之旅吧。

1. 活动形式

参观游览。

2. 活动地点

湖南省科学技术馆。

3. 活动组织

(1)前期准备：网上查阅湖南省科学技术馆相关信息，提前了解馆内各类科技主题。
(2)课题选择：
①"地壳探秘""宇航天地"；
②"生物万象""探索之光"；
③"智慧之光""机器人世界"；
④"设计师摇篮""信息时代"。
(3)活动进程：领取馆内导游图，分队开始参观活动，做好活动记录。
(4)总结提升：活动结束后，汇总各项活动数据，另行安排时间进行集中研讨，完善课题各项细节，形成较为完整的研究报告。

项目七

多彩生活

——中国传统生活真谛

生活千万种，世人皆不同。无论是帝王将相，还或山野樵夫，无论悠悠古夏，还或嚷嚷都市，生活都离不开衣、食、住、行四个方面。它们是创造文明的物质基础，是人类赖以生存的方面，也是一部人类文化发展史，体现着人类文明的发展、演变和变迁。在漫长的中华文明进程中，中国传统生活多姿多彩，彰显了独特的文化传统和形态。本章我们围绕衣、食、住、行四个方面，重点探讨传统生活中令当代人赞叹的古代服饰礼制、饮食文化、园林美学与阡陌交通。

【学习目标】

1. 理解自古而今生活的本质是衣、食、住、行。

2. 了解中华传统服饰礼制、饮食文化、园林美学与交通文化的历史发源，领会其背后的文化意蕴。

3. 感受中华民族悠久的历史，理解交融渗透的雅俗文化。

4. 能结合雅俗文化之辩，思考中国古典生活美学的继承与发扬。

5. 增强对生活美学的认同感和保护传统文化的使命感。

文化通识

　　历史的长河奔腾向前，中华文明滋养下人们生活的衣、食、住、行历数千载演进，与以中国为代表的东方美学相交，演变成源远流长的中国优秀传统文化一脉。在这座鲜妍秀丽，妩媚多姿的大观园里，服饰礼制、饮食文化、园林美学、阡陌交通傲然盛放，它们既是一个特殊时代人们生活的缩影，更是民族精神和文化意蕴的高度浓缩，无不体现着中华民族的生活美学，在雅俗交融中写下不朽传奇。

衣冠上国：服饰礼制

　　《旧唐书》中李世民有云："以铜为镜，可以正衣冠。"衣冠，自古以来，就与我们每个人息息相关，除了作为御寒遮羞之外，在传统社会中还具备特殊的象征意义。今天，我们所说的汉服，全称为"汉民族传统服饰"，是指从黄帝时期到明末清初时期（17 世纪中叶），在汉族主要居住区，人们的有独特风格的服装和配饰体系。经过千年的发展与积累，汉服从款式、配饰到色彩、服制，再到制作工艺，都蕴含着深厚的民族文化内涵，见证了中国历史发展中各种社会要素的发展与变迁。

一、汉服及其历史演变

　　汉服起源于黄帝时期，据《史记》记载："黄帝之妻养蚕取丝，并以做衣裳。"经过漫长的发展，到了夏商时期，初步建立了一套冠服制度，体现为服装基本统一为上衣下裳制，上衣没有扣子，在腰部两侧有很宽的腰带，下裳遮住膝盖。到了周朝，冠服制度趋于完善，汉服基本定型，并逐步显现出交领、右衽、系带等基本特征。春秋战国时期，受到当时社会环境影响，汉服融合了其他民族服饰的元素，主要表现为深衣和胡服。

　　秦汉时期的服饰仍然以深衣为主，但也有了一定的发展，分为曲裾和直裾两种。到了汉朝，服饰已经形成了一个比较完善的体系，整体上呈现出凝重、典雅之感。

　　魏晋时期，服饰以宽松舒适为主，袖口肥大，不受束缚，开放自由的社会风气外显在服饰上，使得这一时期的服饰有了潇洒飘逸之感。

　　到了隋唐时期，国家统一，经济发展，服饰的形制变得更加开放。自魏晋以来各民族的不断融合，至唐代，又有回纥、吐蕃、南绍等使者带来各地的文化，汉服在这个时期样式繁多，配饰精美，加以考究的质料，精湛的染织技术，饱满鲜明的色彩，呈现出雍容大方、华丽典雅的气质。宋代在政治上虽然比较民主开放，但是在思想上受到了程朱理学等因素的影响，这一时期的服饰崇尚简朴、严谨、含蓄，虽大致承袭了隋唐时期服饰的形制，但也出现了一些新的变化：如在圆领袍基础上加了褙子。除此之外，宋制服饰符合汉服的基本形制，如交领右衽、中缝、绳系、平面裁剪等。

元朝时期是汉服发展的一个特殊时期，蒙古族入主中原以后，并没有将汉族人的服饰废弃掉，而是将其与蒙古族服饰的特点相互融合，从而产生了一种新的形制——"质孙衣"，上衣连下裳，上紧下短，并在腰间加襞积，肩背挂大珠。

明朝建立不久后，就力图消除蒙古族对汉族服饰的影响，旨在恢复隋唐时期服饰的形制。明朝时期棉布得到普及，普通百姓衣着材料有所改善，而服装基本承袭了传统服饰样式，并且品种十分丰富。此时期一般人所戴的帽，除了过去流传下来的，朱元璋又亲自制定了两种，颁行全国，士庶通用，即六合一统帽和四方平定巾。到了清朝，统治权落入满族人手中，统治者推行满族服饰，汉服开始出现断层。

二、汉服中的文化符号呈现及其内涵

从黄帝时期到明朝末期，汉服经历了四千多年的演化与发展，它早已不仅仅是有形的物质服装本身，从制式、工艺、形制再到穿到人们身上作为一种等级、身份的象征，它集合了历朝历代人们的思想与智慧，它与每个时代的政治主张、经济状况、文化因素、社会风俗等因素都息息相关。人们将一些观念、思想及意识形态等各种抽象的观念物化在有形的服饰之中，并通过形制、色彩、图案等表现出来，这就使得汉服及其构成元素成了一种文化符号。

（一）汉服的特殊形制文化解读

形制是最能体现汉服文化内涵的部分，汉服的形制主要分为两种：上衣下裳制和深衣制。

1.上衣下裳制

上衣下裳是指衣、裳上下分离，它们象征着天地两极，体现了古人"敬天礼地"和"天人合一"的哲学思想。其中上衣又采用"交领右衽""宽袍大袖"的制式：交领象征地道方正，而右衽则表现出"以右为尊"的传统观念，"左"与"右"在古人看来是尊卑等级的体现；汉服的衣袖以"袖宽且长"为美，袖口象征着天道圆润，大袖蕴含着属于东方的生活哲学，体现了潇洒大气、无拘无束的东方审美特点。

2.深衣制

深衣是指衣裳相连，形成长衫。深衣体现了包容万物、襟怀坦荡的传统美德。据黄宗羲《深衣考》记载，上衣与下裳布料的使用为"衣二幅，屈其中为四幅……裳六幅，破为十二"。上衣用布四幅，代表一年四季，下裳用布十二片，代表一年中的十二个月。同时汉服采用隐扣系带的形式，隐扣或者无扣的设计是因为古人顺天道，成人意，不加以改变，是对天与地的一种敬畏。

从汉服的形制上来看，其所体现出的是古人对自然的敬畏，遵循自然法则，顺应天道。除衣裳制与深衣制度外，还有袍服制与襦裙制，袍服制其实就是把上衣加长，而襦裙制则是把上衣缩短，分别向不同的方向发展出上衣下裳的各种变形。

（二）汉服的色彩文化解读

色彩是服饰必不可少的一种元素，对于汉服而言，色彩的搭配不仅体现审美，同时隐藏着丰富的礼制文化。

随着经济社会的发展，服饰色彩变得越来越丰富，"五行"思想观念对于汉服的色彩搭配也产生了深远的影响。在古人五行的哲学思想中，上衣代表天，天为清轻之气上升而成，所以颜色纯正单一；下裳代表地，大地则是由浊重之气下沉而成，所以颜色多为间色。而东方谓之青，南方谓之赤，西方谓之白，北方谓之黑，因此青、赤、白、黑、黄被视作正色，为上衣色彩。由正色糅合而成的其他色彩则为间色，包括绿、紫、碧等，主要用于下裳。

同时，由于封建等级制度的根深蒂固，汉服的色彩还用来区分等级尊卑。比如，古人遵循"天地玄黄"之道，认为君权神授，自隋唐始便将黄色作为至高无上的皇权色彩，为帝王家族专用。达官贵族服饰多以红色、紫色为主。在唐代，对服饰的色彩有更为具体的规定，即"庶民为黑，车夫为红，丧服为白，轿夫为黄，厨人为绿，官奴、农人为青等"，通过人们所着服饰的色彩直观地区分人们的社会地位和身份尊卑。

（三）汉服的图案设置文化解读

汉服通过各式图案对大众形成感官刺激，约束人们的言行，同时也是一种美好的象征，带给个人乃至整个民族力量与勇气，向着美好生活迈进。从这些图案中，我们可以感受到汉服节奏的韵律感，它其中蕴含的想象和活力，不只给人以美的享受，更能让人从中领略到深层次的民族传统文化的内核。

汉服中的图案元素大多借鉴自然，经过古人的思考与锤炼，结合传统的工艺，如印染、刺绣等，最终成为汉服中必不可少的元素。人们对服饰美的要求便越来越高，其图案纹样的使用纷繁多样，主要可分为动植物纹样、天文现象纹样、几何纹样等。

1.动植物纹样

动植物图案为汉代人们很喜爱的服饰纹样。麒麟纹、龙凤纹、虎纹、狮纹等兽类纹样常见于丝织物上，其中以龙凤图案最为多见，此图案代表着喜庆、吉祥，是人们心中美好意愿的象征。此外，还有牡丹纹、茱萸纹等，这种植物纹样受当时绘画特色影响较深，多富丽堂皇、多彩绚丽。

如中华民族被称为"龙的传人"，龙是中华民族的图腾。这种对龙的崇拜表现在服饰上，即只有拥有至高无上权力的人才能够身着龙图案的服饰，服饰中的图案贴合人们的审美，也成为了神圣与权力的象征。

2.天文现象纹样

天文现象纹样最为典型的就是在服饰上出现的日、月、星、雪花等题材，如在蜀锦中出现的水纹，云锦上采用的云气纹等。其中，云气纹最为盛行，它是汉代染织工艺中一种主要的装饰纹样，表现为线条的舒卷起伏。

云气纹是汉服中的一个传统的花纹图案，它是一种用流畅的圆涡形线条组成的花纹，它的寓意是高升和如意，其产生的根本原因是汉民族对自然的崇拜和对神的崇拜。

长沙马王堆汉墓出土的帛画中所绘形象，身着的衣服图案是 S 形云纹，这种 S 形图案线条舒展流畅，动感强，具有左右上下互相呼应、回旋的生动的特点。其线条粗细搭配、大小穿插，在对比统一的图案形式美的法则中，有了新的创造。

3.几何纹样

汉服中经常出现的几何纹样主要有菱形、六角形、回纹型等。还有的服饰纹样用几何图形作为地纹，中间用多种自然纹样辅饰，让几何图案变得更加丰富多样。

几何纹样中，双菱纹是最为流行的纹样。它是由一个大的菱形两角辅以小菱形构成，由于类似耳杯的形状，所以又称为杯纹。

汉服中还有很多类似的代表美好寓意的花纹图案，在传统的思想上我们总是会认为，与一些象征美好的事物朝夕相处，那么我们的未来总会有幸运降临。那些承载着美好和希望的图案，被缝制在我们日常的服饰中，此时的服饰便成为一种寄托，一种信仰。

汉服历经了几千年的发展与演变，是中国历朝历代古人思想的结晶，作为一种文化符号具有独特的历史价值、文化价值和审美价值，而这些价值都深深地植根于中华优秀传统文化之中。不但能够为现代审美提供民族特色元素，同时又能够促进中华优秀传统文化的传承与发展，提高民族文化软实力和文化自信，同时它还充当了传播中华文化，促进中华文化走出去的媒介，为中华文化走向世界提供了平台与机遇。

民食为天：饮食茶酒

中国食文化有着悠久厚重的历史背景、多种多样的饮食风俗和雅俗共赏的文化品位，宛如横亘天穹的七色彩虹，令世人惊叹。从茹毛饮血到美馔佳肴，从具有"北方大汉"般雍容豪气的京鲁菜系到蕴含"江南才女"般清丽淡雅风格的苏菜，从极富乡土气息如"淳朴山民"的川菜到透着异域风情如"翩翩少年"的粤菜，国人在享受着大自然赐予的丰富资源，同时将中国饮食文化这一民族性的人文景观演绎得多姿多彩，成为一道道亮丽的风景线。

一、舌尖风华：食文化

食物，对于中国人的意义远远超出了"吃"本身。它潜在的审美文化因素十分丰富，使得中国美学思想不仅可以直接从饮食中产生，也可以建立在这种生活艺术基础之上。

（一）菜名背后的文化内涵

中国人向来讲究名正言顺，所以给菜的取名也很有规矩。先秦时，菜名原始简单，将原料与烹法之名相结合即可，比如"牛炙""羊炙""猪炙"等。到了汉代，依然承袭先秦格式，主料加烹法，一看便知什么菜。少数菜名中出现了辅料，如"牛白羹""犬肝炙""鹿脯"等。魏晋南北朝时期更为规范了，由《齐民要术》上所列的"酸羹""鸡羹""蒸鸡"等便可见一斑。隋唐时期不但色、味、形，连人名、地名、容器名，以及带有个人感情色彩的形容词都用来做菜名了，如唐韦巨源的《烧尾宴食单》中，有"光明虾炙""贵妃红""长生粥"等。宋代菜肴的命名回归质朴，元明清时期又有了一定发展。

综合几个时代的变迁来说，古代菜肴名称以实用为主，但随着人们对精神生活追求的提高，许多菜名背后都蕴含着丰富的文化内涵，耐人寻味。菜的命名方式主要有直接命名法和通过创始人、地名、熟语、历史典故、诗文等联想命名法，以求达到趋吉避讳、去俗求雅的目的。

如果将中国菜名进行大致归纳，可进行如下划分。

1. 祝贺型

在宫廷御膳中，常用一些吉祥的祝福字句来命名菜肴，以讨皇帝的喜欢，这在清宫御膳中表现得尤为突出。比较常见的菜名有"万年如意""洪福万年""江山万代""万寿无疆"等。在民间，也喜用暗喻祝贺或象征吉兆的菜名，如竹笋炒猪天梯，名为"步步高升"；发菜炖猪蹄，名为"发财到手"；等等。

2. 典故型

典故型菜名有丰富的历史典故，例如"宫保鸡丁""东坡肉""霸王别姬""五侯鲭""护国菜""佛跳墙""麻婆豆腐""清蒸武昌鱼"等，都有其典故来历。

文人与美食恰如才子与佳人一样，天生有着不解的姻缘。美食之于文人，自然不仅在于好吃，更在于能吃出门道，寄寓情思。

（1）东坡肉。苏东坡，大家都知道他是一个才华横溢的文学家，更是一枚地地道道的"吃货"。苏东坡在徐州当政之时，在一次抗洪救灾中他亲历一线，百姓感恩他的付出，纷纷杀猪宰羊送给苏东坡，苏东坡将这些猪肉做成红烧肉，回赠给百姓。这些红烧肉是用半肥半瘦的猪肉佐以配料焖制而成，上桌后它就像是整整齐齐的麻将块儿，鲜艳透红。由于红烧肉肉肥而不腻、酥香味美，当地人一致称它为"回赠肉"。后来苏东坡被贬黄州的时候，当地"黄州好猪肉，价贱如粪土"，他便亲自动手烹饪红烧肉并将经验写入《猪肉颂》中。再后来，苏东坡在杭州任太守，又将红烧肉的做法带到杭州，并在民间流行起来了，人们才亲切地称之为"东坡肉"。

（2）五柳鱼。四川名菜五柳鱼，唐宋以来早已闻名遐迩。公元760年，杜甫为躲避安史之乱，漂泊到四川，居住在成都郊外浣花溪畔的草堂。杜甫有一次写信诚邀朋友到他草堂小叙，亲自为朋烹制。他的做法并不复杂：把鱼去鳞开膛洗净后，鱼身横划数刀，然后将葱、姜、胡椒等调料抹在鱼身上，腌制约一小时，上笼蒸十五分钟左右；待鱼熟后，放入豆酱与调料炒熟，淀粉勾芡浇大火烧开，浇在鱼身上即成。朋友尝后，觉得此鱼酸、甜、辣味俱全，别有风味，问其名称，杜甫道："这鱼背上有五颜六色的丝，形如柳叶，干脆就叫'五柳鱼'吧。我们的先贤陶渊明，采菊东篱，弃官隐居，人称'五柳先生'，叫五柳鱼也可表我们对他的敬仰之情。"

（3）宫保鸡丁。宫保鸡丁是清朝封疆大吏丁宝桢发明的，身为贵州人的丁宝桢不仅喜欢吃辣，还很喜欢吃鸡和花生米。丁宝桢在山东当巡抚的时候，他指导家厨在鲁菜"酱爆鸡丁"的基础上，创造性地将鸡丁、红辣椒、花生米一起爆炒，这道菜就成了如今的美味菜肴宫保鸡丁。

（二）寄寓于饮食中的美学观念

中国的饮食在某种意义上寄寓了中国人的哲学思想、审美情趣、伦理观念和艺术理想。其内涵已超越了维持个体生命的物质手段这一表象，进入了一种超越生命哲学的艺术境界，成为科学、哲学和艺术相结合的一种文化现象。

一是表形色味。饮食是味觉和视觉的艺术，古人在味、色、形、器上下的功夫不少。

精味，是饮食的基本内涵，古人讲究五味调和，酸、甜、苦、辣、咸，经过别具匠心的烹饪会使人食欲大增，美妙的味觉是更高层次的精神享受。

悦目，与味道同等重要。中国菜肴非常注重色彩效果，讲究色彩搭配，"先色夺人"，给人以快感。有的还用西瓜、冬瓜等食材雕刻出人物、花卉、虫鱼之形，或者用果品粘砌，造出色形俱佳的菜肴，就像一件件雕塑作品。有名的"山林鸾凤盘"，不是山水盆景，却胜似盆景，把吃变成了地道的艺术欣赏。

美器，古人云"美食不如美器"（《随园食单》）。中国饮食器具包括粗犷的彩陶、清雅的瓷器、庄重的铜器、秀逸的漆器、辉煌的金银器和亮丽的玻璃，本身就是具有不同韵味美的工艺品，更重要的还在于它的品质、形制、装饰与馔品组合的和谐之美，与菜肴融为一体的匹配之美。

二是烹饪调味，中和之美。中国食文化的审美观念可落脚为对"和"的追求。"和"是中国古代文化重要的审美范畴，其基本特征是追求天人合一、人人和同，然其最初亦源于中国的饮食文化。"调"与"鼎"是饮食中的专门术语。《说文解字》："鼎，调和五味之宝器也。"可见"和"最初源于饮食的调配，所以"和"表现在饮食中，主要便是"调"。饮食通常也称为"烹调"，所谓"烹"，只是做熟了，而要使饮食口味好，则全要靠"调"了。"调"可以说是中国饮食文化所特有的方法，历经"调"才得以有"和"。

在美学范畴，"和"的第一层境界，是协调人与自然的关系，再从天和推导出人和，然后努力去追求天人相合，进而达到相互融合。

饮食中的"和"，也表现出和合情感、整合社会人际关系。因此中国饮食往往会注意到饮食者的生理、心理及饮食者之间的融洽，要讲究天时、地利、人和。这种倾向，成为中国饮食文化最重要的哲学内涵和审美特征。

二、含英咀华：茶文化

茶，是文人墨客的雅物，是东方的智慧和神韵，它出自深山，吸天地造化之精华，山峦雾霭、明月清风，成就了它独特的魅力。茶文化，经人类的演绎，蕴含着自然和人工的和谐并存，天人合一。

（一）茶源与发展历史

中国是茶的故乡，茶的发现和利用，在中国已有四五千年的历史了。《神农本草经》记载："神农尝百草，日遇七十二毒，得荼（茶）而解之。"这是说茶被神农所发现，并用为药材，自此后，茶逐渐推广为药用。秦汉以前，四川一带已盛行饮茶。西汉时，茶成为贡品传到京城长安，甚至于将茶的产地县命名为"茶陵"，即湖南的茶陵。魏晋南北朝已盛行饮茶之风。隋朝，全民普遍饮茶。

至唐，茶业昌盛，茶叶成为"人家不可一日无"的必备品，出现茶馆、茶宴、茶会。公元780年，陆羽著《茶经》，是唐代茶文化形成的标志。书中概括了茶的自然知识和人文科学知识双重内容，探讨了饮茶艺术，同时把儒释道三家思想融入饮茶中，首创中国茶道精神。

宋朝，流行斗茶、贡茶和赐茶，茶文化走向兴盛。在文人群体中有专业品茶社团，佛教圣地有茶堂，宫廷中也设立了茶事机关。茶仪已成礼制，赐茶也成为皇帝笼络大臣、眷怀亲族、恩及外国使节的重要手段。民间斗茶风起，带来了采、制、烹、点的一系列变化。明清茶文化普及。明代不少文人雅士留有茶事的传世之作，如唐伯虎的《烹茶画卷》《品茶图》，文徵明的《惠山茶会记》《陆羽京茶图》《品茶图》等。《陆羽烹茶图》中茶类繁多，技艺超凡，茶具更是千姿百态。

中国茶历史悠久，或清或浓，似苦实甘，穿越时空，以其独特的魅力，突破地域和风俗的局限，远播到世界各地。2022年，中国传统制茶技艺及其相关习俗被联合国教科文组织列入"人类非物质文化遗产代表作名录"。

（二）茶俗

"茶"作为民俗礼仪的使者，千百年来为人们所重视。在那极具平民性的茶俗中，却凝聚着深厚的历史积淀，折射着中国淳厚的民风。以茶待客，是在有着数千年文明史的礼仪之邦的中国最普及、最具平民性的日常生活礼仪。客来宾至，清茶一杯，可以表敬意、洗风尘。茶与礼仪已紧密相连，密不可分。

1. 茶以养廉

东晋时，上层世族聚敛成风，朝堂士林之中弥漫着一股争奢斗侈的风气，而有识之士为了对抗这种不正之风，便提出了"养廉"之论，而茶则成为清廉俭朴的象征。而且茶具有提神的功效，清谈家认为以茶助兴可以使头脑长时间保持清醒，于是茶便成了文人们聚会时不可或缺的饮品。

2. 茶礼婚仪

茶在历代文人眼中，被视为"至性不移"的象征，用以寄寓高尚的爱情。"茶性最洁"表示爱情"冰清玉洁"；"茶不移本"表示爱情"坚贞不移"；茶树多籽象征子孙"绵延繁盛"；茶树四季常青寓意爱情"永世常青"。故世代流传民间男女订婚，要以茶为礼，男子向女子求婚的聘礼，称为"下茶""定茶"，而女方受聘茶礼，则称为"受茶"。"吃茶"，即成为合法婚姻。《红楼梦》中凤姐就曾对黛玉开玩笑："你都吃了我们家的茶，怎么还不给我们家做媳妇。"当然，"吃茶"也有其本来的意思，即喝茶。

3. 茶喻君子

历经数千年的演进，无数历代文人墨客以茶入诗，融入坎坷的人生际遇，深沉的思想感情，以及高远的人生追求，表达对理想人格的向往、入世救世的志向，追求茶性与人性融于一体的崇高精神境界。

中国古代文人创作时最擅长以物喻人、托物言志，苏轼在他的茶诗之中经常将茶喻为佳人、君子，在《次韵曹辅寄壑源试焙新茶》中苏轼写道："要知冰雪心肠好，不是膏油首面新。戏作小诗君一笑，从来佳茗似佳人。"与佳人相对应的就是君子，茶性亦具有君子自强不息、不卑不亢的一面。

4. 茶以同俗

俗话说"千里不同风，百里不同俗"。我国是一个多民族的国家，共有56个民族，由于所处地理环境和历史文化的不同，以及生活风俗的各异，每个民族的饮茶风俗也各不相同。不过把饮茶看作是健身的饮料、纯洁的化身、友谊的桥梁、团结的纽带，在这一点上又是共同的。如维吾尔族饮奶茶、奶皮茶、清茶、香茶、甜茶、炒面茶，白族饮三道茶、烤茶、雷响茶，土家族饮擂茶、油茶汤、打油茶等。

三、琥珀琼浆：酒文化

酒不是生活的必需品，但其地位、价值无可替代。《礼记》有言"酒食所以合欢也"。合欢者，亲合，欢乐之谓也。在中国，"饮"与"食"同样具有极强的亲合力，把这一亲合力用之于人际交往，就形成了一种社会文化。

酒作为中国人追求个性自由的基本需求的替代物，与政治、军事、皇权社稷、世俗人情、悲欢离合、亲疏远近、喜怒哀乐、性情风度等有着密切联系。可以说，中国酒文化是一种地地道道的社会文化，尤其是自晋代以来，酒文化的社会化程度越来越高，精神价值也越来越大。例如，交朋友先要起喝上二两，拜把子换帖时更要相互举杯盟誓，以至歃血为盟。婚礼的筵席称"喜酒"，祝捷宴称"庆功酒"，孩子满月办"满月酒"。此外，端午要喝雄黄酒，重阳要喝重阳酒，敬神祭祖凭吊都要奠酒。由此可见，酒是人们用来表达感情、寄托理想、增进友谊、扩大交往、维持心理平衡、调节人际关系的佳品。可以说酒见证了中华文明的发展史，在酒中，孕育了丰富的中华民族精神。

（一）酒的政治文化

现代人谈到的酒文化更多是饮食文化中的酒文化。其实，在古代，很长一段时间内，酒文化与饮食文化并没有关系。在远古时代，酒属于奢侈品，用于祭祀、庆典、战争等隆重场合，被誉为通神之物，属于"圣液"，与国家大事紧密相连。作为超自然之物，酒一开始是给祖先、神仙享用的。周公颁布的《酒诰》明确指出，造酒的目的并非供人们饮用，而是祭祀天地神灵和列祖列宗，严厉禁止酒会、宴饮，违令者处死。酒因其稀缺性与神秘性，为各种仪式做点缀，用庄严与宏大的场面诠释政治统治的合法性。

古代诸如殷朝的因酒招灾，北宋赵匡胤的借酒夺权，明朝朱元璋的借酒消患，南朝刘义隆的以酒解仇，汉相陈平的以酒保全自身，竹林七贤的以酒避祸，鸿门宴的以酒为政治斗争工具，李白、杜甫等的以酒为抨击时弊的媒介，三国时刘备、北魏拓跋焘、明末李自成等的以酒为笼络人心的手段，大多使酒被贴上了政治的标签，如同社会发展到一定阶段必须出现政治一样，酒的社会化就必然导致酒的政治化。古代把饮酒当成天子诸侯的专利，并制定详尽的饮酒规定，实质上都带有极强的政治目的。

酒文化作为一种政治文化，事例不胜枚举。如皇帝赐御酒犒赏出征将士以激励他们英勇作战，赐酒食给文官以鼓励他们秉公勤政，以及以酒食款待异国使节以敦促两国修好。

(二)酒的艺术文化

几千年的酿酒与饮酒形成了源远流长的中国酒文化，而美酒与美诗、美书、美画如胶似漆，融于一体，创造了中国诗词与酒、书画与酒的艺术文化。

1.诗词中的酒文化

诗抒情，酒畅怀，诗酒结缘千古来。酒与诗自古就有不解之缘，一部中国的诗歌史就是一部精彩的酒文化史。

《诗经》是我国最早的一部诗歌总集，我们从中闻到浓烈的酒香。上古的不说，魏晋"酣饮赋诗"的陶渊明，篇篇有酒，"欢然酌春酒，摘我园中蔬"这样的诗句，陶诗里可随手拈来。盛唐气象更是创造出唐人特有的诗酒浪漫情调，使酒文化在这座古代诗歌的巅峰上，流溢出醉人的馨香。唐代以来，诗冠文海的豪客们都是"海量"。推杯换盏，酒酣耳热之际，撷一缕清风，踏一片白云，诗兴大发。诗中有酒，酒中有诗，酒诗是大千世界人生百态的缩影，更是文人雅士内心欢乐与忧伤的独白。

除开情感挥洒与抒发，我国古代文人雅士饮酒，也很讲究饮人、饮地、饮候、饮趣、饮禁、饮阑。饮人，指共饮者应当是风度高雅、性情豪爽、直率坦诚的知己故交，所谓"酒逢知己千杯少"。饮地，指饮酒场所，以竹林、高阁、花下、画舫、幽馆、平畴、名山、荷亭等地为佳，所谓"醉翁行乐处，草木皆可敬"，正是"莫枕楼头风月，驻春亭上笙歌，留君一醉意如何?"饮候，指与饮酒相和谐的新春、清秋、雨霁、积雪、新月等时间季节，是最富有诗情画意的饮酒之时。相传唐伯虎每于晚凉之时，必邀知己至桃花坞相饮，已成佳话。饮趣，是指饮酒时联吟、清谈、焚香、传花、度曲等。陶渊明说："有待菊花家酿酒，与君一醉一陶然!"饮禁、饮阑，指酒之将尽，或相邀散步，或倚枕养神，或登高、垂钓。这些风尚雅兴，令人回味无穷。酒助诗兴，酝酿了无数优秀诗人的杰作，同时诗人们也以作品绚烂了丰富的中国酒文化。

2.书画中的酒文化

中国酒文化以道家哲学为源头，庄周主张物我合一，倡导"秉物而游"，追求绝对自由。在绘画和书法中，酒的参与对艺术家们创作传世佳作产生了巨大影响。因酒而获得艺术灵感与自由的记录与传奇数见不鲜。如"吴带当风"的画圣吴道子，作画前必酣饮大醉方可动笔，醉后为画，挥毫立就。"元四家"中的黄公望也是"酒不醉，不能画"。"书圣"王羲之，醉时挥毫而就"天下第一行书"《兰亭序》。醉僧怀素，酒醉泼墨，方留其神鬼皆惊的

《自叙帖》。"草圣"张旭"每大醉，呼叫狂走，乃下笔"，于是有其"挥毫落纸如云烟"的《古诗四帖》。青藤道人徐渭，胸怀奇才，酒后狂草《杜甫秋兴八首》，字形忽大忽小，笔画忽粗忽细，笔触忽干忽湿，对比悬殊之大，一反常态，如"寡妇之夜哭，羁人之寒起""偶尔幽峭，鬼语秋坟"。由此可见，中国酒文化与书画有着不解之缘，这些传世作品，因渗透着真情实感及不可复制性而具有很高艺术价值和历史价值。

诗意栖居：园林之美

园林作为中国古代建筑艺术的重要组成部分，是中国传统文化的重要载体之一。中国园林建筑历史悠久，在世界园林史上享有盛名。古代园林不仅是皇家宫廷的象征，更是富有社会意义和文化内涵的建筑形式。以山水为主的中国园林风格独特，其布局灵活多变，将人工美与自然美融为一体，形成巧夺天工的奇异效果。这些园林建筑源于自然而高于自然，隐建筑物于山水之中，将自然美提升到更高的境界。

一、园林的历史发展演变

《牡丹亭》一折《惊梦》中唱道："不到园林，怎知春色如许。"何为园林？童寯先生在《江南园林志》中定义："园林的布局虽变幻无穷，但要素都包含在'園'字之中：最外面的'口'是围墙；'土'则形似屋宇平面，可代表亭榭；中间的'口'居中为池；其下字形则似石似树。"中国园林里的花草树木、亭台楼阁、琳琅门窗、奇石异景、假山池塘，无一不寄寓着建造者们的精神追求的艺术。

中国园林艺术萌发于商周，成熟于唐宋，发达于明清。历史上最大的一座皇家园林，当属汉武帝的上林苑。其雄伟壮丽，可从司马相如所作《上林赋》窥见一二。"左苍梧，右西极；丹水更其南，紫渊径其北。终始灞浐，出入泾渭；酆镐潦潏，纡徐委蛇，经营乎其内。荡荡乎八川分流，相背而异态。东西南北，驰骛往来，出乎椒丘之阙，行乎洲淤之浦，经乎桂林之中，过乎泱漭之野。"这时候的园林，功能多种多样，有果园、蔬圃、养鱼场，专供食物，还兼具狩猎、游憩、娱乐、军事训练。

魏晋南北朝至唐宋时期，受文化、思想潮流的影响，园林"美"的价值渐渐大于"实用"价值。家园林兴起，园林艺术逐渐融合了中国文人的文化性格，不仅可以宴饮游乐、赏花作诗，更能寄托情志，得享超尘之趣。

二、园林隐逸美学追求

中国园林艺术无论是命名、取景，还是造园手法，都透露着文人精神归宿中的隐逸思想，形成了"桃花溪""流杯亭"等一系列独特的意象，让士大夫在进退之间，皆从容有度，可谓"开门而出仕，则跬步市朝之上；闭门而归隐，则俯仰山林之下"。

（一）隐逸思想的含蓄彰显——命名

文人隐逸思想首先体现在园林和园内建筑的命名上，文人士大夫的隐逸之意往往写进了他们精心营构的园林名字中。例如，今日苏州园林中，网师园之"网师"，本是苏州人对渔翁的称呼，网师园在北宋时叫"鱼隐"，表明了园主人史正志的隐逸之意，清人宋宗元购得此园后沿用史氏"渔隐"之意，改为"网师"。类似的，"沧浪亭"，是表达江湖之情；"拙政园""耦园"等表达了田归之意。此外还有"招隐堂""小隐堂""桃园小隐""乐隐"等园，这些园林从园名上就可以体味出文人、士大夫们退而思政、隐而侍仕的隐逸情怀。

（二）隐逸之风的内在追求——自然之趣

文人园林内建筑少而简朴，不尚奢华。王公贵族大官僚的私家园林中，建筑动辄"馆宇崇丽""穷极工巧""穷乎美丽"，规模与豪华直逼皇家园林。文人园林则不同，士大夫常常把对自然山水的回忆也带回了园林，以山水、植物的自然形态为主，少有加工，建筑物追求与周围自然景观融为一体，朴素自然。超然、淡泊的意境是士人追求的目标。

（三）隐逸文化的具体体现——造园手法

中国园林广泛采用"先藏后露，欲扬先抑"的艺术手法。园内用建筑、花木、围墙，假山来阻隔视线，同时又用曲廊、曲桥、曲径、漏窗，使人在一个位置上总是只能看见一小部分景致，须经几番琢磨，才能体会其中的奥妙。这些隐逸情怀的内涵和手法大大丰富提高了中国园林的艺术感染力。例如拙政园的水池中，东面的岛山后面建的待霜亭藏而不露，与前面的雪香云蔚亭形成对比，颇有世外桃源之感。

清风明月本无价，近水远山皆有情。总而言之，其文化精神是儒释道兼得的精神寄托物，重在隐逸的"道"意。这个"道"意主要是道家的"自然之道"。从儒家的审美趣味来说，园林宜雅，雅而脱俗；从道家的审美趣味来说，园林宜清，清而出尘。两者结合，当得上"清雅"二字。"清雅"可以视为中国园林的基本品格，天人合一则成为中国园林的最高精神。

纵横阡陌：交通文化

衣、食、住、行中的行，即通常意义上的交通，是指人们有意识地进行人或物的空间移动，以此来实现两地之间的交流。"交通"一词最早出现于春秋战国时期。在这一时期，它包含的意义非常广泛，人们之间的交往、信息的传递、万物的生长都可称作"交通"。汉晋之后，"交通"多指人或物的空间流动，其含义已接近今义。

一、交通的发展演变

（一）交通的起源

原始社会时期是中国传统交通文化的萌芽时期。这一时期，人们依血缘关系生活在一起，以采集和狩猎为生，活动范围相当有限。为了生存和简单地交流，人们制造简易的交通工具来实现短距离的往来。为了跨越河流，人们制造了独木桥和梁桥，沿海地区的人们还利用水的特性实现了简单的漂航。独木舟、车子的出现为后世交通工具的发展奠定了基础。

夏商周时期农业、商业、科技、文化都得到了较大的发展，各民族通过不断的融合与交往，促进了交通区域的扩大。夏商王朝不断西进与周朝的东进、南下最终使中国古代的道路遍布全境，道路设施得以建立，道路沟渠得以开通，交通工具得以改进。最为人称道的是人工运河的开凿，促进了水上交通的发展。交通工具木板船、独辀车的发明，以及马、牛等牲畜的利用，使人们实现了远距离交流，在军事、商业、农业的发展中起到了重要作用。在道路制度方面，作传递消息、提供住宿之用的邮传制度，以及作通关证明之用的符传制度已经初步形成。

（二）交通的发展

秦汉是中国历史上第一个大一统时期，出现了以都城为中心并向四面辐射的交通网络，推动了许多著名的内地都会及沿海港口等重要交通枢纽的出现。这一时期修筑了许多令后世赞叹的伟大工程，如西南地区子午道、褒斜道的修筑，以及沟通长江与珠江的灵渠。在域外，张骞出使西域开辟了西域丝绸之路，徐闻—合浦南海道的开辟标志着海上丝绸之路的形成，再加上北方草原毛皮之路及西南丝绸之路的开通，中国已经与朝鲜、日本、印度、罗马等地建立了密切的联系。秦汉借丝绸贸易在世界贸易史上占据了一席之地，促进了东西方文明的传播与交流。这一时期，车辆和船舶制作有了突破性的进展，双辕车成为主要车辆类型。汉代楼船、橹及船尾舵的出现，使人们能够进行大规模的水上战争，为远距离的海上航行提供了基础。秦统一六国以后，令"车同轨"，无论是车辆制作还是驰道的修筑，都有了统一的标准，确立了男女异路、贱避贵等交通规则。

魏晋南北朝时期各个民族、各方政权的分裂与割据造成了交通的障碍或不便，同时，各民族的交流与融合又为中华文明的发展增添了新鲜血液。这一时期，由于政治的混乱与腐朽，人们更加注重内心的精神生活。追求独立、崇无轻有、重审美轻实用这一时代特点体现在交通工具方面，是人们不再追求实用性更强的马车，更加舒适的牛车成为主要的畜力车，在车的装饰上也更加追求奢华。肩舆也于这一时期兴起，迎合了当时显贵们养尊处优、寄情山水的特点。

（三）交通的成熟

隋唐五代时期形成了以唐朝为中心的"东亚文化圈"，以及国内更加严密的交通路线，促进了邮驿制度、交通工具、交通设施的发展，以及交通习俗的定型和域外交通的昌盛。在国内，以长安和洛阳为中心的陆上交通线四通八达，各州郡之间、各县之间都修筑起了大道，这些道路层层连接，形成了稠密的交通网络，出现了越来越多的经济大都会，如扬州、广州、荆州等。它们迅速成为重要的交通枢纽，承载着沟通南北的重任。这一时期最为人称道的是隋唐大运河的开凿，它是应南北交流的需求，在隋唐强盛国力的支撑下开凿的令世人惊叹的伟大工程。

在邮驿方面，邮驿机构开始兼有馆舍的性质，专供贵人使用。在交通工具方面，车的形制增加，肩舆的使用更为普遍，船舶制造技术也有了很大的突破。总体来说，向着更加方便、更加舒适的方向发展。交通制度更加成熟、更加细化，政府对于人们的行船、闹市走车马、出入关津都以法律的形式作了严格的规定。另外，唐朝还颁布了《仪制令》，这是中国最早的关于交通礼仪的规范。在交通习俗方面，畏远行及饯别、折柳、送行、软脚等拜别程式开始盛行并固定下来，成为中国传统交通文化重要的组成部分。在域外交通方面，丝绸之路全面繁荣。唐朝时期大漠南北统一，北方草原毛皮之路达到兴盛阶段；在海上丝绸之路方面，唐朝可以越过印度半岛直达阿拉伯海和波斯湾，而且首次到达了红海和非洲，实现了东西方文明的直接对接，也促进了中亚、西亚等地经济、文化的发展。另外，由于唐朝交通发达，朝鲜、日本与中国往来频繁，他们在吸收中国先进文明的基础上迎来了本国的大发展时期。

宋元时期，总体面貌经过汉唐的发展出现了较大的变化。在域外交通方面，陆路交通呈萎缩之势，海上交通全面繁荣，开辟了直接横渡印度洋的航线，在这条贸易航线上，除了丝绸，瓷器也成为炙手可热的商品。由于指南针的发明和应用，航海技术实现了巨大的变革，它预示着计量航海时代的到来。

明清时期的交通无论在交通路线、交通技术、交通习俗还是交通制度方面都继承了前朝，是中国传统交通文化的总结时代。这一时期的内陆交通网经过前朝的发展已趋完善，交通习俗与交通制度也渐渐固定下来。人们乘车坐船的规则、出行的禁忌及漕帮与马帮的习俗都在这一时期得到总结并传承下来。在域外交通方面，明中期以前，中国的造船技术臻于极盛，成就了郑和下西洋的壮举，开辟了中国历史上最远的航路，使中国与亚非国家得以友好往来，扩大了明朝的影响力，传播了先进的中华文化，也为世界地理大发现开辟了东方航路，这可以说是古代中国在世界史上绽放的最后的辉煌。明中期以后，由于"闭关锁国"政策的实行，域外交通渐趋没落。

在当代，交通文化最好的阐释是"一带一路"倡议。两千多年前，我们的先辈怀着友好交往的朴素愿望，穿越草原沙漠，开辟出连通亚欧非的陆上丝绸之路，开辟了人类文明史上的大交流时代。一千多年前，我们的先辈扬帆远航，穿越惊涛骇浪，闯荡出连接东西方的海上丝绸之路，开启了人类文明交融新时期。2013年3月，习近平总书记提出构建人类命运共同体理念；9月和10月，先后提出共建"丝绸之路经济带"和"21世纪海上丝绸之路"，共建"一带一路"倡议，创造性地传承弘扬古丝绸之路这一人类历史文明发展成果，并赋予其新的时代精神和人文内涵。

二、阡陌交通的文化意蕴

"阡陌交通"，这个词出自东晋陶渊明的《桃花源记》，原文中的"阡陌交通"描绘的是田间小路交错相通，鸡犬之声相闻的景象。这不仅是对田园风光的生动描绘，也是对理想社会生活状态的隐喻。通过这个描述，陶渊明展现了一个与世隔绝的理想社会，其中"阡陌交通"的意象，一方面体现了这个社会的自然和谐与安宁，另一方面也暗示了社会秩序的井然有序。这种描绘寄托了作者对理想生活的向往。

（一）自然和谐安宁，社会井然有序

通过"阡陌交通，鸡犬相闻"的字句描述，我们可以感受到桃花源中的生活是宁静而和

谐的。这种和谐不仅体现为人与自然的和谐相处，也体现为人与人之间的和谐共处。这种和谐的生活状态是陶渊明心目中的理想状态，在《桃花源记》中，"阡陌交通"还暗示了社会秩序的井然有序。这种秩序不是通过强制的力量来维持，而是通过人们的自觉遵守和共同维护来实现。这种秩序的建立，为桃花源中的居民提供了一个和谐、安宁的生活环境，也是陶渊明所追求的理想社会模式。

（二）人的自由发展，和对空间的掌控

交通的发展不仅在于硬件设施的完善，更在于满足人的需求和促进人的发展。交通使人们感受到生活之美和时空永恒的"驻在感"。

同时，不同时代的交通发展水平体现了在特定的历史进程中，人类征服自然、利用自然的结果，体现了一个社会的文明发达程度。交通工具的发展体现了人类征服自然的脚步和实现自由的轨迹。"逢山开路、遇水搭桥"正是文明发展和技术进步的产物，体现人类征服自然，获得自由的能力。马克思指出："工业的历史和工业已经生成的对象性的存在，是一本打开了的关于人的本质力量的书，是感性地摆在我们面前的人的心理学；对这种心理学人们至今还没有把它同人的本质联系，而总是仅仅从外在的有用性这种关系来理解！"

交通科技的进步使人们克服了空间的阻隔，是人的本质力量最强烈的体现。交通工具帮助人们克服了千山万水的地理阻碍及突破茫茫太空的遥不可测，成为实现人类自由发展的工具，登月工程使"嫦娥奔月"的神话在今天变成了现实。

（三）文明交流与创新

人类与自然空间的交往，体现的是以物质为载体的文明交流与创新过程。交通促进文明与发展、生机与活力，在交通中不同文明类型碰撞，在汇聚中不同产品进行新的优化组合，变成新的产品、新的文明、新的思想、新的技术，发挥"1+1>2"的效应。古代丝绸之路，和今天的"一带一路"就是交通促进文明交流与创新的典型例子。

无论是汉服的典雅，民食的精致，园林的闲适，还是阡陌出游以乐，这些衣食住行的背后，无不传递出中华民族传统生活追求的一种内在审美，即在凡尘俗世中追求一种飘然物外的雅致情趣。置身其中，雅与俗的交融像一对孪生兄弟，你中有我，我中有你。

唐伯虎曾写过一首诗："琴棋书画诗酒花，当年件件不离它。而今般般皆交付，柴米油盐酱醋茶。"大雅大俗的转换，就是芸芸众生最真实的生活画面。雅致生活需要智慧，如孔子所言，"高而能下，满而能虚，富而能俭，贵而能卑，知而能愚，勇而能怯，辩而能讷，博而能浅，明而能暗"，这便是雅致生活最终应达的境界。

经典领航

"衣冠上国"典籍选读

(一)《宫词》

[唐]王建

缣罗[1]不著索轻容，对面教人染退红。

衫子成来一遍出，明朝半片在园中。

(二)《宫词》

[唐]杜牧

蝉翼轻绡[2]傅体红，玉肤如醉向春风。

深宫锁闭犹疑惑，更取丹沙试辟宫。

(三)《蚕妇》

[宋]张俞

昨日入城市，归来泪满巾。

遍身罗绮[3]者，不是养蚕人。

(四)《夏日晚兴》

[宋]陆游

高挂虚窗对绿池，鸟啼声歇柳阴移。

含风珍簟[4]闲眠处，叠雪轻衫新浴时。

泉冷甘瓜开碧玉，手香素藕胃[5]长丝。

夕阳四面渔歌起，又赴邻翁把钓期。

【注释】

1. 缣罗：缣，浅黄色细绢；罗，丝织品。缣罗泛指丝绢织品。
2. 轻绡：是一种轻薄，透明而有花纹的丝织品。

3. 罗绮(qǐ)：意思是罗和绮。多借指丝绸衣裳。指衣着华贵的女子。

4. 珍簟(diàn)：是指精美的竹席。

5. 罥(juàn)：捕捉鸟兽的网，此处指缠绕。

【解读】

　　王建《宫词》为一百首中的第九十七首。该诗以宫廷女子的服饰和妆容为题材，表现了女主人公对自己的容貌和妆饰的深思熟虑，同时也流露出对美的向往和自信。诗中的"缣罗不著索轻容"以描绘一件缣罗衣服的经历为主题，表达了衣物轻盈细腻的特性。女主人公穿着轻薄的缎子衣裳，这种质地轻盈的服装使她的容颜更加出众。最后两句"衫子成来一遍出，明朝半片在园中"则表达了女主人公在宫廷中行走，她的美丽如同一片衣裳在花园中绽放。杜牧的《宫词》描绘了一位美丽娇嫩的女子，她身穿轻纱如蝉翼般薄透的衣裳，肌肤红润婀娜如酒醉后的红晕，迎着春风摇曳生姿，展示了女子的美丽与神秘，以及她面临的困境和追求自由的渴望。《夏日晚兴》描写了一幅令人沉醉的图景，在这里，有含风的珍簟，是个悠闲的安眠之处；还有叠雪一般轻盈的新衣，宛如刚沐浴完毕。清泉冰冷，甜美的瓜果如碧玉般绽放；柔嫩的手香携带着素白的藕，细细地系着长长的丝线。

"民食为天"典籍选读

（一）《食荔枝二首并引》

［宋］苏轼

丞相祠堂下，将军大树旁。

炎云骈火实，瑞露酌天浆。

烂紫垂先熟，高红挂远扬。

分甘遍铃下，也到黑衣郎。

（二）《食荔枝二者》（其二）

［宋］苏轼

罗浮山下四时春，卢橘杨梅次第新。

日啖[1]荔枝三百颗，不辞长作岭南人。

（三）《猪肉颂》

［宋］苏轼

净洗铛[2]，少著水，柴头罨[3]烟焰不起。

待他自熟莫催他，火候足时他自美。

黄州好猪肉，价贱如泥土。

贵者不肯吃，贫者不解煮，

早晨起来打两碗，饱得自家君莫管。

(四)《豆粥》

[宋] 苏轼

君不见滹沱[4] 流澌[5] 车折轴，公孙仓皇奉豆粥。

湿薪破灶自燎[6] 衣，饥寒顿解刘文叔。

又不见金谷敲冰草木春，帐下烹煎皆美人。

萍齑[7] 豆粥不传法，咄嗟而办石季伦。

干戈未解身如寄，声色相缠心已醉。

身心颠倒自不知，更识人间有真味。

岂如江头千顷雪色芦，茅檐出没晨烟孤。

地碓舂秔[8] 光似玉，沙瓶煮豆软如酥。

我老此身无着处，卖书来问东家住。

卧听鸡鸣粥熟时，蓬头曳履君家去。

【注解】

1. 啖(dàn)：吃。

2. 铛(chēng)：温器，似锅，三足。

3. 罨(yǎn)：是掩覆、掩盖的意思。

4. 滹沱(hū tuó)：亦作"滹沲"，水名，即滹沱河，在河北省西部。

5. 流澌(sī)：亦作"流凘"，江河解冻时流动的冰块。

6. 燎(liáo)：烤炙，烘干，烘烤。

7. 齑(jī)：释义为切碎的菜或肉，引申为细碎。

8. 秔(jīng)：同"粳"，是一种稻子，其米不黏，也就是粳稻。

【解读】

苏东坡于宋哲宗绍圣元年被人告以"讥斥先朝"的罪名被贬岭南，"不得签书公事"。于是，东坡先生流连风景，体察风物，对岭南产生了深深的热爱之情，连在岭南地区极为平常的荔枝都爱得那样执着。绍圣二年四月十一日，苏轼在惠州第一次吃荔枝，作有《四月十一日初食荔枝》一诗，对荔枝极尽赞美之能事："……垂黄缀紫烟雨里，特与荔枝为先驱。海山仙人绛罗襦，红纱中单白玉肤。不须更待妃子笑，风骨自是倾城姝……"自此以后，苏轼还多次在诗文中表现了他对荔枝的喜爱之情。例如，《新年五首》："荔子几时熟，花头今已繁。"《赠昙秀》："留师笋蕨不足道，怅望荔子何时丹。"《〈和陶归园田居六首)引》："有父老年八十五，指(荔枝)以告余曰：'及是可食，公能携酒来游乎？'意欣然许之。"《和陶归园田居》其五："愿同荔枝社，长作鸡黍局。"《食荔枝二首》其二："日啖荔枝三百颗，不辞长作岭南人。"其中"日啖荔枝三百颗，不辞长作岭南人"二句最为脍炙人口，解诗者多以为东坡先生在此赞美岭南风物，从而抒发对岭南的留恋之情，其实这是东坡先生将满腹苦水唱成了甜甜的赞歌。《豆粥》这篇古文描写了人生旅途中的种种境遇。在繁华与诱惑中，很多人陷入无尽的纷争与苦难，不自知自己迷失了方向。然而，少数人能够悟出人生的真谛，懂得真正的珍贵与美好。文中通过对自然景色和日常生活的描写，反映了古人对人生意义的深刻思考。

"诗意栖居"典籍选读

(一)《饮酒》(其五)

[晋]陶渊明[1]

结庐[2]在人境，而无车马喧。

问君何能尔，心远地自偏。

采菊东篱下，悠然见南山。

山气日夕佳，飞鸟相与还。

此中有真意，欲辨已忘言。

(二)《归园田居》(其一)

[晋]陶渊明

少无适俗韵，性本爱丘山。

误落尘网中，一去三十年。

羁鸟恋旧林，池鱼思故渊。

开荒南野际，守拙[3]归园田。

方宅十余亩，草屋八九间。

榆柳荫后檐，桃李罗堂前。

暧暧[4]远人村，依依墟里烟。

狗吠深巷中，鸡鸣桑树颠。

户庭无尘杂，虚室有余闲。

久在樊笼里，复得返自然。

(三)《过故人庄》

[唐]孟浩然

故人具鸡黍，邀我至田家。

绿树村边合，青山郭外斜。

开轩面场圃，把酒话桑麻[5]。

待到重阳日，还来就菊花。

(四)《题临安邸》

[宋]林升

山外青山楼外楼,西湖歌舞几时休?

暖风熏⁶得游人醉,直把杭州作汴州。

【注解】

1.陶渊明:约365年—427年,字元亮,世称靖节先生,别号五柳先生。浔阳柴桑(今江西省九江市)人,东晋末到刘宋初杰出的诗人、辞赋家、散文家,被誉为"隐逸诗人之宗""田园诗派之鼻祖"。

2.结庐:这里意思是建造住宅。

3.守拙(zhuō):是一种保持朴实、不尚机巧的品性和态度。

4.暧暧(ài):意思是模糊的样子。

5.桑麻:是指桑和麻类农作物,借代农事。

6.熏:吹,指温暖馥郁的风。

【解读】

陶渊明的系列作品深刻反映了诗人对官场的不满和对田园生活的热爱。"结庐在人境,而无车马喧"的描述,展现了诗人虽然居住在尘世中,却能保持内心的宁静,不受世俗纷扰的影响。这种心境的描绘,体现了诗人对于精神世界的自我净化能力,以及在复杂环境中保持独立人格的决心。《归园田居》(其一)细腻生动地描写了作者对农田劳动生活的体验,风格清淡而又不失典雅,洋溢着诗人心情的愉快和对归隐的自豪。这些作品不仅体现了诗人的个人情感和哲学思考,也反映了东晋时期文人对于社会现实的一种批判态度,以及对理想生活状态的追求。《题临安邸》是一首写在临安城一家旅店墙壁上的题诗,诗的头句"山外青山楼外楼",诗人抓住临安城的特征——重重叠叠的青山,鳞次栉比的楼台,写出了祖国大好山河;后两句"暖风"一语双关,在诗歌中,既指自然界的春风,又指社会上淫靡之风。诗歌以乐景来表哀情,使情感倍增,而且在深邃的审美境界中,蕴含着深沉的意蕴。

"阡陌交通"典籍选读

(一)《早发白帝城》

[唐]李白

朝辞白帝彩云间,千里江陵一日还。

两岸猿声啼不住,轻舟已过万重山。

(二)《商山早行》

[唐]温庭筠[1]

晨起动征铎[2]，客行悲故乡。
鸡声茅店月，人迹板桥霜。
槲叶[3]落山路，枳花明驿墙。
因思杜陵梦，凫雁满回塘。

(三)《晓发》

[唐]赵嘏[4]

旅行宜早发，况复是南归。
月影缘山尽，钟声隔浦微。
星残萤共映，叶落鸟惊飞。
去去渡南渚，村深人出稀。

(四)《赴洛道中作》

[晋]陆机[5]

远游越山川，山川修且广。
振策陟崇丘，案辔[6]遵平莽。
夕息抱影寐，朝徂衔思往。
顿辔[7]倚高岩，侧听悲风响。
清露坠素辉，明月一何朗。
抚枕不能寐，振衣独长想。

【注释】

1.温庭筠：约812—约866，"筠"字读 yún，晚唐时期诗人、词人，被称为"花间派鼻祖"。

2.征铎(duó)：是指远行车马所挂的铃。

3.槲(hú)叶：指槲树的叶子，其形大如荷叶，为多年生灌木。

4.赵嘏(gǔ)：唐代诗人。

5.陆机：字士衡，吴郡吴县(今江苏苏州)人，西晋官员、文学家、书法家。

6.案辔(pèi)："案"同"按"；辔，指放松缰绳，让马缓行。

7.顿辔：拉住马缰使马停下。

【解读】

《早发白帝城》是诗人李白在流放途中遇赦返回之时所作。这首诗通过描摹自白帝至江陵一段长江水急流速、舟行若飞的情况，展现了诗人遇赦后愉快的心情和江山的壮丽多姿、顺水行舟的流畅轻快。《商山早行》通过霜、茅店、鸡声、人迹、板桥、月这六个意象，细腻而又精致地描绘出初春山村黎明早行特有的景色。"鸡声茅店月，人迹板桥霜"备受推崇，深刻反映了游子在外漂泊的孤独和思乡之情。《赴洛道中行》诗中写陆机从家乡赴洛阳"远游"，一路上越过万水千山，诗人有时挥鞭驱马登上高山，有时手握缰绳，在有草的平地上缓慢行走，不仅写出了沿途的山水景色，也写出了诗人长途跋涉的艰辛、风尘仆仆的苦情。

湖湘学堂

楼以文传：岳阳楼的忧乐精神

我国古代的楼是一种高层建筑，有城楼、角楼、箭楼、钟楼、鼓楼等多种形式。楼的作用各有不同，比如城楼是防御所用；所谓"晨钟暮鼓"，钟楼、鼓楼是报时的；有的是登高赏景的去处，比如在唐朝诗人笔下的"四大名楼"。故有诗因楼而生，楼因诗显的说法。

说到天下名楼，莫过于岳阳楼、黄鹤楼、鹳雀楼、滕王阁四个楼。其中，岳阳楼被称为"天下第一楼"，是中国文化的重要象征之一，它不仅因其建筑之美而闻名，还因其背后的历史故事和文化意义而备受关注。

岳阳楼前身为三国鲁肃阅军楼，后称岳阳楼。现岳阳楼高32米。宋代庆历年间滕子京重修岳阳楼，邀好友范仲淹作《岳阳楼记》，其中的"先天下之忧而忧，后天下之乐而乐"的爱国爱民情怀使得岳阳楼著称于世。

范仲淹(989年—1052年)，字希文，谥号文正，史称范文正公，北宋政治家、文学家，吴县(今江苏苏州)人；宋仁宗时官至参知政事，相当于副宰相；有《范文正公集》传世；所作的文章富有政治内容，文辞秀美，气度豁达；名篇有散文《岳阳楼记》，词《渔家傲》，诗《江上渔者》等。

北宋庆历六年(1046年)九月，被贬河南邓州的范仲淹，收到了好友滕子京的一封来信。随信一起寄过来的，还有一幅画着岳阳楼的《洞庭晚秋图》。滕子京在信中写道："山水非有楼观登览者不为显，楼观非有文字称记者不为久。"他想请范仲淹为重修落成的岳阳楼做一篇赋，以便此楼能被后人长久地铭记。范仲淹看过信后，没有丝毫推辞，即于当年的九月十五日这天展开《洞庭晚秋图》，准备看图作文。一时间，他思绪翻涌，下笔如神。

范仲淹借着岳阳楼的洞庭湖景来寄托他的心境和抱负，但他最终希望达到的境界却是"不以物喜，不以己悲"——既不因为外部的情状可喜而宠辱皆忘，也不因为自己的困顿遭遇和黯淡心情而满目萧然，感极而悲。

这已经是一个相当超然的态度了，但范仲淹并没有就此打住，而是更进一步，提出了"先天下之忧而忧，后天下之乐而乐"的人生观。在他看来，这才是真正的达观，不仅摆脱了一时一地的喜怒哀乐，也彻底超越了个人的得失与毁誉。

在此之前，杜甫也来到这里，写下不朽名篇《登岳阳楼》："昔闻洞庭水，今上岳阳楼。吴楚东南坼，乾坤日夜浮。亲朋无一字，老病有孤舟戎马关山北，凭轩涕泗流。"

　　唐代诗人李白曾因获赦来到岳阳楼，并在此留下了著名的《与夏十二登岳阳楼》诗。这首诗不仅描绘了岳阳楼的壮丽景色，也表达了李白自己的心境和情感，李白的诗作使得岳阳楼的名声更加远扬。

　　文章诸多传世名句，岳阳楼亦得以耸立千古，载入青史，有"洞庭天下水，岳阳天下楼"之美誉。在当代，岳阳楼的美誉与忧乐精神如影随形。习近平总书记多次提到"先天下之忧而忧，后天下之乐而乐"的"忧乐精神"，这无疑是中华优秀传统文化的突出代表。而作为"忧乐精神"发源地的岳阳楼，就是最好的湖湘文化样本。

笃行致远

寻生活美学，品文化之韵——"生活艺术家"短视频制作

近几年，美学界倡导"生活艺术化"，提倡做我们自己的生活艺术家，像艺术家创造一件艺术作品一样去创造自己的生活。如何让平淡而单调的生活变得鲜活而饱满？其实很简单，寻找一些美的东西、美的事情，在其过程中感受美、享受美，把平淡的生活过得有滋有味，这就叫"生活美学"。

让我们一起慢生活，寻找生活艺术，寻找一次美的邂逅。

1. 活动形式

短视频制作。

2. 活动地点

校园内外。

3. 活动组织

（1）观看生活美学展。通过网络和线下资源，了解美学，加深对于美学对生活的意义的认识，欣赏生活艺术家的故事人生，涵养美的情操。

（2）邂逅生活美学。收拾好心情，采一段时光，寻一处角落，邂逅一次生理的、情感的、文化的生活美学，将时间和心灵慢下来，充分地体验和感受。

（3）上传"生活家艺术家"Vlog。通过微博、朋友圈、美篇等平台记录下邂逅生活美学的快乐瞬间与感悟，上传至班级空间。

（4）评选生活艺术家。通过点赞、投票等方式，评选最受欢迎的生活艺术家，获得鲜花奖励，制作成生活艺术展。

诗意求真

——中国传统文学瑰宝

中国传统文学是中国文化体系中最辉煌灿烂、最有活力的一部分，历经千年沧桑，依旧闪耀着璀璨的光芒，是中华民族智慧的结晶，是经久不衰、咀嚼不尽的精华。其深邃的思想内涵、优美的艺术形式、丰富的哲学思想和鲜明的民族特色生动地体现了中国文化的基本精神，体现了中华民族的理想信念和美学追求。中国文学不但在思想和形式的密切融汇中，表现出自己独特的个性和精神风采，而且以连绵不断和高潮迭起著称于世。在三千年的历史长河中，从瑰丽奇特的上古神话，到《诗经》《楚辞》和诸子散文，再到汉赋、魏晋诗文、唐诗、宋词、元曲、明清小说，皆创造出与时代风貌相契合的文学奇观，展现出鲜明的民族个性，体现了独特的民族精神和文化自信。深入了解中华民族人格力量与审美精神，热情关注社会发展与人类命运，培育美好活泼的心灵与生生不息的感发力量，都离不开中国传统文学瑰宝。

【学习目标】

1. 理解中华优秀传统文学的内涵，掌握学习中华优秀传统文学的方法。

2. 能熟悉中国古代文学发展概况，了解诗词、小说、戏剧的定义和内涵，熟悉发展脉络。

3. 了解湖湘文化名人、文学家屈原的生平及主要思想。

4. 吸取中国传统文学精髓，感悟文学之美，体会中国传统文学的魅力，产生对中华优秀传统文化的热爱及崇敬之情。

文化通识

中国古代文学是世界上历史最悠久的文学之一，它历经了长达三千多年没有中断的发展历程，以其辉煌成就而成为全人类文化遗产中的瑰宝，深刻且生动地体现着中国文化的基本精神。天人合一，以人为本，贵和尚中，和而不同，刚柔相济，刚健有为，仁者爱人等作为中国文化基本精神的主体内容，在中国古典文学中留下了深长的影子，影响着古代文学的基本文化特征。中国古代文学作为五千年传统文化的智慧结晶，类型丰富、卷帙浩繁。为了更加清楚便捷地了解古代文学的发展与特质，下面对诗词、散文、戏曲、小说四种体裁分别进行常识讲解与作品赏析。

雅韵传承：诗词格律

中国是诗的国度，诗词创作在中国文学史上占据了突出地位，它不仅是一种艺术形式，更是中华民族精神文化的重要载体。诗词来源于上古时期的劳动号子及祭祀颂词。中国诗歌具有悠久的历史和丰富的遗产，蓄积了不同时代伟大诗人词人的心灵、智慧、品格、襟抱和修养。品读诗词，是种古今对话，让我们重新审视自己的文化传统，感受其中的魅力与力量，这将给我们带来生命的感发与对诗意浸润的思辨与继承。

一、先秦两汉时期

诗歌的源头是歌谣。上古时代，没有文字，只有在口头上传唱的歌谣。由于没有文字记录，所以我们今天难以窥见其历史原貌。先秦两汉时期，诗歌已开始萌芽，并逐渐发展成独特而丰富的艺术形式。

（一）诗歌源头——《诗经》与《楚辞》

《诗经》是中国最早的一部诗歌总集，又被称为"诗三百"，汉代以后被尊为经典，是中国诗歌发展的重要源头之一。其中的作品按照音乐分为"风""雅""颂"三部分。"风"是带有地方色彩的民歌；"雅"是周王朝直接统治地区的音乐，分为"大雅"和"小雅"；"颂"是用于宗庙祭祀的歌舞曲。《诗经》所表现的内容较为丰富。"雅""颂"带有"史诗"的性质，而歌唱爱情，赞美劳动，揭露现实，是"国风"中最为动人的主题。《诗经》的表现手法主要为"赋""比""兴"，"赋"是铺陈叙述，"比"是比喻，"兴"是起兴。《诗经》在句式上以四言诗为主，章法复沓，回环往复，修辞巧妙，韵律和谐。《诗经》中的"诗言志""美刺""比兴"

以及"温柔敦厚"的诗教观，一直被历代诗人奉为创作圭臬。

《楚辞》是在楚国民歌的基础上发展起来的一种带有浓厚地方色彩的新诗体。它的奠基人和代表作家是屈原。屈原是中国诗歌史上最早的、影响最为深远的爱国诗人。他的主要作品有《离骚》《天问》《九歌》等，其中《离骚》集中反映了屈原的人格魅力和艺术成就。《九歌》是屈原根据楚地民间祭祀乐歌改作和加工而成的一组诗歌，或写人对神的礼赞倾慕，或写神灵间的眷念、爱恋，语言优美，情思忧伤。《楚辞》所代表的是完全不同于《诗经》的别样的诗歌美学风格，它以波荡汹涌的感情、奇幻瑰丽的想象、铺陈华美的语言，表现出极强的浪漫色彩和艺术感染力，成为中国诗歌发展的又一重要源头。

（二）民声初显——汉乐府与《古诗十九首》

汉乐府继承《诗经》反映现实的优秀传统，诗作反映广阔的社会生活，抒写下层劳动人民生活和情绪。如《东门行》《妇病行》等，写人民的困苦；《战城南》《十五从军征》等，写战争和兵役给人民带来的苦难；《有所思》《上邪》等，则歌咏了男女间诚挚坚贞的爱情；《陌上桑》赞美了平民女秦罗敷的美丽和智慧，讽刺了贵族官僚的荒淫无耻；《焦仲卿妻》（《孔雀东南飞》）写的是封建家长干涉青年婚姻所酿成的一个悲剧。汉乐府民歌语言朴素自然，活泼生动，表情达意，丰富自由，句式多样，以五言为主，是中国诗歌在语言形式上的一次创新。

《古诗十九首》代表了汉代五言诗创作的最高成就。其主要表现了夫妇、朋友间的离情别思，士人宦游失意之感，有的作品还流露出感叹人生短促、及时行乐的消极情绪，在很大程度上反映了在东汉后期政治混乱、社会动荡环境下的知识分子的心态。这些诗语言浅近自然，诗境清远平和。后人把它们奉为五言抒情诗的典范，给予了相当高的评价，如刘勰誉之为"五言之冠冕"（《文心雕龙·明诗》），钟嵘称其"惊心动魄，一字千金"（《诗品》）。

二、魏晋南北朝时期

魏晋南北朝时期文学最有成就的是诗歌。众多文人以诗会友，以诗言志，他们的作品犹如繁星点缀在那片文学的天空，闪烁着独特的光芒。随着时代的变迁，诗歌的形式和风格也日趋多样化。从五言诗到七言诗，从乐府诗到山水诗，各种诗体如雨后春笋般涌现。诗人们以独特的视角，描绘着那个时代的山川河流、风土人情，同时也表达着对社会的关切和对人生的思考。

在这一时期，五言古诗的发展尤为突出，从建安时期始，再经过阮籍、左思、陶渊明等一系列诗人的努力，作家、作品日益增多，艺术表现也不断提高，风格多种多样。七言诗也在这一时期确立下来，为唐诗的发展和繁荣准备了充分的条件。

（一）乱世之音——建安风骨

建安时期是文学的自觉时代，也是文人五言诗创作的繁荣时期。创作成就最大的是曹操、曹丕、曹植父子和孔融、陈琳、王粲、徐干、阮瑀、应场、刘桢"建安七子"。他们的诗歌反映社会的丧乱和人民的苦难，还表现了期盼建功立业、有所作为、名垂青史的奋发精神,大多情怀慷慨、意气风发、才调纵横、疏朗明白、不尚雕琢,具有清新刚健的风格。后人把建安诗歌这种建筑在慷慨情怀基础上的爽朗刚健的风貌,称为"建安风骨",或者称之为"汉魏风骨"。唐代诗人曾经把追求"建安风骨"当作革新诗风的一个有力口号。其中曹植在建安诗人中成就最为突出。他的五言诗,"骨气奇高,辞采华茂",在内容之深邃和艺术之精湛两方面,均超过前人。

(二)隐逸归真——陶渊明

陶渊明是中国文学史上最有影响力的诗人之一,他的诗歌按内容可以分成田园诗和咏怀诗。田园诗是他的独创,代表作有《归园田居》《桃花源诗》等,或表现农村的恬美静穆和自己怡然自得的心境,或歌颂劳动及在劳动中与农民建立的友谊,为诗歌创作开辟了一个新天地。他的咏怀诗则围绕着出仕与归隐的矛盾,表现理想不能实现的苦闷及不与统治者同流合污的崇高品格,代表作有《饮酒》《杂诗》《读山海经》等。他的诗歌出语平淡,不事雕琢,风格清新,意境醇美,是情、景、理的统一。

(三)南北朝民歌

南北朝时期民歌的新发展也是诗歌史的一大成就。南方民歌大多属于南朝"清商曲"中的"吴歌"和"西曲",内容几乎全是关于男女爱情的,代表作有《西洲曲》《子夜歌》《读曲歌》等。这些作品多为五言四句,情调哀怨缠绵,艳丽柔婉,且喜用双关谐音,语言活泼,当时文人仿作甚多。形成鲜明对比的是,北朝民歌题材广泛,感情直率,语言朴实,风格刚健。其中《木兰辞》叙事与抒情相渗透,细腻与粗犷相融合,代表了北朝民歌的最高成就。

三、唐朝时期

唐朝是中国诗歌史上的黄金时期,唐诗的繁荣,首先体现在数量上。仅据清代康熙年间所编的《全唐诗》所录,诗人有两千二百余人,作品有四万九百多首,共九百卷。不过,更主要的标志是涌现了李白、杜甫、白居易这样的伟大诗人,以及陈子昂、王维、孟浩然、王昌龄、高适、岑参、韩愈、柳宗元、刘禹锡、李贺、李商隐、杜牧等一大批优秀的诗人。唐诗的艺术水平超过了历史上的任何一个朝代。再加上题材、形式和流派的多样性,唐诗达到了中国诗歌的高峰。

(一)熠熠新星——初唐四杰

初唐四杰——王勃、杨炯、卢照邻、骆宾王。他们在继承南朝诗歌形式美的基础上,改造了宫体诗,由台阁应制扩大到写江山之美和边塞之情;风格也由纤柔卑弱变为明快清新。经过他们的努力,初唐诗歌逐渐摒弃了轻浮萎靡的诗风,建立起高峻雄浑、刚健有力的新诗风。王勃名篇有《送杜少府之任蜀州》《滕王阁序》等,作品集为《王子安集》。而杨炯的《从军行》,卢照邻的《长安古意》,骆宾王的《在狱咏蝉》《帝京篇》《咏鹅》皆为脍炙人口的名篇。

（二）盛世之音——李白

李白主要生活在大唐帝国最为辉煌的时代，是盛唐之音的天才诗人。贺知章称李白为"天上谪仙人"，后人又将他尊为"诗仙"。李白热爱生活中一切美好的事物，而对其中不合理的现象毫无顾忌地投之以轻蔑。这种已被现实锁入牢笼，却不愿意接受，反过来又想征服现实的态度，成为后人反抗黑暗现实与庸俗风习的一股强大的精神力量。他诗中的形象往往是个性化的，带有强烈的主观感情色彩。其诗想象奇特，手法夸张。他的乐府诗很多，取材广泛；七言古诗往往掺入杂言，雄壮、缥缈而奇丽；他的五言、七言绝句，纯任自然，无意于工而无不工，悠悠从容，闲雅超远。明代胡应麟认为唐代五言、七言绝句，以李白为最。

微课8.1

皎洁"白"月光，
口吐半个盛唐
——李白的人生历程

（三）沉郁顿挫——杜甫

杜甫的生活经历涵盖了安史之乱，他以积极入世的精神，用诗歌反映了唐王朝由盛转衰的过程。他把个人的遭际和时代的不幸、民众的疾苦紧密联系在一起，描绘出时代的面貌和自己内心的悲哀，是变乱时代的伟大"诗史"。他的五言、七言古诗，格调大变，沉郁顿挫。七言律诗在他手中正式成立，沉着而痛快。后人认为杜甫律诗为唐律之最，其中五律极尽声律、句法变化之能，七律亦精练而多创造。他的诗歌博大精深，既有清新刻画的句子，又有议论和用典，有严肃也有诙谐，有柔情也有刚烈。所以，自晚唐开始，杜甫就被称为"诗圣"，宋人对他更是推崇备至，他被视为中国诗歌史上成就最高、影响最为深远的诗人之一。

微课8.2

杜甫诗歌的主导风格
——沉郁顿挫

（四）清音雄奇——山水田园诗与边塞诗

盛唐诗坛还有两大诗歌群体特别引人注目，一是以孟浩然、王维、常建、储光羲等人为代表的山水田园诗人，一是以高适、岑参、李颀、王昌龄等为代表的边塞诗人。王维、孟浩然等人继承了陶渊明吟咏田园、谢灵运刻画山水的传统，又加以发展变化，以田园的情趣领略山水，以山水的眼光观赏田园，表达隐逸的思想和情怀，描摹自然幽静和生气之美。他们的诗多采用五古和五律的形式，色泽清淡，意境深幽。高适、岑参等人的边塞诗，其源出自鲍照、刘琨，以边塞战争题材为主，表现了边塞风情、军中苦乐，以及诗人建功立业的壮志豪情和慷慨不平之气。这些诗大都采用七言歌行和七言绝句的形式，景象开阔，气势宏大，情调悲壮，声韵激越。

（五）多元之美——中唐诗人

中唐诗人力求新变，诗风走向多元。韩愈、孟郊诗歌多"不平之鸣"，喜押险韵、窄韵，意象壮伟瑰怪，诗境奇崛雄豪。元稹、白居易诗风走向平易，用语质朴明白，音调朗朗上口。刘禹锡的怀古诗和政治讽刺诗，语言平易，寓意深远。李贺诗歌重在诉说怀才不遇的悲愤，想象奇特，构思不拘常法，语言峭奇艳丽，诗境诡谲。

(六)哀婉绮丽——晚唐诗人

晚唐诗坛以李商隐、杜牧、温庭筠为代表。他们感慨盛世之不再，诗中充满迟暮黄昏的情调，极浓艳幽香之美，预示着一个诗歌创作的伟大时代的结束。其中，李商隐诗学杜甫、韩愈，擅长律绝。他的《无题》等爱情诗，内蕴深刻的世情和人生感慨，典雅华丽，哀艳绵渺，堪称诗苑奇葩。杜牧的诗尤以七绝最为有名，其咏史诗议论政治得失，讽刺帝王荒淫，豪健跌宕，意气风发。温庭筠则更有"绮才艳骨"。

四、宋朝时期

在唐诗高峰之后，宋人别出蹊径，开辟了好议论，重理趣，以文为诗，追求平淡的诗歌发展方向。而词则是隋唐时期出现的一种配乐演唱的新诗体，它起源于民间，既适合歌唱又具有独立的艺术价值，也叫"曲子词"或"长短句"等，中唐以后开始为文人所接受、模仿，晚唐五代的花间词已取得了相当的艺术成就。至宋代，词发展至鼎盛，与唐诗交相辉映，其主要分为婉约派和豪放派。

(一)婉约派——柳永与李清照

婉约派的词作上承花间词，多写男欢女爱、离愁别绪、触景伤情，形式上以蕴藉雅正见长，语言清新秀丽，情感细腻精巧。柳永是北宋第一个专力写词的作家，他的词既有文人词的精工，又融入了民间词的俚俗，为词坛带来了一股清新的风气，雅俗共赏。其诗作内容有写北宋汴京的繁荣，有写青楼歌妓，有写江湖流落的感受，也有部分庆赏节令或称颂朝廷功德的作品。其中较著名的词作有《望海潮》《雨霖铃》等。

李清照为两宋之际婉约词的代表。李清照在词的创作上主张"词别是一家"，坚持典雅、婉转、合律的创作风格。其前期所作词多描写她少女时期的生活，如《如梦令》"常记溪亭日暮，沉醉不知归路。兴尽晚回舟，误入藕花深处。争渡，争渡，惊起一滩鸥鹭"，描绘了误入藕花深处的归舟和滩头惊起的鸥鹭，活泼而富有生趣。从靖康元年起，李清照连续遭遇国破、家亡、夫死的苦难，过着长期的流亡生活，因而其后期的词作大多表达了背井离乡、骨肉分离的悲痛心情，情绪比较消沉。如《菩萨蛮》《声声慢》营造出伤感、迷离的意境美，使读者生出一种莫名的愁绪萦绕心头，久久不能消散。

(二)豪放派——苏轼与辛弃疾

豪放派的词作在内容上较为丰富，社会生活、政治风云、伤情离别、吊古怀今等均有涉及，并且大多表现得气势恢宏、不拘格律、汪洋恣意、动人心魄。苏轼给宋词的创作带来深远影响，苏轼主张"以诗为词"，所作之词既有咏物怀志，也有描摹山水田园，还有吟咏人生，他打破了"诗言志""词缘情"的传统，进一步扩大了词的题材，一改晚唐五代以来婉约的词风，突破了"诗庄词媚"的樊篱，以雄健的笔力唱出"老夫聊发少年狂"的豪迈气概，奏响了"关西大汉，执铜琵琶、铁绰板唱'大江东去'"的高亢激越之音，成为豪放词派的开创者。

辛弃疾是南宋豪放词派的代表。其词在内容上以表现力图恢复国家统一的爱国热情为主，既有对被分裂的北方的怀念和对抗金斗争的赞扬，也有对南宋苟安局面的强烈反感，还有对自己怀才不遇、有志无成的不平。如《摸鱼儿·更能消几番风雨》以联想、寄托的手法，借宫怨抒发了忠而被谤、报国无门的悲怨之情；《破阵子·为陈同甫赋壮词以寄之》以跳跃、昂扬的笔调描写了宏大的战争场景，以抑郁、顿挫的手法抒发苍凉悲愤之感。除了抒发爱国热情外，辛弃疾在上饶、铅山隐居时还创作了不少描写农村环境、生活的小词，极具人情之美和生活之趣。

五、元明清时期

元明清时期，诗歌虽然继续发展，但是创新和拓展之处较少。元代诗坛，古体诗宗汉魏两晋，近体诗宗唐，只有杨维桢尚能开宗立派。明代诗歌创作流派众多，明初时期，有"台阁体"诗歌歌功颂德，粉饰太平。明中期，则出现了以李梦阳、何景明为代表的反对"台阁体"的"前七子"与以李攀龙、王世贞等为代表的"后七子"。另外，提倡抒写性灵的"公安派"和"竟陵派"后现。清初时期诗坛的主流是"遗民诗"。清末发生了"诗界革命"，革新了旧体诗的形式，著名的诗人有黄遵宪、康有为、梁启超等。词则在元明时期走向了衰落，在清代又呈中兴气象，流派很多，包括豪放派、清新派、现实派等。著名词人如纳兰性德，风格与李煜近似，擅长作小令，长于白描，以情取胜。

中国古典诗歌的生命力极其旺盛长久，在几千年的历史进程中，为中华民族先后培植出先秦诗骚、汉乐府、魏晋南北朝文人诗、唐诗、宋词、元曲等一朵朵诗苑奇葩。它们不但以独特持久的艺术魅力吸引着后人去欣赏品味，而且其所承载的博大精深的文化传统和自强不息的民族精神，滋养着我们去创造新的诗歌艺术、新的民族文化。

文以载道：散文集萃

中国古代的散文，一向被看作是"经国大业，不朽盛事"。文人借助文章可以雄视千古，垂名百代，可以表达自己的功业道德和治国理想，因此历代文人都很重视散文创作。但中国的散文概念比较宽泛，除了纯文学的散文以外，还有生动的政论、传记、史论等。那些文采飞扬的字里行间，蕴含着丰富的中国文化的精髓，是我们取之不尽、用之不竭的源泉。

一、先秦时期

中国古代文学中，散文是与韵文、骈文相对的，其最早的雏形可追溯到殷商时期的甲骨卜辞。先秦时期是散文创作的第一个黄金时期，这一时期的散文以诸子散文和历史散文为主。

（一）百家争鸣——诸子散文

先秦诸子散文又叫哲理散文，以《论语》《孟子》《庄子》《墨子》《荀子》《韩非子》等为代表。诸子散文通常结构严谨、文采飞扬，多用比喻、想象等手法，以说理、论辩为主。

　　《孟子》是记载孟子及其弟子言行的书，其特点是气势宏大、情感强烈，并善于抓住要害进行辩理，且多用比喻。如"五十步笑百步""揠苗助长"等，大多含义深刻、想象新奇。《庄子》是庄子及其学生著作的汇编，其书中往往通过神话和寓言故事把深刻的哲理寓于生动形象、扑朔迷离的情节中，构思奇特、想象奇幻，富于浪漫色彩。

（二）微言大义——历史散文

　　先秦的历史散文以《国语》《春秋》《战国策》《左传》等为代表，其中《春秋》《左传》为编年体，《国语》《战国策》为国别体。历史散文在叙事上通常能够详细完整地描述事件的过程，其间不乏生动的场面描写；在塑造人物形象时，往往将人物置于矛盾冲突中，通过对人物言行的描写刻画其性格，这为后代辞赋、戏曲、小说的创作提供了宝贵的经验。

　　《战国策》编写于战国末年和秦汉时期，是记录战国时期纵横家言行的书。其所记时间上起春秋，下至秦并六国，主要记载了政客策士们在政治外交中的奇计良策。《战国策》中的人物描写十分高明，书中塑造了不少个性鲜明的人物形象，如慷慨慕义的鲁仲连、沉毅勇敢的荆轲、深谋远虑的冯媛等。《战国策》的语言善于铺陈，言辞夸张犀利，情感激烈，且多用警句，因而文章大多有声有色。

二、两汉时期

　　汉代散文可分史传文、政论文、赋三类。政论散文以贾谊的《过秦论》为代表，史传散文则以司马迁的《史记》和班固的《汉书》为代表，赋则以司马相如《子虚赋》《上林赋》为代表。

（一）针砭时弊——政论散文

　　政论散文是在汉代大一统的局面下出现的，其大多是汉人抚今追昔，用以劝诫君王的著作。如贾谊的《过秦论》通过鲜明的对比、排比等手法，慷慨激昂地剖析了秦亡的历史教训，直指时弊，其目的在于供汉文帝作为改革政治的借鉴。晁错的《论贵粟疏》《守边劝农疏》等则以平实流畅的语言谈论事实、讲道理，前后相承，步步深入，以全面阐发其政治见解，具有较强的说服力。

（二）史家绝唱——《史记》

　　司马迁的《史记》既是伟大的史学著作，又有极高的文学性。《史记》全书包括了十表、八书、十二本纪、三十世家、七十列传等几个部分，共一百三十篇，是当时史学著作的最高成就，被誉为"史家之绝唱，无韵之《离骚》"。《史记》在叙述事件、刻画人物和语言运用方面尤为出众。《史记》中在讲述宏大历史事件的同时，往往通过特定的行为、个性化的语言、曲折的命运塑造人物形象，揭示人物的独特个性和精神。《史记》是司马迁发愤著述的结果，它超越了前代史家"微言大义"的传统，为后代的传记文学树立了光辉典范。唐宋以后直到明清时期，《史记》一直被奉为散文创作的典范。

（三）大朝颂歌——汉赋

赋以铺叙、描写较多为其特色，这在长篇大赋里表现得最明显，大赋大都以问答为骨架，铺陈名物、排比辞藻。司马相如是西汉最有代表性的赋家，他的《子虚》《上林》两赋，铺陈天子上林苑的壮丽和天子游猎的盛举，表明诸侯不能与天子相提并论的态度，最后说了一番要提倡节俭的道理。作者借写游猎场面，把山海河泽、宫殿苑囿、林木鸟兽、土地物产、音乐歌舞、服饰器物、骑射酒宴一一包举在内，用极度夸张的笔法，描写出一个无限广阔的空间，呈现出文学中前所未见的宏伟壮阔的气势。这实际上是西汉时期繁荣强盛的时代气息和统治阶级自豪骄傲的心理在文学上的反映。

三、魏晋南北朝时期

魏晋南北朝是文学的自觉时期，文学创作的个性化使文学出现了新的变化。文学的价值受到高度重视，对各种体裁的区分，特别是对不同体裁的风格特点有了比较明确的认识。散文的题材扩展了，山水景物成了文学表现的新内容，文章中的抒情成分大大加强。传统大赋走向衰落，从东汉中后期兴起的抒情小赋占据了主导地位，并因为骈文的流行而增加了赋的骈俪成分。骈文是在两汉散文的基础上，受赋的排比、对偶修辞手法的影响，逐渐发展而成的。它在魏晋南北朝时期盛行一时。

四、唐宋时期

唐宋两代是中国古代散文发展的高峰期，以"唐宋八大家"为代表的唐宋散文家，既继承了先秦两汉散文的优良传统，又吸收了六朝文学抒情写景、语言修辞方面的艺术经验，加以融合、发展，使文章的体裁样式增多，艺术水平提高，出现了许多脍炙人口的名篇。除散句单行的古文外，唐宋骈文也有一些优秀的作品。

（一）文以载道——韩愈

韩愈的散文，论说、记叙、抒情，各体擅长。韩愈是司马迁之后又一语言巨匠，他善于创造性地使用古代词语，又善于吸收提炼当代口语成为文学语言，词汇丰富，绝少陈词滥调，句式结构也灵活多变。《师说》文字精练，文气充沛，对比手法的运用与种种生动形象的描写，大大增强了说理的鲜明性与感染力。《张中丞传后序》记叙张巡、许远、南霁云等死守睢阳、英勇抗敌的故事，绘声绘色，可歌可泣，是司马迁传记文的发展。《祭十二郎文》结合家庭、身世和生活琐事，反复抒写悼念亡侄的悲痛，于叙事中见呜咽、凄切之情，长歌当哭，动人哀感。

（二）沉郁凝练——柳宗元

相对于韩文的阔大雄肆，柳宗元的文章析理透辟，清隽卓绝，以精密见长。柳宗元的传记文在选取人物和材料方面极具匠心。如《捕蛇者说》写赋税之毒甚于毒蛇。《段太尉逸事状》取自真人真事，描写生动，剪裁精当，突出了段秀实的高贵品质，揭露了贵族、军阀的罪恶。柳宗元的寓言讽刺小品笔锋犀利，语简意深，如《三戒》《蝜蝂传》所刻画的人情世态与所蕴含的人生哲理，能给人多方面警示。柳宗元的山水游记，清新秀美，富于诗情画意。其代表作《永州八记》将写景抒情融合为一，借山水之乐排遣内心的抑郁。他以精细的观察、精确的词语，把山水写得各具形态、栩栩如生，精美异常。柳宗元的山水游记继承《水经注》的成就，而又有所发展，为游记散文奠定了稳固的基础。

（三）平易充实——欧阳修

欧阳修是宋代散文文风的创立者，他取法韩文文从字顺的一面，其议论文有为而发，有感而作，《朋党论》引用大量历史事实，又连用排比，增强了说理的气势；《五代史伶官传序》《五代史宦者传论》等序论文，吊古伤今，感慨遥深。他的《丰乐亭记》《醉翁亭记》，前者于描写风景之后，忽然插入五代干戈之际一段，感慨无穷，风神卓绝；后者则表现作者"与民同乐"的情怀，使抒情写景融成一体。

（四）众体皆备——苏轼

继欧阳修之后领导宋代古文运动取得完全胜利的是苏轼，他的创作代表了宋代散文的最高成就。苏轼的散文豪放自然，多姿多彩。他把抒情、状物、写景、说理、叙事等多种成分糅合起来，随着自己的情感思绪信笔写去，结构似乎松散，却于漫不经心中贯穿了意脉。如《文与可画筼筜谷偃竹记》似乎全无结构，实际上每一层都围绕对文与可的追怀展开，有其内在联系。苏轼文章写得最为自由洒脱的是杂记、随笔之类的短文。《记承天寺夜游》全文仅八十余字，意境超然，韵味隽永，富有诗意。《赤壁赋》在自夜及晨的时间流动、游览过程与情绪变化过程中，把写景、诵诗、问答、议论水乳交融地汇为一体，摆脱了赋体的拘束，流转自如，堪称优美的散文诗。苏轼驾驭语言的能力极强，重视通过捕捉意象和声音、色彩等元素的组合，构成意境，传达自己的感受，词语新鲜，句式则骈散兼用，长短错落。

唐宋八大家中宋代六家，除欧阳修、苏轼外，曾巩的文章委曲周详，完整严谨；王安石的文章识见高超，挺拔劲峭；苏洵的文章纵横驰骤；苏辙的文章汪洋醇厚。他们都达到了很高的水平，并各有名篇。苏洵的《六国论》、曾巩的《墨池记》、王安石的《游褒禅山记》、苏辙的《黄州快哉亭记》，都一直为后人传诵。唐宋的散文是在先秦两汉散文和六朝散文基础上的发展和提高，各类文章丰富多彩，艺术水平也超越前代。八大家的散文成为元明清三代学习的楷模。

五、元明清时期

经元明清三代，戏曲、小说兴盛起来，而诗文的成就已不能和唐宋相比。元代散文园地寂寞，缺少名家和名篇。明、清两代则有小品文与爱国主义散文绽放光彩。

（一）放达自适——晚明小品

晚明小品成就较高的首推明末的张岱，他的《陶庵梦忆》《西湖梦寻》《琅嬛文集》有不少上乘之作。作者追忆故乡山水园林，寓亡国之痛，感情真挚动人。其中如《西湖七月半》《湖心亭看雪》《柳敬亭说书》，前两篇富有浓郁的诗意和独特的游赏趣味，个人化、生活化的情调很突出；后者用极其省净的文笔，刻画柳敬亭说书艺术，三言两语即能逼真地传达柳敬亭说书的情态。晚明小品文尽管有厚重不足和走向俚俗肤浅的倾向，但它摆脱了"粉饰蹈袭"及各种条条框框的约束，自由抒写，注重生活实感，表现个性，笔致清新，放达自适，也确实给文坛带来了可喜的新气象。它甚至影响到"五四"新文化运动时一些人的创作。

（二）启蒙开放——爱国散文

明末清初，民族矛盾尖锐，爱国主义思想在诗文中有突出表现，顾炎武、归庄、屈大均、侯方域、魏禧等都是主要作家。归庄的《送顾宁人北游序》、侯方域的《李姬传》、夏完淳的《狱中上母书》、全祖望的《梅花岭记》都写得非常动人。鸦片战争前后，资产阶级文化启蒙思想逐渐传开，《少年中国说》是一篇具有代表性的作品。晚清梁启超的文章几乎影响了一代人，他是"五四"时期"文体改革的先导"。而其后的"五四"新文化运动则以更加彻底的革命精神和创新精神，一方面彻底批判封建伦理道德和封建文化思想，一方面提倡白话文，坚决反对一直影响到清末的桐城派及其旁支余脉，直至其消歇，而散文也就进入了一个完全崭新的历史时期。

曲苑风流：戏曲艺术

中国戏曲，犹如一幅独特的艺术画卷，将音乐、舞蹈、表演、杂技、文学等多种元素融会其中。王国维在《戏曲考原》中说："戏曲者，谓以歌舞演故事也。"戏曲起源于古老的歌舞，经历了漫长的岁月洗礼，逐渐形成了丰富多彩的剧种和表演形式。戏曲艺术凝聚着中国传统文化的美学思想精髓，构成了独特的戏剧观，使中国戏曲在世界戏曲文化的大舞台上闪耀着它独特的艺术光辉。

一、酝酿萌芽

中国戏曲艺术源远流长，而戏曲艺术的发源，最早可以追溯到原始歌舞，如傩舞、社火等。我国《诗经》中的"颂"和《楚辞》中的"九歌"，均属于先人歌舞时的唱词。从春秋战国到汉代，随着贵族阶层的出现，歌舞逐渐从娱神向娱人转变。到了汉朝，歌舞出现一个大集成——百戏，百戏通常由皇家或贵族阶层组织表演。到了晋朝，歌舞开始演变成具有故事情节的表演，如角抵戏《东海黄公》，已经有了简单的故事情节，具备了戏曲的雏形。

二、发展繁荣

唐代经济的高度发展和文学艺术的繁荣，促进了戏曲艺术的自立门户。唐代的传奇小说人物形象鲜明、故事情节曲折，成为后世宋元杂剧和明清传奇素材的重要来源。后来北宋继承了唐代参军戏与歌舞戏，并吸收当时的歌舞和曲艺，产生了宋杂剧和诸宫调，随宋室南迁的戏曲和南方曲调结合发展成南戏，此时产生了完全成熟的戏曲形式。元代杂剧南戏繁荣兴盛，创造了中国戏曲史上的一个黄金时代，在中国古代戏曲艺术上取得了辉煌的成就。明清时期，戏曲继续发展，明清传奇成为继宋元南戏和金元杂剧后，发展丰富起来的新的戏曲艺术。明代的《牡丹亭》、清代的《长生殿》和《桃花扇》等都是著名的剧作。

三、代表作品

（一）才子佳人——《西厢记》

《西厢记》是元杂剧著名作品，其作者是王实甫。该剧以《西厢记诸宫调》为蓝本，改写崔莺莺和张君瑞的爱情故事，叙写了书生张生与相国小姐崔莺莺在侍女红娘的帮助下，冲破孙飞虎、崔母、郑恒等人的重重阻挠，终成眷属的故事。《西厢记》杂剧的改写，是一个真正的艺术创造过程。它不仅成功地改写了"始乱终弃"这一备受质疑的悲剧结果，还巧妙地赋予了才子佳人的爱情故事以前所未有的时代内涵。《西厢记》热情地讴歌了张君瑞和崔莺莺真挚而自由的爱情故事，深刻地揭露了封建礼教、封建门阀婚姻制度和封建道德观念的虚伪和腐朽，突出地表达了"愿普天下有情的都成了眷属"的美好愿望。

（二）孝道悲歌——《琵琶记》

《琵琶记》是元朝末年高明所作，它的出现，标志着南戏的成熟。该剧讲述蔡伯喈和赵五娘、牛小姐的爱情婚姻故事，曲词清丽婉转，是宋元南戏的代表之作。《琵琶记》所讲的是蔡伯喈同赵五娘新婚二月，便奉父命赴京应试，并一举考中状元，后牛丞相奉旨，强行召其为婿。这时家乡陈留郡遭大旱，赵五娘自食糠秕，而以米粥侍奉公婆，公婆痛心，憔悴而亡。赵五娘将公婆安葬后，一路弹唱琵琶，上京寻夫。最后一夫二妻大团圆。

（三）至情至真——《牡丹亭》

汤显祖的《牡丹亭》为中国古代戏曲思想最为深刻、艺术成就最为卓越的杰出代表。《牡丹亭》通过杜丽娘和柳梦梅生死离合的爱情故事，热情歌颂了杜丽娘为"情"而死，又因"情"复生的至情。作品既揭露了封建礼教的冷酷和虚伪，也表达了作者追求爱情自由，要求个性解放的精神。另外，作品中还寄寓了作者崇尚"真性情"的哲学思想，表现出与当时社会正统理学观念相对立的思想意识。《牡丹亭》全剧都贯穿着"情"与"理"的冲突，其比同时代的任何一部爱情剧都具有更深刻的思想价值和现实意义。

（四）叹尽兴旺——《桃花扇》

孔尚任的《桃花扇》讲述的是明末复社文人侯方域和江淮名妓李香君的爱情故事，侯方域在南京旧院结识李香君，两人一见钟情，共订婚约，订婚之日，侯方域题诗宫扇为聘。阉党余孽阮大铖得知侯方域手头拮据，暗送妆奁意欲拉拢侯方域，后被香君识破圈套，阮大铖怀恨在心。南明王朝建立后，阮大铖诬告侯方域，迫使他逃离南京。得势的阮大铖逼迫香君改嫁新任曹抚田仰，香君宁死不从，血溅定情诗扇。友人杨龙友将扇上血迹点染成折枝桃花，名桃花扇。后来南明灭亡，侯、李在栖霞山重逢，因早已国破家亡，受道士张耀星点醒，二人撕破桃花扇，双双入道。《桃花扇》把政治主题摆在主要地位，借爱情的悲剧反映了时代、历史的悲剧，抒发出离合兴亡的感慨。

书韵飘香：古典小说

小说是一种以刻画人物形象为中心、通过完整的故事情节和环境描写来反映社会生活的文学体裁。"小说"一词出自《庄子·外物》："饰小说以干县令，其于大达亦远矣。"在古代传统文学的观念中，小说属于不能登大雅之堂的"末技"通俗文学。但作为传统文化的源泉之一，古典小说具有其独特的发展内涵和历史意义，由点点萌芽到后期繁盛，它曲折漫长的发展史值得我们去了解与探寻。

一、酝酿萌芽

中国的古典小说发源于先秦的神话传说，如《女娲补天》《夸父逐日》等。神话是小说发展的最早源头，后来又吸收了史传文学和寓言散文，至汉代出现了将历史故事与民间传说结合在一起的作品。魏晋南北朝是我国古代小说初具规模的时期，这一时期的小说数量较多，内容丰富，可分为志人小说和志怪小说两大类。志人小说主要是记录人物轶闻琐事，如刘义庆的《世说新语》、邯郸淳的《笑林》等。志怪小说则主要谈鬼神和怪异事物，如干宝的《搜神记》、葛洪的《神仙传》、王嘉的《拾遗记》等。魏晋南北朝的志人、志怪小说大多讲述离奇的故事，塑造了不少生动、典型的人物形象。

二、发展繁荣

小说亦如诗，发展到唐代，小说发生了巨大的变异，唐传奇的产生代表小说真正走向了自觉创作的时期。唐传奇在题材上涉及婚恋、豪侠、历史、仕宦、神怪等各个方面，以华美的文笔书写了郎才女貌、才子佳人的爱情故事，如《莺莺传》是中国古代爱情小说的经典之作。宋元时期民间说话人的艺术成果颇丰，宋元话本为后世通俗小说提供了丰富的题材资源，对中国古代小说创作产生了深远的影响，明清的白话小说就是宋元话本的继承和发展。明清时期，古典小说发展到了顶峰，无论是从内容题材的丰富程度，还是创作的数量和成就，都是空前的。

三、代表作品

（一）《三国演义》

《三国演义》是罗贯中以陈寿的《三国志》为底本，在吸收宋元讲史话和杂剧故事的基础上再创作而成的一部历史演义小说。《三国演义》是明代历史演义小说的发端之作，也是我国第一部长篇章回体小说。《三国演义》在内容上，以宏大的场景描绘了东汉末年至西晋初年，魏、蜀、吴三国间一系列复杂的政治、军事和外交方面的斗争。小说中描写了大大小小数百次战役，刻画了众多人物形象，揭示了当时社会的动荡、黑暗和腐朽，反映了人民的苦难和渴望天下统一的愿望，寄托了对仁政明君、和平生活的憧憬，也表达了对历史人物忠义智勇优秀品质的赞颂。直至现在，人们还不断地从人才学、领导科学、商战技术等各个角度汲取其中的智慧。

（二）《水浒传》

《水浒传》是施耐庵用白话文写成的中国历史上第一部英雄传奇小说。它以历史和传说中北宋末年宋江起义的故事为基本素材，经过作者的精心编撰，生动地叙述了起义的发生、发展和结局，揭示了农民起义的本质原因，塑造了一大批绿林好汉的英雄豪杰形象。《水浒传》在内容上从高俅发迹写起，他结党营私、迫害忠良，于是天下英雄纷纷揭竿而起聚义梁山。其后梁山英雄在宋江的带领下接受招安并征辽、平方腊，可惜最终为奸臣谋害，魂聚蓼儿洼，整个故事充满了浓郁的悲剧色彩。《水浒传》的内容完整统一，在最广阔的历史背景下，揭露了封建统治阶级的丑陋罪行，指出了"官逼民反"这一农民起义的社会根源，歌颂了梁山英雄的反抗精神。

（三）《西游记》

《西游记》是吴承恩所创作的一部艺术上卓有成就、影响很大的长篇神魔小说。《西游记》主要是讲唐僧取经的故事，但和历史上玄奘取经的事迹又完全不同。它虽有宗教的内容，但其所展现的亦真亦幻的神魔世界，又极富浪漫主义色彩。《西游记》从孙悟空的故事开始，先写了孙悟空的来历，再写唐僧的来历和取经的缘由，之后则写取经的全过程和东归修成正果。虽然《西游记》描写了很多宗教故事，但却不是一部宣扬宗教的小说，而是以神佛的平庸无能、天庭的腐败黑暗，暗喻现实社会中种种丑恶的现象。《西游记》中所讲的取经事业象征的是一切正义的事业，取经的过程则体现了作者对正义、理想的追求，以及与邪恶势力进行斗争的精神。所以，表面上《西游记》是在歌颂取经事业，实则是对崇高的理想、勇于斗争的精神的追求。

（四）《聊斋志异》

《聊斋志异》是古代文言小说的集大成之作，是蒲松龄在广泛搜集民间故事、野史轶闻的基础上加工、创作而成。《聊斋志异》涉及内容包括科举制度、爱情故事，以及对世俗民风的讽刺。如《王子安》篇中的王子安，由于盼望金榜题名而神经错乱，遭到狐狸的戏弄。描写爱情的篇章，则不仅有人与人的爱情故事，还有人与神、人与鬼、人与动植物的恋爱故事，其中成就最高的是《婴宁》《小翠》《小谢》等，这些故事通过描写青年男女勇敢挑战封建婚姻制度、对爱情矢志不渝的追求，表达了作者对冲破种种樊篱、张扬美好人性的愿望。

（五）《红楼梦》

《红楼梦》原名为《石头记》，其前八十回的作者为曹雪芹，后四十回通常被认为是高鹗续写。《红楼梦》以贾宝玉和林黛玉的爱情悲剧为主线，讲述了一个贵族家庭无可挽回的衰败史，从整个社会的结构上，揭露出封建社会的腐败现象。同时，通过贾宝玉、林黛玉、薛宝钗的婚姻悲剧，以及一大批女性的青春、爱情、生命之美的毁灭，表达了作者对社会和人生的深刻思考。《红楼梦》在艺术手法上堪称集古代小说之大成，它精巧的结构、生动的人物形象、传神的语言风格、复杂的故事情节都显示出高超的艺术技巧。

中国古典小说发展历经千年历史，从萌芽时期的雏形到后来的巅峰繁盛之况，其间涌现出无数脍炙人口的经典巨作，内涵丰富，韵味深长。以上大致为中国古典小说的发展概况，研究它的演变脉络与历程，可以窥探出每个历史时期的不同文化面貌与社会情况，可以更好地理解小说作品的思想内涵，而且对传统文化和近现代文学发展都会有更深层次的发现。中国古典小说是中华文化的珍奇瑰宝，值得后人研读品味，万世流传。

经典领航

洞庭诗歌选

（一）《望洞庭湖¹ 赠张丞相²》

[唐]孟浩然

八月湖³水平，涵虚⁴混太清⁵。

气蒸⁶云梦泽⁷，波撼⁸岳阳城⁹。

欲济无舟楫¹⁰，端居耻圣明¹¹。

坐观¹²垂钓者¹³，徒¹⁴有羡鱼¹⁵情。

【注释】

1.洞庭湖：中国第二大淡水湖，在今湖南省北部。

2.张丞相：指张九龄，唐玄宗时宰相。

3.湖：此指洞庭湖。

4.涵虚：包含天空，指天空倒映在水中。涵：包容。虚：虚空，空间，高空。

5.混太清：与天混为一体。太清：指天空。

6.气蒸：亦作"气吞"。

7.云梦泽：古代云梦泽分为云泽和梦泽，指湖北南部、湖南北部一带低洼地区。洞庭湖是它南部的一角。

8.撼：摇动。亦作"动"。

9.岳阳城：在洞庭湖东岸。

10."欲济"句：想渡湖而没有船只，比喻想做官而无人引荐。济：渡。楫(jí)：划船用具，船桨，这里也是借指船。

11."端居"句：生在太平盛世自己却闲居在家，因此感到羞愧。端居：闲居。圣明：指太平盛世，古时认为皇帝圣明，社会就会安定。

12.坐观：一作"徒怜"。

13.者：一作"叟"。

14.徒：一作"空"。

15. 羡鱼：语出《淮南子·说林训》："临河而羡鱼，不如归家织网。"

(二)《游洞庭湖五首·其二》

[唐]李白

南湖[1] 秋水夜无烟，耐可[2] 乘流直上天。

且就洞庭赊[3] 月色，将船买酒白云边[4]。

【注释】

1. 南湖：南湖是由洞庭湖派生出来的自然湖泊，属洞庭。
2. 耐可：哪可，怎么能够。
3. 赊：赊欠。
4. "将船"句：乘舟痛快地赏月喝酒。

(三)《登岳阳楼》

[唐]杜甫

昔闻洞庭水[1]，今上岳阳楼[2]。

吴楚东南坼[3]，乾坤[4] 日夜浮[5]。

亲朋无一字[6]，老病[7] 有孤舟[8]。

戎马[9] 关山北[10]，凭轩[11] 涕泗流[12]。

【注释】

1. 洞庭水：即洞庭湖，在今湖南北部，长江南岸，是中国第二淡水湖。
2. 岳阳楼：即岳阳城西门楼，在湖南省岳阳市，下临洞庭湖，为游览胜地。
3. "吴楚"句：吴楚两地在中国东南。坼(chè)：分裂。
4. 乾坤：指日、月。
5. 浮：日月星辰和大地昼夜都飘浮在洞庭湖上。
6. 无一字：音讯全无。字：这里指书信。
7. 老病：杜甫时年五十七岁，身患肺病，风痹，右耳已聋。
8. 有孤舟：唯有孤舟一叶飘零无定。
9. 戎马：指战争。
10. 关山北：北方边境。
11. 凭轩：靠着窗户或廊上的栏杆。
12. 涕泗(sì)流：眼泪禁不住地流淌。

(四)《望洞庭》

[唐]刘禹锡

湖光[1] 秋月两[2] 相和[3]，潭面无风镜未磨[4]。

遥望洞庭山水翠[5]，白银盘[6] 里一青螺[7]。

【注释】

1.湖光：湖面的波光。

2.两：指湖光和秋月。

3.和：和谐。指水色与月光交相辉映。

4."潭面"句：此句意思一说是湖面无风，水平如镜；一说是远望湖中的景物，隐约不清，如同镜面没打磨时照物模糊。潭面：指湖面。镜未磨：古人的镜子用铜制作、磨成。

5.山水翠：一作"山水色"。山，指洞庭湖中的君山。

6.白银盘：形容平静而幽清的洞庭湖面。白银：一作"白云"。

7.青螺：这里用来形容洞庭湖中的君山。

（五）《念奴娇·过洞庭》

[宋]张孝祥

洞庭青草，近中秋，更无一点风色^1。玉鉴琼^{2}田三万顷，着^{3}我扁舟^{4}一叶。素月^{5}分辉，明河^{6}共影，表里^{7}俱澄澈。悠然心会，妙处难与君说。

应念岭海^{8}经年，孤光^{9}自照，肝胆^{10}皆冰雪^{11}。短发萧骚^{12}襟袖冷^{13}，稳泛沧浪^{14}空阔。尽挹^{15}西江^{16}，细斟北斗^{17}，万象^{18}为宾客。扣^{19}舷独啸^{20}，不知今夕何夕^{21}。

【注释】

1.风色：风势。

2.琼：美玉。

3.着：附着。

4.扁舟：小船。

5.素月：洁白的月亮。

6.明河：天河。明河一作"银河"。

7.表里：里里外外。此处指天上月亮和银河的光辉映入湖中，上下一片澄明。

8.岭海：岭外，即五岭以南的两广地区，作者此前为官广西。岭海一作"岭表"。

9.孤光：指月光。

10.肝胆：一作"肝肺"。

11.冰雪：比喻心地光明磊落像冰雪般纯洁。

12.萧骚：稀疏。萧骚一作"萧疏"。

13.襟袖冷：形容衣衫单薄。

14.沧浪：青苍色的水。沧浪一作"沧溟"。

15.挹(yì)：舀。挹一作"吸"。

16.西江：长江连通洞庭湖，中上游在洞庭以西，故称西江。

17.北斗：星座名。由七颗星排成像舀酒的斗的形状。

18.万象：万物。

19.扣：敲击。扣一作"叩"。

20.啸：撮口作声。啸一作"笑"。

21."不知"句：赞叹夜色美好。使人沉醉，竟忘掉一切(包括时间)。

【解读】

洞庭湖是中国历史上著名的湖泊，秀美的自然风光和深厚的文化底蕴，使得洞庭湖自古以来就是文人墨客吟咏歌颂的对象。孟浩然在《望洞庭湖赠张丞相》中表现出的是对自然美景的赞美与对隐逸生活的向往；《游洞庭湖五首·其二》中充满浪漫主义色彩，李白通过醉后的视角，展现对洞庭美景的陶醉与对人生欢乐的追求；杜甫则在《登岳阳楼》中深刻表达了晚年孤独与忧国忧民情怀；刘禹锡俊爽明快的笔下不仅有湖光映月色的洞庭之景，更具有哲人的睿智与诗人的挚情；张孝祥《念奴娇·过洞庭》这一词展现了月下洞庭的清澈美丽与诗人超脱世俗、悠然自得的心境。洞庭诗歌都以泼墨山水般的渲染，将八百里洞庭的阔大境象与壮伟景观描绘得撼人心魄，更让这一自然景观承载了厚重的历史文化，成为历代文人士大夫寄托情感、寄寓哲理的重要载体，使其成为中国山水文化中的一颗璀璨明珠。

《永州八记·始得西山宴游记》(节选)

柳宗元

今年[1]九月二十八日，因坐法华西亭[2]，望西山，始指异之。遂命仆人过湘江[3]，缘[4]染溪[5]，斫[6]榛莽[7]，焚茅茷[8]，穷山之高而止[9]。攀援而登，箕踞[10]而遨[11]，则凡数州之土壤，皆在衽席[12]之下。其高下之势，岈然[13]洼然[14]，若垤[15]若穴，尺寸千里，攒[16]蹙累积，莫得[17]遁隐。萦青缭白[18]，外与天际，四望如一。然后知是山之特立[19]，不与培塿[20]为类。悠悠乎与颢气[21]俱，而莫得其涯；洋洋乎与造物者游，而不知其所穷。引觞满酌，颓然就醉，不知日之入。

【注释】

1.今年：指元和四年(809年)。

2.西亭：在法华寺内，为柳宗元所建，他经常在这里游赏山景，饮酒赋诗。

3.湘江：应为潇水。潇水流经永州城西，至萍州才与湘江汇合。

4.缘：沿着。

5.染溪：又作"冉溪"，柳宗元又称为"愚溪"，是潇水的一条小支流。

6.斫：砍伐。

7.榛莽：指杂乱丛生的荆棘灌木。

8.茅茷：指长得繁密杂乱的野草。茷：草叶茂盛

9.穷山之高而止：一直砍除、焚烧到山的最高处才停止。穷：尽，指把榛莽、茅茷砍除、焚烧尽。

10.箕踞：像簸箕一样地蹲坐着。指坐时随意伸开两腿，像个簸箕，是一种不拘礼节的

坐法。正规坐法，屁股要压在脚后跟上，两腿不能伸直。箕：簸箕。踞：蹲坐。

11．遨：游赏。

12．衽席：坐垫、席子。

13．岈（xiā）然：高山深邃的样子。岈：《广韵》："岈，蛤岈，山深之状。"

14．洼然：深谷低洼的样子。"岈然"承"高"，"洼然"承"下"。

15．垤：蚁封，即蚂蚁洞边的小土堆。"若垤"承"岈然"，"若穴"承"洼然"。

16．攒：聚集在一起。

17．莫得：没有什么能够。莫：没有什么，代词。得：能。

18．萦青缭白：青山萦回，白水缭绕。作者为了突出"萦""缭"景象，有意把主谓式变成动宾式。白：指山顶所见潇、湘二水。

19．特立：特别突出。

20．培塿：小土堆。

21．灏气：同"浩气"，指天地间的大气。

【解读】

《始得西山宴游记》作为《永州八记》中的第一篇，起着开宗明义、统领全局的作用。"是山之特立，不与培塿为类"是柳宗元独立人格的镜像。写下此篇佳作前，柳宗元历经革新失败、被贬他乡、母亲去世等一连串的打击，让他终日借酒浇愁，浑浑噩噩度日。"立身一败，万事瓦裂。身残家破，为世大僇。"他始终以落魄的异乡人心态游荡在永州的山水间，心无所依。然而，写下这篇佳作时，他立于西山山顶，远眺崇山峻岭，突然发现眼前的风景如此独特美好，是自己曾经从未发现的，他仿佛与眼前的山水产生了共鸣，眼前的一草一木都变得亲切起来，从对抗走向统一，柳宗元为自己的独立人格找到了强大的支撑，人格力量也据此获得提升。

《牡丹亭·惊梦》(节选)

汤显祖

【绕池游】(旦上)梦回莺啭，乱煞年光遍。人立小庭深院¹。(贴)炷尽沉烟，抛残绣线，恁今春关情似去年²？

【乌夜啼】(旦)晓来望断梅关³，宿妆⁴残。(贴)你侧着宜春髻子⁵，恰凭阑。(旦)剪不断，理还乱，闷无端⁶。(贴)已分付催花莺燕借春看。(旦)春香，可曾叫人扫除花径？(贴)分付了。(旦)取镜台衣服来。(贴取镜台衣服上)云髻罢梳还对镜，罗衣欲换更添香⁷。镜台衣服在此。

【步步娇】(旦)袅晴丝⁸吹来闲庭院，摇漾春如线。停半晌，整花钿。没揣菱花，偷人半面，迤逗的彩云偏⁹。(行介)步香闺怎便把全身现！(贴)今日穿插的好。

【醉扶归】(旦)你道翠生生出落的裙衫儿茜，艳晶晶花簪八宝填，可知我常一生儿爱好是天然¹⁰。恰三春好处无人见¹¹。不提防沉鱼落雁¹²鸟惊喧，则怕的羞花闭月花愁颤¹³。

(贴)早茶时了，请行。(行介)你看："画廊金粉半零星，池馆苍苔一片青。踏草怕泥新绣袜，惜花疼煞小金铃[14]。"(旦)不到园林，怎知春色如许？

【皂罗袍】原来姹紫嫣红[15]开遍，似这般都付与断井颓垣。良辰美景奈何天，赏心乐事谁家院[16]！恁般景致，我老爷和奶奶再不提起。(合)朝飞暮卷，云霞翠轩；雨丝风片，烟波画船[17]——锦屏人[18]忒[19]看的这韶光贱[20]！(贴)是花都放了，那牡丹还早。

【好姐姐】(旦)遍青山啼红了杜鹃[21]，荼蘼[22]外烟丝醉软。春香呵，牡丹虽好，他春归怎占的先[23]！(贴)成对儿莺燕呵。(合)闲凝眄，生生燕语明如剪，呖呖莺歌溜的圆。(旦)去罢。(贴)这园子委是观之不足也。(旦)提他怎的！(行介)

【隔尾】观之不足由他缱，便赏遍了十二亭台是枉然[24]。到不如兴尽回家闲过遣。(作到介)(贴)"开我西阁门，展我东阁床[25]。瓶插映山紫[26]，炉添沉水香。"小姐，你歇息片时，俺瞧老夫人去也。(下)(旦叹介)"默地游春转，小试宜春面。"春呵，得和你两留连，春去如何遣？咳！恁般天气，好困人也。春香那里？(作左右瞧介)(又低首沉吟介)天呵！春色恼人，信有之乎？常观诗词乐府，古之女子，因春感情，遇秋成恨，诚不谬矣。吾今年已二八，未逢折桂之夫。忽慕春情，怎得蟾宫之客？昔日韩夫人得遇于郎[27]，张生偶逢崔氏[28]，曾有《题红记》《崔徽传》二书。此佳人才子，前以密约偷期，后皆得成秦晋[29]。(长叹介)吾生于宦族，长在名门。年已及笄[30]，不得早成佳配。诚为虚度青春，光阴如过隙耳。(泪介)可惜妾身颜色如花，岂料命如一叶乎[31]！

【注释】

1."梦回莺啭"三句：意谓春天到来，莺声惊醒迷梦，在小庭深院小站，觉得遍地是撩乱人心的光景。乱煞：此处指春光缭乱。年光：春光。

2."炷尽沉烟"三句：意指百无聊赖，时光在沉香中流逝，无心针线，今年的春天扰人，甚似去年。炷：点香。沉烟：即沉水香，一种名贵的香料。

3.梅关：在大庾岭，又称"梅岭"，位于剧情发生地南安府(今江西大余县)的南面，为粤赣间的重要通道，因遍植梅树，故名。

4.宿妆：隔夜的残妆。

5.宜春髻子：古时女子所梳的髻。相传立春那天，妇女剪彩色丝绸成燕子形，将"宜春"字样贴在彩绸上，戴在髻上，故名。南朝梁宗懔《荆楚岁时记》："立春之日，悉剪彩为燕，戴之，帖'宜春'二字。"

6."剪不断"三句：形象地写出杜丽娘那无端的愁闷，欲放放不下，欲理反更乱。南唐后主李煜《乌夜啼》："剪不断，理还乱。"

7."云髻罢梳"二句：唐薛逢《宫词》曰"云髻罢梳还对镜，罗衣欲换更添香。"云髻：高耸的发髻，亦可借指美女。罗衣：轻软丝织品制成的衣服，常说"罗衣飘飘"。

8.晴丝：晴朗的春天天空中飘荡的游丝，亦指后文所说的"烟丝""飞丝"，喻指情思在心中摇漾。"丝"谐音"思"。

9."停半晌"五句：此处细写杜丽娘对镜梳妆的心境，整理花钿，半遮半掩，羞答答地不料把发卷都弄偏了。花钿：鬓发两旁的嵌有金花珠宝的饰物。没揣：料想不到。菱花：镜子，古代以铜为镜，映日则发光影如菱花，故名"菱花镜"。迤逗：牵引，招惹。彩云：指美丽的发式。

10."你道翠生生"三句：意谓她打扮得非常漂亮，因为她的天性就是爱美的。翠生生：形容衣裙颜色鲜艳。出落：显现。茜：暗红色，此处指鲜艳的裙衫。艳晶晶：形容头饰光彩夺目。

11.恰三春好处无人见：意指自己正值妙龄青春美貌，却无人欣赏、爱惜。三春：孟春、仲春、季春之谓，泛指春天。

12.沉鱼落雁：形容女子貌美，鱼见之沉入水底，雁见之降落沙洲。典出《庄子·齐物论》："毛嫱、丽姬，人之所美也；鱼见之深入，鸟见之高飞，麋鹿见之决骤，四者孰知天下之正色哉？"

13.羞花闭月，也用来形容女子貌美，使花亦羞愧，月亦隐藏。中国人习惯把"沉鱼落雁"和"闭月羞花"并用，分别指代历史上的四大美女，"沉鱼"指春秋的西施，"落雁"指西汉的王昭君，"闭月"指东汉末的貂蝉，"羞花"指唐代的杨贵妃。

14."画廊金粉"四句：描写画廊花园的景色。零星：零散、脱落。泥：沾污，这里作动词用。惜花疼煞小金铃：《开元天宝遗事》载，"天宝初，宁王……于后回中纫红丝为绳，密缀金铃，系于花梢之上。每有鸟鹊翔集，则令园吏掣铃索以惊之。盖惜花之故也"。疼煞：极痛。

15.姹紫嫣红：形容各色的鲜花娇艳、绚丽，十分好看。

16."良辰美景奈何天"二句：这里意思是良辰美景犹在，但赏心乐事却不知落在家谁院。杜丽娘赞叹春色美好却还是难以排遣满腔的愁思。南朝谢灵运《拟魏太子〈邺中集〉诗》序："天下良辰、美景、赏心、乐事四者难并。"奈何天：世事无常。

17."朝飞暮卷"四句：这里描写春光灿烂的亭台美景。朝飞暮卷：唐王勃《滕王阁序》曰"画栋朝飞南浦云，朱帘暮卷西山雨"。轩：长廊有窗的叫"轩"。雨丝风片：春天的细雨微风。

18.屏人：富贵中人，此指深闺中的女子。

19.忒：太。

20.韶光：春光。

21.啼红了杜鹃：杜鹃花开出鲜红的花朵，仿佛是由杜鹃鸟啼出的血染成的。

22茶蘼：落叶小灌木，晚春并花，黄白色，有香味。

23."牡丹虽好"二句：牡丹虽是花中之王，但"芳香散尽再无春"，在凋谢的时候它又怎能占得百花之先呢？语句中蕴含着杜丽娘对大好青春无人欣赏的愁闷和伤感。

24."观之不足由他缱"二句：任由这些好看的花儿怎样惹人留恋，我们就是把园中十二亭台周围所有的花都赏玩遍了，要解春愁也是枉然的。缱：留恋不舍。

25."开我西阁门"二句：南北朝《木兰诗》曰"开我东阁门，坐我西阁床。"

26.映山紫：映山红(杜鹃花)的一种。

27.韩夫人得遇于郎：宋刘斧《青琐高议》载，唐僖宗时，宫女韩夫人以红叶题诗，从御沟中流出宫外，为儒生于佑拾获。于佑又以红叶题诗，从御沟上流入宫中，巧为韩夫人拾得。后僖宗放宫女出宫，韩夫人与于佑结为夫妇。

28.张生偶逢崔氏：《西厢记》敷演的张生与崔莺莺的爱情故事。下文《崔徽传》写崔徽与裴敬中的恋爱故事,与崔张故事无涉,故《崔徽传》恐为作者误记。

29.得成秦晋:春秋时秦晋两国世为婚姻,后因称两姓联姻为"秦晋之好"。

30.及笄:《礼记·内则》:"(女子)十有五年而笄。"郑玄注:"谓应年许嫁者。女子许嫁,笄而字之,其未许嫁,二十则笄。"笄:发簪。后因称女子年满十五为"及笄"。

31.岂料命如一叶乎:指命薄如叶。金无好问《鹧鸪天·薄命妾》:"颜色如花画不成,命如叶薄可怜生。"

【解读】

这是《牡丹亭》中最脍炙人口的一出戏。在《诗经·关雎》洲渚之兴的启迪下,杜丽娘和春香瞒着父母到后花园游玩,花园内生机勃勃的自然美景和她新鲜活泼的感受,同她枯寂的闺房生活形成鲜明的对照,使她的心灵受到强烈的震动,自然春光触发了她的情怀,唤醒了她的青春意识。但她也同时悟到,良辰美景虚设,赏心乐事难逢,春光易逝,红颜易老,心中十分惆怅。回房之后,在怅惘郁闷的心境中,她不禁慨叹"年已及笄,不得早成佳配,诚为虚度青春"。在勃勃春光和古代爱情诗篇的激发下,她终于产生了挣脱封建礼教束缚、争取爱情自由的强烈愿望。同时《惊梦》的舞台表演艺术也堪称典范,经过历代昆曲艺术家的不断加工和提炼,以《惊梦》为代表的说唱、表演、音乐、舞蹈相结合的综合艺术,充分体现了昆曲艺术典雅、端丽的艺术特征,是昆曲乃至中国戏曲表演艺术的最高成就。

《红楼梦·游幻境指迷十二钗》(节选)

曹雪芹

那宝玉刚合上眼,便惚惚的睡去,犹似秦氏在前,遂悠悠荡荡,随了秦氏,至一所在。但见朱栏白石,绿树清溪,真是人迹希逢,飞尘不到。宝玉在梦中欢喜,想道:"这个去处有趣,我就在这里过一生,纵然失了家也愿意,强如天天被父母师傅打呢。"正胡思之间,忽听山后有人作歌曰:

春梦随云散,飞花逐水流,寄言众儿女,何必觅闲愁。

宝玉听了是女子的声音。歌声未息,早见那边走出一个人来,蹁跹袅娜,端的与人不同。宝玉见是一个仙姑,喜的忙来作揖问道:"神仙姐姐不知从哪里来,如今要往哪里去?也不知这是何处,望乞携带携带。"那仙姑笑道:"吾居离恨天之上,灌愁海之中,乃放春山遣香洞太虚幻境警幻仙姑是也:司人间之风情月债,掌尘世之女怨男痴。因近来风流冤孽,缠绵于此处,是以前来访察机会,布散相思。今忽与尔相逢,亦非偶然。此离吾境不远,别无他物,仅有自采仙茗一盏,亲酿美酒一瓮,素练魔舞[1]歌姬数人,新填《红楼梦》仙曲十二支,试随吾一游否?"宝玉听说,便忘了秦氏在何处,竟随了仙姑,至一所在,有石牌横建,上书"太虚幻境"四个大字,两边一副对联,乃是:

假作真时真亦假,无为有处有还无。

转过牌坊,便是一座宫门,上面横书四个大字,道是:"孽海情天"。又有一副对联,大书云：

> 厚地高天，堪叹古今情不尽，
>
> 痴男怨女，可怜风月债难偿。

宝玉看了，心下自思道："原来如此。但不知何为'古今之情'，何为'风月之债'？从今倒要领略领略。"宝玉只顾如此一想，不料早把些邪魔招入膏肓²了。当下随了仙姑进入二层门内，至两边配殿，皆有匾额对联，一时看不尽许多，惟见有几处写的是："痴情司"，"结怨司"，"朝啼司"，"夜怨司"，"春感司"，"秋悲司"。看了，因向仙姑道："敢烦仙姑引我到那各司中游玩游玩，不知可使得？"仙姑道："此各司中皆贮的是普天之下所有的女子过去未来的簿册，尔凡眼尘躯，未便先知的。"宝玉听了，那里肯依，复央之再四。仙姑无奈，说："也罢，就在此司内略随喜随喜³罢了。"宝玉喜不自胜，抬头看这司的匾上，乃是"薄命司"三字，两边对联写的是：

> 春恨秋悲皆自惹，花容月貌为谁妍。

宝玉看了，便知感叹。进入门来，只见有十数个大厨，皆用封条封着。看那封条上，皆是各省的地名。宝玉一心只拣自己的家乡封条看，遂无心看别省的了。只见那边厨上封条上大书七字云："金陵十二钗正册"。宝玉问道："何为'金陵十二钗正册'？"警幻道："即贵省中十二冠首女子之册，故为'正册'。"宝玉道："常听人说，金陵极大，怎么只十二个女子？如今单我家里，上上下下，就有几百女孩子呢。"警幻冷笑道："贵省女子固多，不过择其紧要者录之。下边二厨则又次之。余者庸常之辈，则无册可录矣。"宝玉听说，再看下首二厨上，果然写着"金陵十二钗副册"，又一个写着"金陵十二钗又副册"。宝玉便伸手先将"又副册"厨开了，拿出一本册来，揭开一看，只见这首页上画着一幅画，又非人物，也无山水，不过是水墨溓染⁴的满纸乌云浊雾而已。后有几行字迹，写的是：

> 霁月难逢，彩云易散。心比天高，身为下贱。风流灵巧招人怨。寿夭多因毁谤生，多情公子空牵念。⁵

宝玉看了，又见后面画着一簇鲜花，一床破席，也有几句言词，写道是：

> 枉自温柔和顺，空云似桂如兰，堪羡优伶有福，谁知公子无缘。⁶

宝玉看了不解。遂掷下这个，又去开了副册厨门，拿起一本册来，揭开看时，只见画着一株桂花，下面有一池沼，其中水涸泥干，莲枯藕败，后面书云：

> 根并荷花一茎香，平生遭际实堪伤。自从两地生孤木，致使香魂返故乡。⁷

宝玉看了仍不解。便又掷了，再去取"正册"看，只见头一页上便画着两株枯木，木上悬着一围玉带，又有一堆雪，雪下一股金簪。也有四句言词，道是：

> 可叹停机德，堪怜咏絮才。玉带林中挂，金簪雪里埋。⁸

宝玉看了仍不解。待要问时，情知他必不肯泄漏，待要丢下，又不舍。遂又往后看时，只见画着一张弓，弓上挂着香橼。也有一首歌词云：

> 二十年来辨是非，榴花开处照宫闱。三春争及初春景，虎兕相逢大梦归。⁹

后面又画着两人放风筝，一片大海，一只大船，船中有一女子掩面泣涕之状。也有四句写云：

> 才自精明志自高，生于末世运偏消。清明涕送江边望，千里东风一梦遥。¹⁰

后面又画几缕飞云，一湾逝水。其词曰：

富贵又何为，襁褓之间父母违。展眼吊斜晖，湘江水逝楚云飞。[11]

后面又画着一块美玉，落在泥垢之中。其断语云：

欲洁何曾洁，云空未必空。可怜金玉质，终陷淖泥中。[12]

后面忽见画着个恶狼，追扑一美女，欲啖之意。其书云：

子系中山狼，得志便猖狂。金闺花柳质，一载赴黄粱。[13]

后面便是一所古庙，里面有一美人在内看经独坐。其判云：

勘破三春景不长，缁衣顿改昔年妆。可怜绣户侯门女，独卧青灯古佛旁。[14]

后面便是一片冰山，上面有一只雌凤。其判曰：

凡鸟偏从末世来，都知爱慕此生才。一从二令三人木，哭向金陵事更哀。[15]

后面又是一座荒村野店，有一美人在那里纺绩。其判云：

势败休云贵，家亡莫论亲。偶因济刘氏，巧得遇恩人。[16]

后面又画着一盆茂兰，旁有一位凤冠霞帔的美人。也有判云：

桃李春风结子完，到头谁似一盆兰。如冰水好空相妒，枉与他人作笑谈。[17]

后面又画着高楼大厦，有一美人悬梁自缢。其判云：

情天情海幻情身，情既相逢必主淫。漫言不肖皆荣出，造衅开端实在宁。[18]

宝玉还欲看时，那仙姑知他天分高明，性情颖慧，恐把仙机泄漏，遂掩了卷册，笑向宝玉道："且随我去游玩奇景，何必在此打这闷葫芦！"

【注释】

1.魔舞：亦名天魔舞。本为唐代一种宫廷舞乐，王建《宫词》："十六天魔舞袖长。"元顺帝至正十四年制天魔舞，为宫廷大型队舞，以宫女十六人，盛装扮成菩萨，有多种乐器伴奏，应节而舞。

2.膏肓(huāng)：古代中医称心脏与横膈膜之间的部位叫膏肓。《左传》成公十年：晋景公患重病，求医于秦国，秦桓公派名医复缓前往医治，缓未到，他梦见他的病化作两个童子藏到膏之下，肓之上。前往医治，缓诊断后说："疾不可为不可，达之不得，药不至焉不可为也。在肓之上，膏之下，攻之后遂称病重垂色、不可救药叫病入膏肓。

3.随喜：佛教术语，谓见人作善事后随之生欢喜心。后游览参观寺院，亦称随喜。

4.滃(wěng)染：为中国画技法，近于"烘染"，但不即"烘染"。"烘染"一以色笔、一以水笔晕之，双管并用，层次自清。"滃染"乃水墨染，大笔横拖，浓淡滃翳，犹山谷间涌出之滃郁云气。汉代刘熙《释名》："滃滃然浊色也。"所以此句谓："不过是水墨滃染的满纸乌云浊雾而已。"

5."霁月难逢"一首：为晴雯判词。画面喻晴雯处境的污浊与险恶。霁月难逢：雨过天晴时的明月叫"霁月"，点"晴"字，喻晴雯人品高尚，然而遭遇艰难。《宣和遗事·元集》："大概光风霁月之时少。"彩云易散：隐指晴雯的横遭摧残而夭夭。"彩云"，寓"雯"字(雯，即彩云)。白居易《简简吟》："大都好物不坚牢，彩云易散琉璃脆。"身为下贱：指晴雯身为女奴，地位十分低下。多情公子：指贾宝玉。

6."枉自温柔和顺"一首：为袭人判词。画面寓"花气袭(谐音席)人"四字隐花袭人姓名。优伶：旧时对歌舞戏剧艺人的称谓，这里指蒋玉菡。公子：指贾宝玉。根据脂批，袭人出嫁先于宝玉出家，故有末二句判词。

7.“根并荷花一茎香”一首：为香菱判词。画面“一株桂花”暗指“夏金桂”，“莲枯藕败”隐指英莲及其结局。根并荷花：指菱根挨着莲根。隐喻香菱就是原来的英莲。遭际：遭遇。两地生孤木：拆字法，两个“土”(地)字，加一个“木”字，指“桂”，寓夏金桂。照画面与后二句判词，香菱的结局当被夏金桂虐待致死。

8.“可叹停机德”一首：为薛宝钗和林黛玉判词。停机德：指符合封建道德规范要求的一种妇德。东汉乐羊子远出求学，中道而归，其妻以停下织机割断经线为喻，劝其不要中断学业，以期求取功名。见《后汉书·列女传》。这里指薛宝钗咏絮才：指女子敏捷的才思。晋人谢道韫，聪明有才辩，某天大雪，韫叔谢安问：“白雪纷纷何所似？”韫堂兄谢朗答道：“撒盐空中差可拟。”道韫曰：“未若柳絮因风起。”谢安赞赏不已。见《世说新语·言语》。这里指林黛玉。玉带林中挂：前三字国谐“林黛玉”三字。又暗示贾宝玉对林黛玉的牵挂。金簪雪里埋：金簪，喻宝钗雪，谐音“薛”。句意暗寓其结局之冷落与凄苦。

9.“二十年来辨是非”一首：为元春判词。画面的“一张弓”，谐音“宫闱”的“宫”字；“弓”上悬着一个“香橼(yuán)”，谐元春的“元”字。三春：这里隐指迎春、探春、惜春。初春：指元春。争及：怎及。咒(sì)：犀牛类猛兽。大梦归：死亡。一说此句为“虎兔相逢大梦归”，虎、兔，指地支中的寅、卯，暗喻元春薨逝的时间。

10.“才自精明志自高”一首：为探春判词。画面暗指探春远嫁海隅，犹如断线的风筝，一去不返。后二句诗与此意同。运偏消：命运偏偏愈来愈不济。

11.“富贵又何为”一首：为史湘云判词。前二句说史湘云自幼父母双亡，家庭的富贵并不能给她以温暖。襁褓之间：指婴儿时期。襁：背孩子用的系带。褓：包孩子用的小被。后二句说史湘云婚后好景不长，转眼之间夫妻离散。吊：凭吊，伤悼。湘江水逝楚云飞：藏“湘”“云”二字，并暗用宋玉《高唐赋》中楚怀王梦会巫山神女事，喻夫妻生活的短暂，与该判词画面含意相同。

12.“欲洁何曾洁”一首：为妙玉判词。画面“一块美玉”寓其名，“落在泥垢之中”喻其结局。后二句诗与此意同。洁：既指清洁，亦指佛教所说的净。佛教认为现实世界是污秽的，唯有天堂佛国才算“净土”，所以佛教又称净教。妙玉有“洁癖”，又身在佛门，故云欲“洁”。空：超脱尘缘。金玉质：喻妙玉“出身不凡，心性高洁”。淖(nào)：泥沼，烂泥。

13.“子系中山狼”一首：为迎春判词。画面与判词均暗示迎春嫁了忘恩负义的凶恶丈夫，致被折磨而死。子：旧时对男子的尊称。系：是。“子”“系”又合而成“孙(孙)”字，指迎春的丈夫孙绍祖。“中山狼”：古代寓言，见明代马中锡《东田集》。后遂以中山狼比喻忘恩负义的人。赴黄粱：这里喻死亡。唐人沈既济《枕中记》说：寒儒卢生枕在道士吕翁给他的一个神奇的枕上睡去，梦中享尽荣华富贵，醒来后，还不到蒸熟一顿黄粱米饭的时间，后以喻人生如梦。

14.“勘破三春景不长”一首：为惜春判词。画面与判词暗示惜春的结局是出家为尼。据脂批，惜春为尼后过着“缁衣乞食”的生活。三春：指惜春的三个姐姐。勘破：看破。缁(zī)衣：黑色的衣服，这里指僧尼服装。青灯：佛前海灯。

15.“凡鸟偏从末世来”一首：为王熙凤判词。画面的“雌凤”象征王熙凤，“片冰山”喻王熙凤倚作靠山的财势似冰山难以持久。“凡鸟”合而成“鳳(凤)”字点其名。事出《世说新语·简傲》：嵇康与吕安是好友，一次吕安去拜访嵇康，康不在，其兄嵇喜出门迎接，吕安不认，在门上题一"凤"字而去，嵇喜很高兴，以为称自己是凤凰，其实吕安嘲笑他是"凡鸟"。一从二令三人木：难确知其含义。或谓指贾琏对王熙凤态度变化的三个阶段：始则听从，续则使令，最后休弃（"人木"合成休字）。据脂批，贾府"事败"，王熙凤曾落入"狱神庙"，后短命而死。

16."势败休云贵"一首：为巧姐判词。画面暗指巧姐的结局是成为以纺绩为生的乡村妇女。判词前二句写巧姐在贾府事败后被"狠舅奸兄"所卖。后二句写姐为刘姥姥所救。巧：语意双关，含巧姐之"巧"与凑巧之"巧"。恩人：指刘姥姥。

17."桃李春风结子完"一首：为李纨判词。画面暗示李纨晚年因子得贵、造命加身。首句"桃李""完"寓李纨二字，全句寓李纨生子后就青春丧偶。次句寓贾兰的"兰"字，兼指将来贾府诸子孙中唯贾兰显贵。后二句句意难以确定，或谓化用唐代僧人寒山《无题》诗："欲识生死譬，且将冰水比。水结即成冰，冰消返成水。"说李纨一生三从四德，晚年荣华方至，却随即死去，只留得一个诰封虚名，白白地给世人作谈资笑料。

18."情天情海幻情身"一首：为秦可卿判词。根据脂批，小说第十三回原为："秦可卿淫丧天香楼"。画上所画当指此。脂批又云："老朽因（秦可卿）有魂托凤姐贾家后事二件……其言其意则令人悲切感服，姑赦之，因命芹溪（雪芹）删去。"但曹雪芹虽删去了这段情节，却在判词和画中仍保留了初稿里关于秦可卿结局的某些暗示。情天情海：与"太虚幻境"的匾额"孽海情天"义同，喻世间风月情多。幻情身：幻变的情的化身。后两句意谓别以为不长进的东西都出自荣国府，造祸开端的其实是宁国府里的人，指贾珍等伤风坏俗的秽行。

【解读】

《红楼梦》是一部将整个"梦境"上升到了审美的、社会批判的高度的作品。"梦"与现实的关系被曹公密密编织成一张宏大的网络，是一个宏大的文学隐喻。"幻境"，虚幻的境界，此指贾宝玉所梦游之"太虚幻境"；"指迷"，指点迷津，这里有提前预示、暗示的意思；"十二钗"，指书中林黛玉、薛宝钗等十二位女子。"仙醪"，仙酒。"红楼梦"，此指贾宝玉在太虚幻境所听之十四首红楼梦曲。回目言贾宝玉在梦游太虚幻境时阅读了预示书中众多女子的性格和不幸命运的册子，饮仙酒时又听了揭示贾府败落和众女子不幸人生及结局的红楼梦曲。此回历来被认为是《红楼梦》全书总纲。在全书故事尚未充分展开以前，曹雪芹就以主人公宝玉梦游太虚幻境"阅册""听曲"的形式，不仅预示了贾宝玉的思想性格、人生追求和宝黛钗的爱情婚姻悲剧，预示了《红楼梦》中众女儿的悲剧命运，而且预示了贾府走向彻底毁灭的必然结局。

湖湘学堂

中国文脉之根，湖湘精神之魂——屈原

屈原（约前340年—前278年），芈姓，屈氏，字灵均，出生于楚国丹阳秭归，战国时期楚国诗人、政治家。屈原博闻强识，志向远大。早年受楚怀王信任，屈原任左徒、三闾大夫，兼管内政外交大事。他提倡"美政"，主张对内举贤任能，修明法度，对外力主联齐抗秦。因遭贵族排挤诽谤，他被先后流放至汉北和沅湘流域。公元前278年，楚国郢都被秦军攻破后，屈原自沉于汨罗江，以身殉楚国。

屈原是中国历史上一位伟大的爱国诗人，中国浪漫主义文学的奠基人，"楚辞"的创立者和代表作家，开辟了"香草美人"的传统，被誉为"楚辞之祖"。屈原作品的出现，标志着中国诗歌进入了一个由大雅歌唱到浪漫独创的新时代。"路漫漫其修远兮，吾将上下而求索"，而屈原的"求索"精神、忠贞之气、践道敢死的精神，更是为湖湘精神乃至民族精魂带来至为强烈的影响。

文化长廊

屈原精神的核心内涵

一、美政思想

从当时的历史背景来看，中国将要结束七国的战乱，走向国家的统一，这是必然趋势。但谁最有资格掌握这个领导权？在当时，七国当中，比较强势的是秦国和楚国，屈原作为楚国的左徒大臣，他有一套治国理政的方略，也就是他的美政思想。

二、仁政治国

屈原在总结历史兴衰存亡经验的基础上，提出了"善"与"义"的治国理念。《离骚》中说"瞻前而顾后兮，相观民之计极。夫孰非义而可用兮，孰非善而可服"，意思是说，回想过去，展望未来，成败得失，体察民生之计，应该是一条非常重要的治国之道，哪有不仁不义的国君，能长久地享有天下呢？这里的"义""善"均为美政的内涵。

三、重视民本

《尚书》中说："民惟邦本，本固邦宁。"民本思想是三代以来，先贤治国理政的共识。屈原也接受了这一先进思想，并将其作为自己美政思想的重要内容。如《离骚》中说："长太息以掩涕兮，哀民生之多艰。""怨灵修之浩荡兮，终不察夫民心。""民生各有所乐兮，余独好修以为常。"这些都体现了"民"在他心中的地位。《离骚》是中国古代最长的抒情诗，大致可以分为上下两大部分，上半部分屈原自述自己的身世、遭遇，反复倾诉自己对楚国命运和人民生活的关心，表达了要求革新政治的愿望和坚持理想，虽遭逢灾厄也绝不与邪恶势力妥协的意志；下半部分通过神游天界、追求实现理想和失败后欲以身殉国的陈述，反映出诗人热爱国家和人民的真挚的思想感情。

四、节操情怀

屈原的美政思想是屈原精神的一部分。美政思想是屈原在朝堂时的治国理念，而屈原精神则是他一生思想的升华与凝结。更重要的是，屈原在流放时期，经过艰苦的磨难之后，对天下世事及自我认知有了更加深刻的洞察与反思，这也使他的精神世界走向了一个新的高度。

《史记·屈原贾生列传》说屈原"博闻强记，明于治乱，娴于辞令""入则与君王图议国事，出则接遇宾客应对诸侯"，为楚国左徒重臣。他力图变法图强，推行其美政，使楚国得以强大。当时秦想吞灭各诸侯，兼并天下。屈原为了楚国，东使于齐，目的在于与齐国结盟。秦国担心楚、齐结盟，对自己不利，于是就派遣张仪出使楚国，贿赂楚国上层那些奸吏，污蔑陷害屈原。为了国家的命运，屈原至死不渝，坚定专一，绝不低头屈服。

屈原早年写过一篇著名的《橘颂》，其中有名句，如"后皇嘉树，橘徕服兮。受命不迁，生南国兮。深固难徙，更壹志兮""独立不迁，岂不可喜兮？深固难徙，廓其无求兮。苏世独立，横而不流兮"。橘树的形象正是屈原的自我写照和自我激励，这是屈原精神的生发。屈原精神，也是中华民族的精神。屈原在他的一系列作品中，尖锐地抨击了昏庸王室的黑暗和腐败，表达了对祖国对人民的无限忠贞，表达了自己政治理想不能实现的忧愁苦闷，更表达了"宁赴湘流，葬于江鱼腹中"的清白节操。这种精神与《离骚》中"虽体解吾犹未变兮"的精神是一致的。

《渔父》体现的就是屈原高尚的节操情怀。渔父是一位避世隐身、钓鱼江滨的隐士，他劝屈原与世俗同流，不必独醒高举，而诗人则强调"宁赴湘流，葬于江鱼腹中"，也要保持自己清白的节操，全文采用对比的手法，通过问答体，表现了屈原与渔父两种对立的人生态度和截然不同的思想性格。其中"不凝滞于物，而能与世推移"的思想对后世影响极大。

五、爱国精神

屈原精神的核心与根本就是"爱国精神"。屈原《九歌》中的一首《国殇》，是颂悼当时为国捐躯战士高尚志节、歌颂他们英雄气概和爱国精神的挽歌。屈原精神的实质是心忧家国、矢志不渝、情牵百姓、勇于探索、不畏邪恶。在《离骚》和《九章》中有大量的诗句能使我们感受到他对祖国的深切情感，他虽然遭受很多磨难，但是他对祖国的忠诚没有改变，对人民深切热爱的赤诚之心没有改变。"皇天之不纯命兮，何百姓之震愆。""长太息以掩涕兮，哀民生之多艰。"屈原在《离骚》中云"亦余心之所善兮，虽九死其犹未悔"，以此表达他为追求国家富强的初衷梦想，坚持高洁的品质不怕千难万险、纵死不悔的忠贞情怀。这些诗句，充分表达了屈原对祖国和人民的深爱之情。

笃行致远

诵经典之声，传中华文脉——文化经典诵读活动

　　纵观中国几千年的文明历史，古人自古就喜朗诵，"蒹葭苍苍白露为霜"，从《诗经》敲冰戛玉之声中，我们感受到了古人的浪漫情怀，走进屈原的《离骚》，"路漫漫其修远兮，吾将上下而求索"，让人感受到他那深沉的忧国忧民情怀。当朗诵者用或婉约或铿锵或悠扬或高亢的声音传递出诗文的灵魂时，震撼我们的不光是耳朵，还有心灵。体悟中华优秀传统文化内涵，丰富文化思想实践，提升语言文化素养，激发文化自信自强。请和你的小伙伴一起，用朗诵歌出豪情壮志，用朗诵诵出壮美河山，用朗诵传播千年文化。让我们一起走进雅音堂，一起去感受经典作品在诵读中给我们带来的感发之力。

1. 活动形式

作品朗诵。

2. 活动地点

雅音堂。

3. 活动组织

　　（1）选择内容：选择我国古代、近现代和当代有社会影响力和典范价值的，体现中华优秀文化的经典诗词、文章和优秀图书内容节选。当代作品应已正式出版或由省级以上广播电视等主流媒体公开发布或发表。

　　（2）创作形式：根据选定的内容，小组合作共同诵读。可借助音乐、服装等手段融合展现诵读内容。

　　（3）排练和表演：安排一定的排练时间，熟悉文稿并进行适当的朗诵训练。重点训练发声技巧、情感表达与团队合作。最后，组织一场经典诵读大赛，可以邀请学校的师生观看。

　　（4）分析反思：在活动结束后，进行反思和分析。

项目九

慧眼寻美

——中国传统艺术审美

中国传统艺术门类丰富，品种齐全，雅俗共存，动静兼具，源远流长，构成了一个巨大的艺术体系。在三千年的历史长河中，从悠扬动人的民间音乐到细腻缠绵的地方戏曲，从疏洁淡雅的绘画到刚柔并济的书法雕刻，每一种艺术形式都凝聚着中华民族的历史与文化，都体现出中国人古今相连的审美情趣与追求，展现了他们生生不息的艺术才能与创造力，表达着中华民族独有的浪漫情操与感发力量，蕴含着中华文化深刻的历史智慧与社会意义。中国传统艺术总体倾向于崇尚中和婉约的审美理想与宁静淡泊的闲情逸致，注重情感表现的委婉与节制，追求内容与形式、情与理的高度和谐，体现出强烈的写意性。其博大精深的文化与精神境界，充满了深邃的人文精神，也体现了中国传统艺术的深厚魅力，形成了自己独特的传统，成为世界文化宝库中最珍贵的遗产之一。

【学习目标】

1. 理解中华优秀传统艺术的内涵，掌握感受中华优秀传统艺术的方法。

2. 了解书法、国画、音乐、舞蹈的历史发源，领会其背后的文化意蕴，能结合文化现象，思考中国传统艺术的继承与发扬。

3. 了解湖湘文化名人、艺术家齐白石的生平及艺术贡献。

4. 进一步感受中华民族悠久的历史，增强对中国传统艺术审美的认同感和保护传统文化的使命感。

文化通识

地大物博，闻名中外，中国传统艺术经历了漫长而复杂的文化历史变迁，所分布的地理范围宽袤广远，所使用的物质材料门类众多，所触及的文化心理深入周致，所创造的艺术形式宏丽优雅，其艺术上所取得的高度成就及历史文化背景的复杂曲折，在世界范围内都无与伦比。礼乐一体、融合互通、注重神韵、教化有为，这四个明显的文化艺术特质将成为我们思考和探究极为繁复的中国艺术的重要文化切口。

笔底风云：书法艺术

书法，是世界上少数几种文字所具有的艺术形式，包括汉字书法、蒙古文书法、阿拉伯文书法等。其中的"中国书法"，是指按照文字特点及其含义，以其书体笔法、结构和章法写字，通过不同线条去体现笔墨的节奏、韵律、动态、气势与意趣之美，传达书法家的思想情感，使之成为富有美感的艺术作品。它不仅具有形式美、结构美，而且在这种形式结构中能传达出人的种种主观精神境界。它是中国汉字特有的一种传统艺术，有着悠久的历史和诸多的大家、名作。

一、美的历程：书法艺术的历史源流

（一）书法艺术的产生

商代中后期甲骨文的出现，奠定了我国书法艺术的基础，标志着我国书法艺术的产生。从早期的汉字遗迹中可以看出，甲骨文笔画均为单线条，瘦挺有力，疏密有致，已体现出线条美、单字造型的对称美，并具备了书法的用笔、章法、结字三要素。商周时期出现的金文书法主要描写战事伟绩，从笔画到结构都跟殷商甲骨文非常相似，字体瘦长，笔力遒劲雄美、凝重朴拙，风格圆浑沉郁、肃穆凝重、遒劲质朴。《毛公鼎》《散氏盘》是此时期的代表作。从金文遗迹看，书法的艺术性已逐渐丰富起来。春秋战国时期，毛笔开始在书写中广泛使用。毛笔表现力丰富，特别是内蕴的笔法技巧，构成了以后中国书法的要素——书者的性情、审美趣味、用笔技巧等。

（二）书法艺术的发展

秦统一中国前，通行文字是大篆，秦统一六国后，下令"书同文"，秦相李斯取大篆整

理简化而创造小篆。文字的统一，为书法艺术的发展奠定了基础。小篆行笔圆转，线条匀净修长，笔画粗细划一，上密下疏，呈现简约的美感。到了汉代，隶书逐渐占据统治地位，其结构体式由纵势变成横势，线条波磔更加明显，庄重严整，变化多姿，极具艺术欣赏价值。这一时期的代表作品有《居延汉简》《张迁碑》《乙瑛碑》《曹全碑》等。草书是为书写便捷而产生的一种书体，始于汉初。其特点是笔画牵带勾连相通，偏旁部首做简化和互借。"在汉建初，有王次仲者，始以隶字作楷法。"（北宋《宣和书谱》）端庄工整，书写简便，形态丰富的楷书出现。同一时期常用连笔和省笔，达到既快速书写又通俗易懂的目的，便于传达文字信息的行书也已出现。至此，篆、隶、草、楷、行五大主流书体全都登上了历史舞台。每一种书体的发展和演变都是在原来的基础上不断地精简与修改，以求更加方便准确。在实用变革与审美推动下，书法艺术迈入成熟时期。

（三）书法艺术的成熟

魏晋南北朝时期，书法开始进入"自觉时代"，人们有意识地追求书法之美，把书法作为一种艺术实践活动，并在技法、审美上孜孜以求，书法成为贵族士大夫提高文化修养的一种方式。楷书成为书法艺术的新主体，草书则由章草发展为今草，行书发展到了鼎盛时期。三国时期著名书法家钟繇对楷书的贡献最大。东晋王羲之，善于博采众长，人称"书圣"，楷、行、草诸体皆精。王献之是王羲之第七子，书艺超群，与其父并称为"二王"。

唐代是我国书法艺术的全盛时期。唐代楷书书法名家辈出，欧阳询、虞世南、褚遂良是初唐书法名家，他们融"二王"之流美与魏碑之凝重于一体。其中欧阳询尤负盛名，其书法世称"欧体"。颜真卿后成就卓著的是柳公权，后人对比颜柳风格，喻为"颜筋柳骨"。唐代张旭、怀素齐名，合称"颠张醉素"。唐代书法在用笔方法、字体间架等方面的追求已经到顶峰，所确立的规则几乎臻于完备。唐以后，书法字体已无大的建树和突破，仅在原有基础上融入自己的风格，以发挥个性为主。

微课9.1

揭开严谨法度的"面纱"：细谈楷书之美

（四）书法艺术的个性化发展

受宋代社会风尚及文化趣味诸方面的影响，宋代书法开始以"意"为尚，"写意"的文人画与"尚意"书法开始流行。书法于法度之外，多了几分意趣内涵。宋代赵佶（即宋徽宗），独创"瘦金体"；宋代著名的行书大家有苏轼、黄庭坚、米芾、蔡襄，并称为"宋四家"。

元代书法家、画家身份集于一身者居多，中国画有题跋文款，即始于元代，这对后世的书法绘画艺术的影响极为深远。明初几位皇帝如朱元璋、朱棣都喜爱书法。国家设有中书科，凡能书者，授官中书舍人，在内阁中办理文书。明代祝允明的狂草形成一种汪洋恣肆的视觉效果，其楷书又写得相当严谨，作品有楷书《出师表》、草书《自书诗卷》等。清代书坛渐成"帖学"和"碑学"分流的局面。清初四大家汪士宏、何焯、陈亦禧、姜宸英专以帖学取胜。游弋于碑帖之间的书法家如"扬州八怪"之一的郑燮，有诗、书、画三绝之美誉，书初学欧，后仿黄山谷，又受石涛隶书影响，糅入画兰、竹之笔意，形成自己独特的风格。

二、众星璀璨：书法大家及作品

(一)李斯(？—前208年)

楚国上蔡人。秦统一后，建议实行郡县制，后官至丞相。秦始皇二十六年，罢六国不与秦文相合的文字，李斯作《仓颉篇》，赵高作《爰历篇》、胡毋敬作《博学篇》，均采用新改定的小篆颁行天下。史载李斯工篆，多次随始皇出巡，多有纪功刻石，虽无署名，但李斯能工篆法，篆刻出于其手是可能的。这些刻石，均以标准而规范的小篆写成，大小划一，粗细一致，充分体现了秦王朝威严、博大的气象。《史记》著录的秦代刻石文献有《峄山刻石》《泰山刻石》《琅琊台刻石》《芝罘刻石》。这些石刻，结体匀称，字形呈长方，上下取纵势，偏旁部首基本固定，笔法圆转宛通，中锋用笔，藏头护尾，结体匀称，笔画委婉而刚劲，富于端庄美和肃穆气，虽笔笔独立，然观其整体，相互依附；在章法上有行有列，森严有度，并由其纵势产生了行间大字距小的布白特点。以李斯为代表的小篆书法，影响十分深远，后世庄重场合的碑额、墓盖等，均受这种书风影响。

(二)王羲之(303年—361年)

字逸少，琅琊临沂(今山东临沂)人。其出身名门，在青少年时期，主要从卫夫人学习楷书，从叔父王廙学习行书。其楷书表明了技法上的完善，表达了个人的性情，拓展了书法的意境。然王羲之对后世文人流派书法影响最大的是行书。其传世之作《兰亭集序》便是代表。永和九年王羲之在这篇序文中记录了当时的欢愉之情，同时悲叹现世的转瞬即逝。《兰亭集序》将流变速急与蕴藉平和的书风糅合在一起，用灵动的个人表现方式改变了古代庄重的碑式风格，形成了新的审美样式，成为后世行书的典范，世称此作为"天下第一行书"。唐代孙过庭评："右军之书，末年多妙，当缘思虑通审，志气和平，不激不厉，而风规自远。"他的这种崇尚自然的天趣和清秀冲和之美，既体现儒家的和谐中庸的审美观，又与道家自然萧散相一致。千百年来，《兰亭集序》由于被大量传拓、临摹，因而形成了特有的生命力，和东晋以来的书法发展相始终，历代对此帖的著录、研究一直不断。

(三)颜真卿(709年—784年)

字清臣，琅琊临沂(今山东临沂)人。其书法初启蒙于父亲惟贞，又承舅氏殷仲容授笔法，楷法秀逸，后得张旭亲传，拓展"二王"一脉。颜真卿书法成就体现在楷书和行书上。颜真卿的楷书《多宝塔碑》《东方朔画赞碑》为早期作品，用笔清雄遒美，结体方正匀稳。《大唐中兴颂》《麻姑仙坛记》是颜真卿中晚期的代表作，用笔质朴厚重，苍劲端稳，体势宽绰，体现出雄浑、博大的独特风格。《颜勤礼碑》《颜家庙碑》则是颜真卿晚岁时的作品，笔画圆劲而刚毅，结体中宫疏朗，气势磅礴，形成了"颜体"楷书的典型特征。中国书法史上，以颜体为代表的中唐楷书笔笔独立，字字独立，形成了新的审美样式，改变了自晋楷成熟以来，与行书笔法相互贯通的用笔规律。

颜真卿行书中最有代表性的是其稿书，即《祭侄文稿》《告伯父稿》《争座位稿》。《祭侄文稿》是颜真卿以十分悲痛的心情为其在"安史之乱"中惨遭杀害的侄子颜季明写下的一篇祭文。通篇用笔遒劲而浑穆，凝重而苍涩，具有古朴的篆籀气，轻重缓急随文而就；结字大小相间，变化多端，增删涂改，真、行、草书相互夹杂，整幅作品在看似狼藉的点画中表现精妙而丰富的笔法；用墨忽浓忽淡，忽枯忽润，创造了一种气势雄浑、率真烂漫的书法典型。元代鲜于枢誉其为"天下第二行书"，对后代行书创作产生了极大影响，开拓了"二王"一脉行书笔法之外又一新的艺术系统。颜真卿是行书书风从"妍"到"质"的先导者，推动了行书体系多样化发展。清代碑学兴盛，重质轻妍，颜体实际开其端，在书法史上有着重要的意义。

独特的书法艺术是中华民族对世界文化的一大贡献。书，心画也。书法是通过汉字书写来表现情感意象的艺术。汉字的象形性质为艺术创作提供了一个可以充分展示想象和张扬个性的表现天地。古人云："润似春草，枯如秋藤。"中国古代书法家充分利用笔墨宣纸的特点，通过枯湿浓淡、轻重快慢来表达点画的筋骨血肉和自然万物的生命意态。书法艺术历经千年发展，上下求索，现在的我们亦可以赋予个人的审美情趣，注入时代的精神气息，创作出新的风格面貌。

气韵生动：绘画艺术

中国画是世界上唯一以国家称谓命名绘画品类的画种，主要有人物画、山水画、花鸟画三种。南朝著名人物画家和美术理论家谢赫在其著作《古画品录》里提出了绘画"六法"，包括气韵生动、骨法用笔、应物象形、随类赋彩、经营位置、传移模写六个方面。其中"气韵生动"是指画面形象的精神气质生动活泼，鲜明突出，即"形神兼备"，它成为后世绘画创作追求的最高目标。

一、美的历程：国画艺术的历史发展

（一）国画艺术的产生

中国绘画有着悠久的历史，最早起源于石器时代。在纸张发明之前，人们往往将字画绘刻在各类器物上。我国早期的绘画以彩陶画和岩壁画为主，彩陶画是仰韶文化的重要代表，主要作品有《人面鱼纹彩陶》《三面纹彩陶》等；岩壁画在全世界大多数地区都是石器时代的重要艺术形式，中国也是如此，主要刻画狩猎、畜牧、人（兽）像等内容。

（二）国画艺术的发展

先秦和两汉时期，以白色丝织物为载体的帛画是我国最具代表性的绘画形式，因其帛贵重的属性，象征着权力与财富，所以帛画大都出土于王侯贵族的墓葬之中。出土于战国时期的帛画《人物龙凤图》及马王堆"非衣"帛画皆是研究西汉时期社会风俗和面貌的重要物证。由于纸张的出现并用于绘画，到了魏晋时期，我国的绘画进入了快速发展期，东晋画家顾恺之是其中最为人所知的画家，精通人像、佛像、禽兽、山水等，世人称之有"三绝"：画绝、才绝、痴绝。他的"迁想妙得""以形写神"等论点，对中国传统绘画的发展影响很大，其代表作有《女史箴图》《洛神赋图》等。

（三）国画艺术的繁荣

在绘画领域，唐朝群星璀璨，其中人物画占主导地位，代表画家有：阎立本，以道释人物画著称，代表作有《步辇图》《历代帝王图》等；吴道子，精通佛道、人物，人称"画圣"，代表作为《送子天王图》；张萱和周昉是唐代重要的仕女画画家，代表作品有张萱的《虢国夫人游春图》《捣练图》，周昉的《簪花仕女图》《挥扇仕女图》等，二者往往在画史上相提并论，代表着仕女画发展的顶峰。唐代山水画发展为一门独立的画种，分为青绿山水和水墨山水两种表现形式。青绿山水画的代表有展子虔和李思训、李昭道父子，唐代水墨山水画的代表为王维，他不仅以诗书闻名，同时也精通绘画，开创了水墨山水这一画派，更是文人画的鼻祖，代表作为《辋川图》《雪溪图》。唐代动物画也是发展较为繁盛的一种绘画形式，代表画家和作品有韩干的《牧马图》、韩滉的《五牛图》、戴嵩的《斗牛图》等。此外，敦煌莫高窟的壁画在此时也处于鼎盛时期，完全形成了自己的民族特色，是中国画壁画的艺术典范。

宋朝是中国绘画发展的又一个鼎盛期，其中以山水画最为突出。李成以画"平远寒林"著称，代表作有《读碑窠石图》《寒林平野图》《茂林远岫图》；范宽以画崇峻山岭著称，善于"得山真骨、与山传神"，代表作有《溪山行旅图》《雪景寒林图》等。北宋知名的山水画家有王希孟和米芾、米有仁父子，王希孟的《千里江山图》是青绿山水中有突出艺术成就的作品；米氏父子的"米家云山"也同样出名，代表作有《潇湘奇观图》《云山图》等。南宋时期的山水画家以李唐、刘松年、马远、夏圭最为知名，此四人合称"南宋四家"，李唐为南宋画院盟主，代表作品有《万壑松风图》《采薇图》；马远有代表作《踏歌图》《梅石溪凫图》《西园雅集图》。宋代人物画以李公麟、梁楷为代表，李公麟的主要成就在白描人物画上。宋代花鸟画以崔白和宋徽宗赵佶为代表，崔白一改花鸟画流传百年的"黄筌画派"的一统格局，推动了花鸟画的发展，代表作有《寒雀图》《双喜图》等。风俗画是宋代新兴起的一种绘画形式，以张泽端的《清明上河图》为代表，此画完整呈现了北宋都城汴京的繁荣景象，是一幅传世名画，在中国画史上具有突出的地位；此外还有苏汉臣的《舒庭戏婴图》和李嵩的《货郎图》。

（四）国画艺术的多元发展

元代的画家主要有黄公望、倪瓒、王蒙、吴镇，这四人合称"元四家"，是元代山水画的代表。黄公望名列"元四家"之首，其代表作为《富春山居图》。元代文人画逐渐兴盛，赵孟頫是其中的杰出代表，他强调"书画同源"，开创了新的画风形式，是元代画坛的领军人物，代表作为《秋郊饮马图》《秀石疏林图》等；王冕的《墨梅图》也同样出名，画上题诗与画作相得益彰，表达作者孤洁清高的思想。

明代绘画依旧兴盛，各个画派兴起，与传统的宫廷院体画并立，重要的有"浙派""吴派"等。"浙派"主要画山水，"吴派"则兼具山水、人物和花鸟，主要作品有文徵明的《绝壁鸣琴图》《绿荫草堂图》，唐寅的《秋风执扇图》等。明代徐渭则首创"大写意花鸟"画风，不求形似而求神似，对后世的八大山人、石涛、"扬州八怪"等画家影响极大，代表作有《牡丹蕉石图》《墨葡萄图》等。

清代的绘画在延续元、明的基础上，呈现出特定的时代风貌。明末清初的陈洪绶和崔子忠承接了两个朝代的绘画发展，两人合称"南陈北崔"。清朝中期的康乾盛世宫廷绘画繁盛一时，而在经济发达的扬州地区，崛起了"扬州八怪"，其中的杰出代表就是郑燮，又名板桥，他极擅于画竹，在诗书上也很突出，是极具代表性的文人画家之一，代表作有《墨竹图》《竹石图》等。

"五四"新文化运动以后，西洋画开始流行，中西绘画相互影响，中国画进入新的阶段。这期间，齐白石承先启后，徐悲鸿融合中西，陈衡恪、黄宾虹各有特色，影响了今天的画坛。

二、美学散步：中国画境之美

中国画里的时间常常是凝固永恒的，不同时代的作家对绘画的质感表现、用笔精神、题材章法都会有不同的追求。但以线条表达宇宙万象的变化节奏，运用笔法、墨法取物象骨气，气韵生动、意趣妙心的审美境界追求从未改变。中国画境之美，表现以下几个方面。

（一）不似之似

对于"不似之似"，齐白石的说法是"妙在似与不似之间，太似为媚俗，不似为欺世"，本质是中国画对象形、形似的超越。如现实中虾的眼睛是圆点，而在齐白石的画中，虾的眼睛变成两个"直道"。他不是在画虾的眼睛，而是在画虾游动时眼睛在闪光的感觉，这样显得更生动更传神。你说它不像，实际更像。

（二）舍形悦影

中国画的特点之一是舍形而悦影，就是以投影的启示来把握对象。元代画家顾安擅长画竹，说是得自唐代画家萧悦观墙上竹影而得画竹的启发。历史上有很多记载都是在画影子，而不是在画形。比如陈淳《白阳集·墨牡丹诗序》中说："甲午春日，戏作墨本数种。每种戏题绝句，以影索形，模糊到底耳。"他讲的就是通过形来找影子，再通过影子来把握形，要模糊地把握对象。

（三）奥理冥造

中国画还有一个特点是奥理冥造。奥理冥造为北宋沈括所言，就是说要大胆地想象与幻化。清代黄慎的《瓜月图》中，瓜藤上的西瓜是切好的一片西瓜，旁边题诗"剖开天上三秋月，飞作人间六月霜"，说的是，夏天天气很热，晚上如果剖开一个像月亮一样的西瓜，吃到嘴里一定会很凉快。这便是一种超越现实的想象。

（四）仿佛有声

中国画还讲究"仿佛有声"，即视觉的转化。俞成《萤雪丛说》言："徽宗政和中，建设画学，用太学法补试四方画工，以古人诗句命题，不知伦选几许人也……又试'踏花归去马蹄香'，不可得而形容，无以见得亲切。一名画者，恪尽其妙，但扫数蝴蝶飞逐马后而已，便表马蹄香出也。"这位画家通过视觉表现了嗅觉，这便是绘画创作中的通感。

（五）比兴如诗

中国画追求诗歌一样的比兴手段，重视儒家的比德思想。五代荆浩就在《笔法记》中以儒家"比德"的思想赋予松树人文精神。宋代《宣和画谱花鸟叙论》主张，通过表现诗人一样的感受（"寓兴"）来寄托情怀，与观者进行精神的交流，所谓："所以绘事之妙，多寓兴于此，与诗人相表里焉……展张于图绘有以兴起人意者，率能移精神遐想，如登临览物之有得也。"虽然混同了"象征"和"寓兴"，但揭示了两种表现精神世界的途径。

（六）以书入画

以书入画指的便是传统中国画与中国书法的密切关系。南宋画家马远的《水图》中，黄河的奔腾澎湃、长江的烟波浩渺，都是靠线条表现出来的。这便是以书法笔法靠线条轻重、虚实、刚柔、组合、着墨将对象惟妙惟肖地表现出来。

养德修身：音乐艺术

中国自古就是一个音乐艺术十分发达的国家。当传统音乐流泻而出的一刹那，空气中流动的是高山、是流水、是丝竹、是冬雪，更是千古的生命，而那份说不出道不尽的感动就是中国传统音乐之美。聆听中国传统音乐，我们容易感觉到悠远、静谧乃至浪漫，值得一听一叹的音乐历史源流与故事传说，无不浸润着浪漫之气息，文化之哲思。

一、美的历程：音乐艺术的历史源流

（一）音乐艺术的产生

音乐同其他艺术一样，起源于原始人类的生产劳动，起源于人们对自然和动物声音的模仿。随着人类的进化，它成为表达感情的一种手段，并逐步发展为一种艺术。在音乐艺术的早期阶段，一方面，它和诗歌、舞蹈密不可分，所以古人说："情动于中而形于言，言之不足，故嗟叹之，嗟叹之不足，故永（咏）歌之，永（咏）歌之不足，不知手之舞之，足之蹈之。"（《诗·大序》）另一方面，原始社会的音乐又与原始宗教祭祀活动密切相关，因此《周易·豫卦》云："象曰：雷出地奋，豫。先王以作乐崇德，殷荐之上帝，以配祖考。"这一段话，不但表明音乐的起源与先民对自然的模仿有关，而且说明了音乐与宗教祭祀的关系。

周朝建立以后，相传周公"制礼作乐"，"礼""乐"并列为维护奴隶主统治秩序的两大支柱。这一时期音乐的等级化、教育化、政治化成为形成音乐理论和产生音乐家的基础。因此，由春秋及战国，出现了音乐思想的论争，产生了《乐记》（传为公孙尼所作）、《乐论》（荀子所作）等音乐理论专著，并有师襄、师旷、高渐离等音乐家留名后世。而"伯牙鼓琴"志在高山流水的传说和"韩娥悲歌"余音三日不绝的故事，都说明那时的音乐已达到很高

的水平。

（二）音乐艺术的发展

秦汉两代，确立了封建中央集权的统治，封建帝王需要一整套适合这一体制的礼乐制度来维持新的统治秩序。汉武帝独尊儒术之后，以儒家思想为正统，对音乐的社会功能予以特别重视，汉代在继承先秦礼乐制度的基础上，重定祭祀天地的大礼及祭祀时配用的乐舞，如《安世房中歌》（十七章）、《郊祀歌》（十九章）；同时设立专门负责乐舞的机构——乐府，搜集民间音乐创作或配写歌词和曲调，安排乐舞演出，这在中国音乐史上实在是一件大事。它对后来的音乐发展，产生了重大的影响。

魏晋南北朝是中国音乐发生嬗变的重要时期。首先是南北混战和民族迁徙带来的民族融合为隋唐音乐的大发展准备了前提条件；其次是在魏晋玄学的影响下，音乐理论转向探求音乐的美感作用；最后是由于佛教的广泛流行，宗教音乐得以传播，并且同民间音乐相结合，形成"改梵为秦"的佛教音乐。

强大繁荣的隋唐时代也是音乐艺术的盛期。由于国力强盛，经济富庶，唐代社会对外显得格外自信，对异质文化表现出巨大的兼容能力，一切有用的外来文化都被吸收和消化，音乐、舞蹈、文化尤为突出。又由于大都市（如长安）的迅速兴起，市民阶层迅速形成，他们的物质和文化需求显然有不同于其他群众的特点。因此，在唐代数百年间，特别是盛唐时期，不但对外文化交流十分频繁，文化生活也十分活跃，"燕乐""曲子"和"变文"代表了这一时期音乐文化的成就。

宋元时代，城市的商业经济进一步发展，市民阶层也进一步壮大，与之相适应的音乐艺术也随之产生。但从音乐思想上来说，由于理学的形成及其影响，在音乐理论方面出现了复古主义倾向。宋代词人大都通晓音律，其中以北宋姜夔（号白石道人）、南宋张炎为代表。现在还有注明乐谱的姜夔作品保存下来。

曲子发展到元代，被散曲代替。元代的关汉卿、马致远、张养浩等都有著名的散曲作品。此外，宋元时期还出现了专门的卖艺场所和艺人，这也是市民文化娱乐活动非常活跃的反映。

从明代初年到鸦片战争前夕，音乐艺术存在战斗意识和复古主义并存的现象。但是，由于科学技术的发展，乐律的研究获得划时代的成就。这一时期音乐艺术的重要特点之一是民歌异常活跃，尤以情歌为多，内容表现出要求自由和个性解放。至于戏曲中的音乐，经宋元杂剧，到明代发展为传奇，后又演变为昆曲、秦腔、京剧，成为别具特色的戏曲音乐。这一时期音乐理论的最高成就是朱载堉的《乐律全书》。

二、精神寄所：中国传统乐器

中国古代的乐器，共分为吹、拉、弹、打四大类，分别由八种材料（金、石、土、木、匏、革、丝、竹）制成，史称"八音"。以下介绍几种有代表性的乐器。

（一）编钟

编钟是商周（包括春秋战国）时期的重要乐器，在八音系统中属金，是打击乐器，其特点是组合性、系列化，规模比较大，用大小不同的铜钟来显示音质。据文献记载，钟的数目为 16 枚，但近代出土的编钟多不合此数。陕西省扶风县出土的西周晚期编钟，一套只 8 枚；河南省信阳市出土的春秋末期编钟为 13 枚。迄今所知最大的编钟是湖北省随州市曾侯乙墓出土的战国编钟，连同一枚磬，共计 65 枚，分 3 层悬挂，音域可包括现代钢琴的所有黑白键音响。其规模之大，音质之好，制作之精，反映了当时制铜工艺和音乐文化的水平。

（二）竽

竽形态像笙而比笙大，故被视为大笙，在八音系统中属竹，是吹奏乐器，最早见于商代，战国时很流行。从典故"滥竽充数"所反映的齐宣王使 300 人吹竽的故事中，可见其流行的盛况。文献记载的竽长四尺二寸，有 36 根簧管，但湖南省长沙市马王堆出土的汉竽为 22 根管，分前后两排。

（三）琴

琴常与瑟合称，在八音系统中属丝，是弹弦乐器，在中国音乐史上至为重要，被视为音乐艺术的代表，故古人以"琴棋书画"概括一个人的才艺。琴在周代已经产生，《礼记·曲礼下》云："士无故不彻琴瑟。"《诗经·周南·关雎》也云："窈窕淑女，琴瑟友之。"琴大约到汉代基本定型。琴身为狭长的木质音箱，琴面张弦七根，故又名七弦琴，是历代的主要伴奏乐器之一。通过琴保存下来的古代乐曲相当丰富，演奏流派也很多，并有《琴史》（宋朱长文著）、《琴操》（传为东汉蔡邕著）及《琴学丛书》（近代杨宗稷著）等专著传世。古代的爱情故事多与琴有关，如司马相如和卓文君的佳话。

微课9.2

古琴美学思想

（四）箜篌

又写作空侯、坎侯，古代的弹弦乐器，分卧式和竖式两种。据东汉应劭《风俗通》载，卧箜篌为汉武帝时的乐人侯调所造，样子像琴而略小，七弦，用拨弹奏。竖箜篌则是竖琴的前身，后汉时经西域传入中原地区，是古波斯乐器。琴体弯曲而秀长，张弦 22（也说 23）根，奏时抱在怀中用两手弹拨。箜篌在魏晋以后十分流行，古诗《孔雀东南飞》中有"十五弹箜篌，十六诵诗书"之句，乐府诗、曹植诗中有《箜篌引》，都可为证。李贺的《李凭箜篌引》、杨巨源的《听李凭弹箜篌诗》等唐诗作品，生动地描写了梨园子弟李凭弹奏箜篌的情景。

（五）琵琶

琵琶亦作批把，是弹弦乐器，种类很多。一类是秦琵琶，由中国古乐器演变而来，但也受了胡乐的影响。其形状为圆体直柄、四弦、12 柱（音位），后因魏晋"竹林七贤"之一的阮咸善于弹奏此器，故世人称之为"阮咸"，并增加为 13 柱。现在日本正仓院收藏有唐代阮咸。一类是曲项琵琶，南北朝时由西域传入，隋唐时代盛极一时，名人高手不断涌现，在敦煌壁画和雕塑中都有它的形象，因形制不同而称为龟兹琵琶、五弦琵琶、小忽雷、大忽雷等，其共同特点是半梨形曲颈。唐宋以后琵琶不断改进，演奏技法也日益丰富，如反弹琵琶之类。唐诗中描写琵琶的作品很多，尤以白居易的《琵琶行》最为著名。

生命律动：舞蹈艺术

舞蹈是人类最古老的艺术形式之一。从蒙昧的上古时代开始，中国传统舞蹈经过了多个阶段的发展和演变，逐渐形成了具有中国独特形态和神韵的东方舞蹈艺术。

一、美的历程：舞蹈艺术的历史源流

（一）舞蹈艺术的发源

原始社会时期是舞蹈起源时期，开创舞蹈的目的是表达生活所需，以弥补语言的不足，激励原始人类生产、劳动、生活。原始人过着群体生活，人们用手势和其他形体动作来辅助简单的发音及初级阶段的语言以表达自己的想法。从共同劳动和人与人之间传情达意的形体动作中，孕育出了舞蹈的元素。原始舞蹈是原始人类表达感情的重要途径，他们的语言简单、表情单调，只能表达出一些生活中需要的基本内容，如通过舞蹈激发人类狩猎、战争的斗志，帮助原始人类求偶繁衍后代等。多样的舞蹈形式充分展现了原始人类的生活环境和习惯。代表性舞蹈有图腾崇拜舞、狩猎与征战舞、生殖崇拜舞、干戚舞、求雨舞、部落乐舞等，都与原始人类的生活息息相关。

（二）舞蹈艺术的发展

周代舞蹈是中华乐舞文化中的第一个高峰，其乐教思想在先秦儒家著述中得到了系统的阐述。当时的舞蹈有维护社会等级制度的功用，不仅有"通神"的功能，而且还有"治人"的作用。周朝整理前代的乐舞，加上创制，形成了自己的六套乐舞，合称《六代舞》。周朝还设立了专门的乐舞机构——大司乐，负责管理舞蹈的演出和教育。

秦汉统一，客观上有利于各国的舞蹈得到更好的交流，汉代设立了专门管理歌舞的音乐机构——乐府，收集整理过去的舞蹈百戏，使之更加丰富。乐府还收集民间俗舞，对它们进行专业的加工，以期提高舞蹈的水准。俗乐舞在两汉时代兴盛，当时的舞蹈特色是包含了杂技、武术、幻术、歌唱、音乐、舞蹈等的百戏，代表作为《槃舞》。汉代舞蹈又强调女子身姿的柔美、婉转，舞姿的轻盈、飘逸，临风飘举，风情万种，著名的有《长袖舞》《折腰舞》《巾舞》等。

魏晋基本继承了汉朝的舞蹈。到了唐朝，舞蹈艺术获得了前所未有的大发展，从宫廷雅乐到民间俗舞，舞种繁多，舞技高超，盛况空前。唐朝盛行胡舞、假面舞、剑舞、踏歌等，最具代表性的便是《霓裳羽衣舞》。

宋代的宫廷舞蹈主要是对唐朝宫廷大曲的继承，但已不复唐时的全貌，与僵化的宫廷乐舞相对照的是民间舞蹈的兴盛。元朝时，蒙古族舞蹈随着统治者的进入传到了中原，元朝统治者在保持本民族舞蹈特色的同时，吸收了汉族的宫廷雅乐。元朝的杂剧有机地融入了舞蹈，舞蹈成为元杂剧中不可缺少的组成部分。

明清时期中国古典的舞蹈开始寄身于戏曲艺术，获得了另一种发展，进入了崭新的时期，不再单纯地用于表达情感，而是将情感和叙事一同融入舞蹈中，同时又不失舞蹈本身的性质和精神，出现了综合性、虚拟性、程序性舞蹈。舞蹈，作为独立的表演艺术，在这一时期逐渐衰落，但是，作为节庆时群众娱乐活动的民间歌舞却呈现出繁盛的局面。明清时期戏曲已成为最受欢迎的重要艺术形式。戏曲舞蹈，直接继承了唐宋歌舞大曲和古代传统舞蹈艺术，经过历代戏曲艺人的加工创造，已形成一套完整的训练体系和表演方法，可谓中国传统舞蹈的集大成者，它所负载的文化内涵丰富而深邃。

二、美的嬗变：舞蹈艺术的现代发展

近年来，中国舞蹈艺术呈现蓬勃态势，多年来在创作演出中，植根于中华优秀传统文化，聚焦火热的现实生活，用肢体语言和剧情感染观众，舞蹈精品力作不断涌现，成为中国现代艺术一大亮点。

（一）植根文化沃土，彰显文化自信

中华优秀传统文化蕴含着丰富的思想观念、人文精神、道德规范等优秀内容，是文化创新创造的重要源泉，也是构建文化自信的"根"和"魂"。国家历史文化底蕴深厚，地方艺术中心有责任在挖掘传统文化宝藏、彰显传统文化魅力上积极探索、率先实践，推出更多现象级作品，进一步充实国家艺术文化宝库，更好地弘扬和壮大主流价值、主流舆论、主流文化，切实担当好新的文化使命。

（二）坚持守正创新，赓续历史文脉

中华千年文脉延绵不绝，根本在于每一个历史阶段都有其独具魅力的"活态表达"。在新的历史进程中，关键是要把握好"守正"与"创新"的辩证统一，做好恪守正道、革故鼎新的文章，在艺术形式、表现手法、技术运用上大胆突破，用当代审美和时尚语汇打破时空局限、链接古今对话，让优秀传统文化拥有更丰富的内涵、更宽广的外延、更饱和的色调和全新的打开方式，与时代同频共振，焕发时代魅力。

（三）尊重艺术规律，实现百花齐放

文艺精品的产生有其自身的规律，多靠的是主创团队在执着追求艺术中的自由创作，在遵循艺术规律中的大胆突破，在坚守"百场如一"中的精益求精。执偶然之果、寻必然之因，尊重艺术、尊重艺术家、尊重艺术规律至关重要。

经典领航

《笔势论十二章》（节选）

王羲之

【创临章第一】夫纸者阵也，笔者刀矟（shuò）也，墨者兵甲也，水砚者城池也，本领者将军也，心意者副将也，结构者谋策也，飏扬笔者吉凶也，出入者号令也，屈折者杀戮也，点画者磊落[1]也，戈旆[2]者斩斫[3]也，放纵[4]者快利也，著笔者调和也，顿角[5]者蹙捺[6]也。始书之时，不可尽其形势，一遍正脚手[7]，二遍少得形势，三遍微微似本，四遍加其遒润，五遍兼加抽拔[8]。如其生涩，不可便休，两行三行，创[9]临惟须滑健[10]，不得计其遍数也。

【视形章第三】视形象体[11]，变貌犹同，逐势瞻颜，高低有趣[12]。分均点画，远近相须[13]；播布研精，调和笔墨[14]。锋纤往来，疏密相附[15]，铁点银钩，方圆周整[16]。起笔下笔，忖（cǔn）度寻思，引说踪由[17]，永传今古。智者荣身益世，方怀浸润之深；愚者不俟（sì）佳谈，如暗尘[18]之视锦。生而知者发愤，学而悟者忘餐。此乃妙中增妙，新中更新。金书锦字[19]，本领[20]为先，尽说安危[21]，务以平稳为本。分间布白，上下齐平，均其体制，大小尤难。大字促之贵小，小字宽之贵大，自然宽狭得所，不失其宜。横则正，如孤舟之横江渚；竖则直，若春笋之抽寒谷。

【注释】

1. 磊落：错落、圆转、俊伟。
2. 戈旆（pèi）：以戈喻钩，以旆喻撇。
3. 斩斫（zhuó）：以斩斫喻钩撇之势。
4. 放纵：指向右、向左的挑，例如策（短横）、啄（短撇）。快利：以快利喻策、啄之势。
5. 顿角：指顿笔调锋出现的笔触。
6. 蹙（cù）捺：短捺。蹙：局促。
7. 正脚手：指执笔的方法与书写的姿势。
8. 抽拔：指空中运笔。抽：拔出。拔：拔起，拔出。
9. 创：起笔。
10. 滑健：流畅刚健。
11. 视形象体：指书法的各种"法象"，如"列阵排云""百钧弩发""高峰坠石""曲折钢钩""万岁枯藤""举步快走""惊蛇透水""虬龙蜿蜒""鸾凤徘徊""惊雷掣电"等。

12. 逐势瞻颜，高低有趣：指笔势呼应，点画顾盼，高低错落，生动有趣。

13. 分均点画，远近相须：指点画分布以均衡为原则，无论远近，皆须配合。相须：亦作"相需"，互相依存，互相配合。

14. 播布研精，调和笔墨：精研笔法、字法、章法、墨法的来龙去脉，调和笔墨的各种因素。播布：传布，此处指书法本体的来龙去脉。

15. 锋纤往来，疏密相附：毛笔往来纸面，切割的空间有疏有密，相互依附。

16. 铁点银钩，方圆周整：指点线刚劲柔媚，方圆变化整齐。

17. 引说踪由：引说各家特点，追踪所致之由。

18. 暗尘：积累的尘埃。锦：有彩色花纹的丝织品。

19. 金书锦字：金和锦都是高贵的东西，以此来形容书法的美丽。

20. 本领：书法的本领为笔法。

21. 安危：指平正与险绝的体势。

【解读】

《笔势论十二章》原题为《笔阵图十二章》，系王羲之所作，被认为是王羲之对写字技法的揭秘的书论名篇。所选的"创临章第一"中开篇所言及的书写工具、书写者主观意愿、书写技术等诸要素的所处的位置及相互作用着实让人感受到书法学习本身就是个具有鲜明体系性的行为过程，不能也无法偏于一隅，且此中要窍会随着学习的不断深入而益发感到其要言不虚。"视形章第三"则是将重点放在了对形体作用，以及形体间相互关系的阐述上，提出"形"与"体"形成互为依存，点线组合的前后关系精细处理，各个形体之间联结产生呼应等观点。同时，作者特意提醒我们不管如何变化，"尽说安危"，最终还是要"务以平稳为本"。这又自然是与讲求"平和之美"的儒家审美观相关联的。

《古画品录》

谢赫

夫画品者，盖众画之优劣也。图绘者，莫不明劝戒，著升沉[1]，千载寂寥，披[2]图可鉴。虽画有六法，罕能尽该。而自古及今，各善一节。六法者何？一，气韵生动[3]是也；二，骨法用笔[4]是也；三，应物象形[5]是也；四，随类赋彩[6]是也；五，经营位置[7]是也；六，传移模写[8]是也。唯陆探微、卫协[9]备该之矣。然迹有巧拙，艺无古今，谨依远近，随其品第，裁成序引。故此所述，不广其源，但传出自神仙，莫之闻见也。

【注释】

1. 著升沉：显示褒贬。

2. 披：通"批"，批阅。

3. 气韵生动：是指作品和作品中刻画的形象具有一种生动的气度韵致，显得富有生命力。气韵：原是魏、晋品藻人物的用词，如"风气韵度""风韵道迈"等，指的是人物从姿态、表情中显示出的精神气质、情味和韵致。

4.骨法用笔：是说所谓骨法及与其密切相关的笔法。指线条勾勒是否得体到位，整个形象是否显出骨力等，如果用笔不当、失度，违背规律，就会使画面失去精神。

5.应物象形：是指画家的描绘要与所反映的对象形似，绘画美学对待形似、描绘对象的真实性很重视。

6.随类赋彩：是说着色。赋通"敷、授、布"。赋彩，即施色。随类，解作"随物"。

7.经营位置：是说绘画的构图。经营：原意是营造、建筑。

8.传移模写：指的是临摹作品。传：移也；或解为传授、流布、递送。模：法也；通摹、摹仿，写亦解作摹。

9.陆探微、卫协：陆探微是侍奉五代宋明帝的吴人画家，他能穷理尽性，概括地创造典型形象，承前启后，古今独步。卫协是五代晋时画家，之前古画都较粗略，到卫协才见精妙。对于"六法"他接近兼善。他所塑造的形象虽不十分完备，但在气概上颇为壮阔。他的画超越了众多杰出画家，称得上是旷代绝笔。

【解读】

中国画品评风气，在魏晋已开其端，到南北朝而大盛。南朝齐梁时期画家、绘画理论家谢赫的《古画品录》是我国第一部科学性、系统性的画品专著。他在这部著作里提出了有名的"六法"论，并以此为准则，将三国到萧梁的二十七位重要画家的艺术，按"优劣"分为六品，一一作评。"六法"是中国古代美术评品作品的标准和重要美学原则，也是一个初步完备的绘画理论体系框架——从表现对象的内在精神、表达画家对客体的情感和评价，到用笔刻画对象的外形、结构和色彩，以及构图和摹写作品等，总之创作和流传各方面，都概括进去了。

《礼记·乐记》(节选)

凡音之起，由人心生也。人心之动，物使之然也。感于物而动，故形于声；声相应，故生变；变成方，谓之音；比[1]音而乐之，及干戚[2]、羽旄[3]，谓之乐也。乐者，音之所由生也，其本在人心之感于物也。是故其哀心感者，其声噍以杀[4]；其乐心感者，其声啴以缓[5]。其喜心感者，其声发以散[6]；其怒心感者，其声粗以厉[7]；其敬心感者，其声直以廉[8]；其爱心感者，其声和以柔。六者非性也，感于物而后动，是故先王慎所以感之者。故礼以道其志，乐以和其声，政以一其行，刑以防其奸。礼乐刑政，其极一也，所以同民心而出治道也。

【注释】

1.比：随着、顺着。

2.干戚：为武舞所执的舞具。干，就是盾；戚，就是斧。

3.羽旄：为乐舞时所执的雉羽和旄牛尾。

4. 噍以杀：就是急促而迅速减弱的意思。噍：通"焦"，急。杀：衰减。

5. 啴以缓：就是宽缓的意思。啴：宽舒。

6. 发以散：声发扬而且轻散。

7. 粗以厉：声粗猛严厉。

8. 直以廉：就是边、角分明，绝无邪曲的意思。廉：不苟微细。

【解读】

《礼记·乐记》是儒家对音乐理论的论述，相传为孔子弟子公孙尼子所写，主要论述了音乐的产生、音乐的社会用途，以及音乐与礼、与人的德行、情性的关系，还涉及音乐对人的思想和感情的影响等方面。文章全面、深入地对音乐进行论述，是中国古代音乐理论史上一篇非常重要的文献。《乐记》作为先秦儒学的美学思想的集大成者，其丰富的美学思想，对古典音乐的发展有着深远的影响，而且在世界音乐思想史上也占有非常重要的地位。

《洛神赋》（节选）

曹植

余告之曰：其形也，翩[1] 若惊鸿[2]，婉若游龙[3]。荣曜秋菊，华茂春松[4]。仿佛兮若轻云之蔽月，飘飘[5] 兮若流风之回[6] 雪。远而望之，皎[7] 若太阳升朝霞；迫[8] 而察之，灼[9] 若芙蓉[10] 出渌[11] 波。秾[12] 纤[13] 得中，修短合度[14]。肩若削成，腰如束素[15]。延颈秀[16] 项[17]，皓质呈露[18]。芳泽无加，铅华[19] 弗御[20]。云髻[21] 峨峨[22]，修眉连娟[23]。丹唇外朗[24]，皓齿内鲜[25]。明眸[26] 善睐[27]，靥辅[28] 承权[29]。瑰[30] 姿艳逸[31]，仪静体闲。柔情绰[32] 态，媚于语言。奇服旷世，骨像[33] 应图[34]。披罗衣之璀粲[35] 兮，珥[36] 瑶碧[37] 之华琚[38]。戴金翠之首饰，缀明珠以耀躯。践[39] 远游[40] 之文履[41]，曳[42] 雾绡[43] 之轻裾[44]。微[45] 幽兰之芳蔼[46] 兮，步踟蹰[47] 于山隅[48]。于是忽焉纵体[49]，以遨[50] 以嬉。左倚采旄[51]，右阴桂旗[52]。攘[53] 皓腕于神浒[54] 兮，采湍濑[55] 之玄芝[56]。

【注释】

1. 翩：鸟疾飞貌，此引申为飘忽摇曳。

2. 惊鸿：惊飞的鸿雁。

3. 婉若游龙：此句本宋玉《神女赋》"婉若游龙乘云翔"。婉：蜿蜒曲折。

4. "荣曜"二句：形容洛神容光焕发，肌体丰盈。荣：丰盛。华：华美。

5. 飘飘：动荡不定。

6. 回：旋转。

7. 皎：洁白光亮。

8. 迫：靠近。

9. 灼：鲜明灿烂。

10.芙蓉：一作"芙蕖"，荷花。

11.渌(lù)：水清貌。

12.秾：花木繁盛。此指人体丰腴。

13.纤：细小。此指人体苗条。

14.修短合度：此句即宋玉《登徒子好色赋》所谓"增之一分则太长，减之一分则太短"之意。修：长。度：标准。

15.腰如束素：句本宋玉《登徒子好色赋》。素：白细丝织品。

16.延、秀：均指长。

17.项：后颈。

18.皓质呈露：句本司马相如《美人赋》。皓：洁白。

19.铅华：粉。古代烧铅成粉，故称铅华。

20.弗御：不施。御，进。

21.云髻：发髻如云。

22.峨峨：高耸貌。

23.连娟：又作"联娟"，微曲貌。

24.朗：明润。

25.鲜：光洁。

26.眸：目瞳子。

27.睐：顾盼。

28.靥(yè)辅：一作"辅靥"，即今所谓酒窝。

29.权：颧骨。《淮南子·说林》："靥辅在颊则好。"

30.瑰：奇妙。

31.艳逸：艳丽飘逸。

32.绰：宽缓。

33.骨像：骨格形貌。

34.应图：指与画中人相当。

35.璀粲：鲜明貌。一说为衣动声。

36.珥：珠玉耳饰。此用作动词，作佩戴解。

37.瑶碧：美玉。

38.华琚：刻有花纹的佩玉。

39.践：穿，着。

40.远游：鞋名。繁钦《定情诗》："何以消滞忧，足下双远游。"

41.文履：饰有花纹图案的鞋。刘桢《鲁都赋》："纤纤丝履，灿烂鲜新；表以文组，缀以朱蠙。"疑即咏此。

42.曳：拖。

43.雾绡：轻薄如的绡。绡：生丝。

44.裾：裙边。

45.微：隐。

46. 芳蔼：芳香浓郁。

47. 踟蹰：徘徊。

48. 隅：角。

49. 纵体：轻举貌。

50. 遨：游。

51. 采旄：采旗。旄，旗杆上旄牛尾饰物。

52. 桂旗：以桂木为竿之旗。屈原《九歌·山鬼》："辛夷车兮结桂旗。"

53. 攘：此指撩袖伸出。

54. 神浒：为神所游之水边地。浒，水边泽畔。

55. 湍濑：石上急流。

56. 玄芝：黑芝草。《抱朴子·仙药》："芝生于海隅名山及岛屿之涯……黑者如泽漆。"

【解读】

《洛神赋》是曹植久负盛名的代表作。这篇赋文以细腻的笔法描绘了洛神的超凡脱俗和绝世容颜，同时也表现了作者对美好事物的向往和对现实无奈的感慨。曹植运用了大量的比喻和拟人手法，将洛神塑造成一个既有神性又具有人性的魅力形象。在赋中，洛神的形象时而清晰，时而朦胧，既真实又虚幻，体现了曹植对理想与现实之间矛盾的深刻体悟。《洛神赋》不仅是中国古代辞赋艺术的瑰宝，同时为中国传统艺术创造带来了新的创作灵感和审美评价标准。近年来，国潮风行，现代舞蹈家创作的水中舞《洛神水赋》便取自此名篇。传说中洛神"翩若惊鸿，婉若游龙"的神采，通过水下舞蹈的形式展现出来，颇具中国风的配色、水下舞蹈的新奇观感，将传统文化与现代形式完美结合，焕发出不一样的生命力。

湖湘学堂

齐白石与湖湘百年风云

齐白石，1864年1月1日生于湖南长沙府，原名纯芝，字渭青，号兰亭。他是近现代中国绘画大师，世界文化名人，从小就展现出对绘画的兴趣和天赋。在外祖父那里读书时，齐白石就常用习字本、账簿纸作画，早年曾为木工，后以卖画为生，五十七岁后定居北京。他擅画花鸟、虫鱼、山水、人物，他的笔墨雄浑滋润，色彩浓艳明快，造型简练生动，意境淳厚朴实。其所作鱼虾虫蟹，天趣横生。本质、自我、变法、变意是他的艺术表现，也是他"衰年变法"的深刻底蕴。

他曾任中央美术学院名誉教授、中国美术家协会主席等职。2017年12月17日晚，他的作品《山水十二条屏》亮相拍卖场，最终以9.315亿元人民币成交，成为目前最贵的中国艺术品。他的绘画风格有浓厚的乡土气息，纯朴的农民意识和天真烂漫的童心。富有余味的诗意，是齐白石艺术的内在生命。而热烈明快的色彩，墨与色的强烈对比，浑朴稚拙的造型和笔法，工与写的极端合成，平正见奇的构成，作为齐白石独特的艺术语言和视觉形状，相对而言则是齐白石艺术的外在生命。现实的情感要求与之相适应的形式，而这形式又强化了情感的表现，两者相互需求、相互生发、相互依存，共同构成了齐白石的艺术生命，即齐白石艺术的总体风格。

文化长廊

齐白石与湖湘民间文化艺术

湖湘地区相对东南地区山区较多，耕种更为辛苦，由于气候湿润，居民多以辣味入食，这样的环境，培养了湖湘民众直爽、坚强的性格。而这一地区也是山系连绵、水系发达，南岳衡山、洞庭湖、湘、资、沅、澧皆在其中，这里有着历史悠久的巫楚文化和丰富的民间传说，例如湘君湘夫人的传说、何仙姑传说、吕洞宾传说、钟馗传说等。这些传说浪漫而瑰丽，自古以来就为湖湘地区文学艺术创作提供了丰富的养料。

林语堂在《北方与南方》一文中曾写道："湖南人则以勇武和坚韧闻名，是古代楚国武士后裔中较为使人喜欢的一些人。"齐白石和家人便是典型的湖南人的性格，有着湖湘文化的深刻烙印。因此齐白石有着湖南人的耿直，而他的艺术正如他的性格一样非常直率、刚劲。无论是齐白石的书法、篆刻还是绘画，都以直抒胸臆为主，而不以奇巧取胜。齐白石曾作《人骂我我也骂人》，用笔洗练，在简单的笔墨中尤其注意对眼神的刻画，看向一边的三角眼睛好像正在对别人含笑讥讽，画中湘人的辛辣戏谑呼之欲出，可以看出画家的干脆利落。

齐白石的艺术中理性的思想更重，但是湖湘地区神秘而奇特的传说也会闪现其中。在神仙题材中，八仙题材在湖湘最广为人知，而八仙之一的何仙姑为湖南宋代永州何仙观人，所以更是受到湖湘地区民众的拥戴，是长寿的代表。齐白石早期的作品中也不乏八仙题材，例如早期的传为齐白石木雕的《八仙屏风》、齐白石早期绘画《八仙条屏》和《寿》（字画合一）。

民间艺术对齐白石的另一个影响是关于色彩的。湖湘民间艺术由于受到少数民族艺术的影响，偏爱用鲜艳的颜色。这种极富有装饰性的色彩是齐白石接受到的最早的色彩教育，齐白石在作为民间画家时期就与其保持着密切的联系，例如他在《白石老人自述》中写到他在为湘潭人家画描容的时候，往往还要为那一家的女眷"画些帐檐、袖套、鞋样之类"，因为"我们湘潭风俗，新丧之家，归女们穿的孝衣，都把袖头翻起，画上些花样，算作装饰"。齐白石对于这些湘潭的民间装饰十分得心应手。

故乡是齐白石艺术的寄托，湖湘的民间文化艺术曾滋养过齐白石，齐白石以一种更高远的眼光、更宽广的胸怀、更深厚的文化根基实现了对湖湘民间文化艺术的超越，齐白石最终转为文人画家。民间文化艺术成为齐白石艺术中的一抹底色，一处文化上的"日暮乡关"。

笃行致远

悟国画意蕴，习书法技艺——中国书画艺术校园展

笔端荡漾，墨香飘逸，如盈盈细雨，如清风拂面。书画艺术是传达中华文化、表现民族气魄的最好方式之一。书法，心画也，古人云：字如其人。国画，以笔墨为核心，以求"意存笔先，画尽意在"。书法与国画都积淀着中华民族几千年的睿智与精髓，更凝聚着一种民族精神。书写汉字、临画国画是让我们了解体验民族文化，体验民族的思想和情感及民族的精神。让我们一起行动起来，以笔筑梦，以美润心，创作自己的书画作品传承文化、推崇创新、追求个性。

1. 活动形式

作品展览。

2. 活动地点

美术楼。

3. 活动组织

（1）创作内容：笔墨无言，印入人心。将中华传统文化与日常生活诗意入笔入画，以多样化书画作品展现传统文化魅力。

（2）创作形式：书法类作品以软笔类作品为主，作品篇幅、书体不限（草书、篆书作品需另注明文字内容）；绘画类作品以中国画纸本形式作品为主。

（3）成果展示：优秀作品将在美术楼文化长廊进行展示，并在学校官网、官微等新媒体平台展示。

项目十

守正创新

——中国文化革故鼎新

泱泱中华，历史悠久，文明博大。中华优秀传统文化是中国五千年文明的重要组成部分，承载着中华文明的精华与智慧，是中华民族的文化根脉。生生不息、薪火相传的中华优秀传统文化，内蕴着丰富的思想学说、经验智慧、道德传统与民族精神等，即便到了今天，仍具有强大的生命力。新时代要传承发展这些优秀内容，激活中华优秀传统文化的活力基因，必须深耕中华优秀传统文化资源沃土，立足这一文化根脉，全面提升中华文化的影响力和感召力，激发其时代生机与活力。

【学习目标】

1. 了解中国文化革故鼎新的历史传统和现代要求。

2. 理解如何正确对待中国传统文化，学会辩证地处理传统精华和糟粕。

3. 理解继承弘扬与转化创新的关系，能够正确对待外来文化。

4. 勇担中国青年坚守文化自信的责任和使命，涵养家国情怀。

文化通识

文化关乎国本、国运。文化兴则国运兴，文化强则民族强。当前，实现中华民族伟大复兴进入了不可逆转的历史进程，更加需要也更有能力以时代精神激活中华优秀传统文化生命力，为民族复兴提供强大文化支撑。党的十八大以来，习近平总书记深刻把握新时代历史方位，以坚定的文化自觉、宏阔的历史视野、深远的战略考量，就文化建设提出了一系列新理念新思想新战略，引领中华文化创造性转化、创新性发展，推动中华文脉绵延繁盛、中华文明历久弥新。

时代强音：以文化人，文以载道

党的十八大以来，习近平总书记把宣传思想文化工作摆在治国理政的重要位置，就文化建设提出了一系列新思想新观点新论断，构成了习近平新时代中国特色社会主义思想的文化篇，形成了习近平文化思想。2023年10月召开的全国宣传思想文化工作会议，首次提出"习近平文化思想"。习近平总书记在新时代文化建设方面的新思想新观点新论断，内涵十分丰富、论述极为深刻，是新时代党领导文化建设实践经验的理论总结。

一、坚定文化自信的历史自觉和主动精神

党的二十大报告指出，我们必须坚定历史自信、文化自信，坚持古为今用、推陈出新，把马克思主义思想精髓同中华优秀传统文化精华贯通起来、同人民群众日用而不觉的共同价值观念融通起来，不断赋予科学理论鲜明的中国特色，不断夯实马克思主义中国化时代化的历史基础和群众基础，让马克思主义在中国牢牢扎根。从世界观和方法论的高度来看，我们必须坚持"两个结合"，尤其是深刻理解"第二个结合"的独特意义，以高度文化自觉担负起新的文化使命，以更强的历史主动精神担当作为，不断推动文化事业繁荣兴盛，奋力开创文化传承发展工作新局面。

二、建设中华民族现代文明的思想保证和精神力量

中华民族伟大复兴需要中华民族现代文明作为强劲有力的思想"发动机"，中华民族现代文明的建设也是民族复兴的显著标志和重要成果。我们不能躺在中华文明的历史殿堂里当"啃老族"，而是要奋力建设中华民族现代文明。新时代中国共产党不仅需要在经济社会发展上创造新的更大奇迹，也需要在文化建设和文明发展上创造新的更大辉煌，这

就为我们进一步深入推进文化强国建设明确了奋斗方向、提供了基本遵循。

三、实现中华民族伟大复兴的主体意识和实践理路

党的二十大报告指出，坚持和发展马克思主义，必须同中华优秀传统文化相结合。只有植根本国、本民族历史文化沃土，马克思主义真理之树才能根深叶茂。习近平总书记指出，"第二个结合"让马克思主义成为中国的，中华优秀传统文化成为现代的，让经由"结合"而形成的新文化成为中国式现代化的文化形态。一百多年来，中国共产党正是在不断攀登新的思想高峰的过程中开拓通向真理的道路的，在实践创造中进行文化创造的，在历史进步中实现文化进步的。迈向新征程，习近平文化思想为担负起新的文化使命提供了强大思想武器和科学行动指南，中华民族以更加坚定的历史自信、文化自信，向着强国建设、民族复兴昂扬奋进。

四、构建人类命运共同体的世界胸怀和中国智慧

坚持胸怀天下是习近平新时代中国特色社会主义思想的世界观和方法论，也是习近平文化思想的重要组成部分。党的二十大报告将"创造人类文明新形态"作为中国式现代化的本质要求之一。当今世界正处于百年未有之大变局，世界之变、时代之变、历史之变正以前所未有的方式展开，人类文明发展面临诸多问题和挑战。党的十八大以来，面对"人类向何处去"的世界之问、历史之问、时代之问，面对世界多极化、经济全球化、社会信息化、文化多样化的机遇挑战，面对治理赤字、信任赤字、和平赤字、发展赤字的严峻冲击，"西方之乱"与"中国之治"的鲜明对比愈来愈明显。习近平总书记以大国大党领袖的深厚天下情怀和强烈使命担当，创造性地提出构建人类命运共同体理念，强调着力加强国际传播能力建设、促进文明交流互鉴，为避免文明冲突、文化冲突、意识形态冲突提出了以"文明交流互鉴"为核心的新理念。

文化如水，润物无声。新时代的中国，"文博热""文创风""观影潮""诗词热"悄然兴起，人民群众的文化生活愈发丰富，生活方式与精神风貌为之一新。面向未来，在习近平文化思想指引下，新时代中国必将创造更加辉煌灿烂的中华民族现代文明，与世界进步力量一道，为繁荣世界文明百花园、共建人类文明的美好未来不懈奋斗。

守正创新：中华优秀传统文化的传承与创新

习近平总书记对宣传思想文化工作作出重要指示，要求"着力赓续中华文脉、推动中华优秀传统文化创造性转化和创新性发展"。文运与国运相牵，文脉同国脉相连。不忘本来才能开辟未来，善于继承才能更好创新。在新的历史起点上担负新的文化使命，要高度重视中华优秀传统文化传承与发展的关系，在守正创新中赓续中华文脉，激发全民族创新创造活力，建设中华民族现代文明。

一、中华优秀传统文化是中华民族的文化根脉

"中华优秀传统文化是中华民族的文化根脉""中华优秀传统文化是中华文明的智慧结

晶和精华所在,是中华民族的根和魂,是我们在世界文化激荡中站稳脚跟的根基"……习近平总书记曾在不同场合,多次以"根脉""根基"喻指中华优秀传统文化。强大的根脉可以促进植物不断苗壮成长。总书记将中华优秀传统文化比作中华民族的文化根脉,既强调了继承和弘扬中华优秀传统文化的重要性,也彰显了中华文明具有连续性、统一性与创新性等突出特性。

二十四节气是古人不违农时的时令总结,对当下促进人与自然和谐共生仍有借鉴意义;道家的"上善若水"、儒家的"仁义礼智信"经过上千年的积淀,作为社会主义核心价值观的重要源泉,已为我们内心认同并自觉践行;《朱子家训》《弟子规》等家风家规垂诸后世,教会我们为人之本、处世之道;卧薪尝胆、苏武牧羊、岳母刺字等一系列典故,涵养我们修齐治平、兴亡有责的家国情怀;饮食服装、古建筑、老字号品牌等,承载着华夏民族生产生活的历史积淀,浸润于当下生产生活实践的方方面面……

历经五千多年绵延发展,中华优秀传统文化已经形成发达的根系。主根向土壤深处延伸,须根从主根上蔓延生出,并与主根紧密相连,展现出突出的统一性。

二、以科学的态度对待中华传统文化

(一)厘清"传统文化"和"优秀传统文化"的各自内涵

习近平总书记指出:"要认真汲取中华优秀传统文化的思想精华和道德精髓,大力弘扬以爱国主义为核心的民族精神和以改革创新为核心的时代精神,深入挖掘和阐发中华优秀传统文化讲仁爱、重民本、守诚信、崇正义、尚和合、求大同的时代价值。"我们的先人曾经留下许多宝贵的优秀精神传统,诸如"先天下之忧而忧,后天下之乐而乐"的政治抱负,"苟利国家生死以,岂因祸福避趋之"的报国情怀,"富贵不能淫,贫贱不能移,威武不能屈"的浩然正气等,都应该继承和发扬。

当然,也必须清楚地看到,中华民族经年累代创造并传承下来的物质遗存和精神遗存,诸如语言文字、风俗礼仪、思维方式、伦理宗教、审美旨趣、文学艺术、器物制度等,都是我们所说的传统文化。传统文化是一个极为宽泛的概念。其内容中既有精华的部分,也有糟粕的部分;既有时代性、阶级性的一面,也有超越时代的、具有文明共性的一面。我们所说的继承和弘扬,自然是传统文化中独特且优秀的部分,是优秀传统文化中的思想精华和道德精髓,而不是丧失合理性、与时代精神背道而驰的糟粕。继承和弘扬的对象只能是"优秀传统文化"和"传统美德",这是论及对待传统文化态度问题时一个不言而喻的逻辑前提。习近平总书记提醒我们,对历史文化特别是先人传承下来的价值理念和道德规范,要坚持古为今用、推陈出新,有鉴别地加以对待,有扬弃地予以继承。

(二)处理好继承弘扬与转化创新的关系

中华文明延续着我们国家和民族的精神血脉,既需要薪火相传,代代守护,也需要与时俱进,推陈出新。尊重传统,继承和弘扬优秀传统文化的目的,在于对其进行创造性转化和创新性发展,加强对中华优秀传统文化的挖掘和阐发,对优秀传统文化的内涵加以补充、拓展、完善,使中华民族最基本的文化基因与当代文化相适应,与现代社会相协调。

继承优秀传统文化不能照搬照抄、囫囵吞枣，要对其进行"创造性转化"。习近平总书记指出："要处理好继承和创造性发展的关系，重点做好创造性转化和创新性发展。"实现对传统文化的创造性转化，一要使传统文化与当代文化相适应，使传统文化和传统美德为社会主义先进文化建设服务；二要使传统文化与现代社会相协调，认真挖掘传统文化中的"精华"，并赋予其新的时代内涵，使之真正成为推进改革开放和社会主义现代化建设的精神动力；三要用符合时代需要和大众口味的形式对传统文化作出新的"阐释"，使之以人们喜闻乐见的方式推广开来。

继承优秀传统文化的目的是进一步促进传统文化的与时俱进，推进传统文化的创新性发展。习近平总书记指出，"提高国家文化软实力，要努力展示中华文化独特魅力"，"把继承传统优秀文化又弘扬时代精神、立足本国又面向世界的当代中国文化创新成果传播出去"。

对历史最好的继承，就是创造新的历史；对人类文明最大的礼敬，就是创造人类文明新形态。利用先进技术和时代艺术语言对中华优秀传统文化进行创造性转化和创新性发展，可以使其具有更加丰富的表现形式，让古老的技艺走向更广阔的舞台，焕发出新的时代魅力。中华优秀传统文化经过创造性转化和创新性发展，能让我们更好地认识和把握中华文明的源远流长、博大精深、内在规律和独特价值，不断增强文化自豪感和自信心，推动中华文明在新时代展现出蓬勃生机、焕发出巨大活力。

（三）美人之美，美美与共

文明交流共鉴，是推动人类文明进步和世界和平发展的重要动力。从历史发展来看，人类文化从来就是和而不同的，没有高下之分，文化发展必须保持开放的心态。文化交流重在求同存异，兼容并包。立足中国国情，实现不同文化的交流互鉴，应当坚持"洋为中用"，坚持以我为主，为我所用，坚守中华文化立场，吸收外来有益文化，形成面向现代化、面向世界、面向未来的民族的科学的大众的社会主义先进文化，推动当代中国文化发展，弘扬跨越时空、超越国度、富有永恒魅力、具有当代价值的文化精神，把创新成果传播出去。

（四）弘扬中华民族精神

"中华优秀传统文化源远流长、博大精深，是中华文明的智慧结晶，其中蕴含的天下为公、民为邦本、为政以德、革故鼎新、任人唯贤、天人合一、自强不息、厚德载物、讲信修睦、亲仁善邻等，是中国人民在长期生产生活中积累的宇宙观、天下观、社会观、道德观的重要体现，同科学社会主义价值观主张具有高度契合性。"中华民族精神是中国人民在长期奋斗中培育、继承、发展起来的伟大民族精神，不仅铸就了延绵几千年发展至今的中华文明，而且深刻影响当代中国发展进步。中华民族精神是以爱国主义为核心的伟大创造精神、伟大奋斗精神、伟大团结精神、伟大梦想精神。

（五）明体达用，体用贯通

2021年8月24日，习近平总书记在河北承德考察时指出："要保护好、传承好、利用好中华优秀传统文化，挖掘其丰富内涵，以利于更好坚定文化自信、凝聚民族精神。"中华优秀传统文化是文化自信的基石。从内容上看，中华优秀传统文化蕴含增强文化自信的丰富资源。从精神气质上看，中华优秀传统文化具有增强文化自信的独特特质。

深入学习和了解中华优秀传统文化，做中华优秀传统文化的传承者。研读代表中华优秀传统文化的经典著作，知其然更要知其所以然，体悟其中的思想魅力和精神实质。充分认识中华优秀传统文化的价值，汲取中华优秀传统文化的精华，从而树立文化自信的内核，建立起文化自信的基础。

充分利用好中华优秀传统文化指导学习实践，做中华优秀传统文化的践行者。坚持知行合一、学以致用，自觉肩负起传承和弘扬中华优秀传统文化的历史责任，推动中华优秀传统文化创造性转化、创新性发展；将文化自信融入生活和学习的方方面面，进一步增强文化自信，做好从文化自觉自知到文化自信的转化。

经典领航

毛泽东诗词欣赏

（一）《采桑子·重阳》

人生易老天难老[1]，岁岁重阳。
今又重阳，战地黄花分外香[2]。
一年一度秋风劲，不似春光。
胜似春光，寥廓江天万里霜[3]。

【注释】

1.人生易老天难老：化用唐代李贺《金铜仙人辞汉歌》"衰兰送客咸阳道，天若有情天亦老"诗句。宋代张元干《贺新郎》："天意从来高难问，况情老易悲难诉。"这里是反其意而用之。天：指大自然，宇宙。难老：指宇宙的发展变化不易看到。

2.战地黄花分外香：语出宋代杨万里《九日郡中送白菊》"若言佳节如常日，为底寒花分外香"之句。战地：战场。此处指福建上杭一带。这年秋天，红四军在福建西部长汀一带歼灭土著军阀，攻克了上杭县。黄花：指菊花。我国古代菊花品种主要是黄的，故称黄花。典出《礼记·月令》："季月之令，鞠有黄华。"鞠：通"菊"。黄华：同"黄花"。又《吕氏春秋·季秋纪》："季秋之月：……菊有黄花。"后因此称菊花为黄花。分外香：格外地香。

3.寥廓江天万里霜：这句写江天广阔，秋高气爽，五彩斑斓，一片美妙的秋色。寥廓：空阔、远大无边的样子。江天：江和江上的天空。这里是在靠近江河的地方看到江天相接，空阔无垠的景象。万里：极言广阔。霜：借指秋色。古典文学中有丹霜、紫霜、青霜的说法。

【赏析】

上片"人生易老天难老"，这句从李贺《金铜仙人辞汉歌》的"天若有情天亦老"句转变过来，引出天是无情天难老的意思。毛泽东在1949年4月里作的《人民解放军占领南京》里，引了李贺这句话——"天若有情天亦老，人间正道是沧桑"，没有提到"人生易老"，为什么在二十年前的1929年提到"人生易老"呢？原来毛泽东在领导1949年的革命时，一切都很顺利，没有"人生易老"的感觉。在 1929 年领导革命，即在龙岩召开的红四军第七次党代表大会上，多数同志不接受他的意见，他未能当选为前委书记，离开了红四军的领导岗位，因而感到要把红四军领导到革命路线上来，是非常紧迫的任务。要说服同志接受自己的正确意见，进行思想改造，才能开展革命，因而产生"人生易老"的感觉，感受到了革命工作的紧迫感。同年 12 月，毛泽东说服了有不同意见的同志，红四军第九次党的代表大会作出决议《关于纠正党内的错误思想》，对"单纯军事观点""极端民主化"等观点进行了批判，指出"单纯军事观点"表现为：①认为军事政治二者是对立的；②以为红军的任务只是单纯地打仗；③把政治工作机关隶属于军事工作机关；④忽视宣传队的重要性等。这些错误思想不纠正，会影响革命。作者作本诗时虽已离开了红四军的领导岗位，产生了"人生易老"的感觉，但他的革命精神还是昂扬的，所以说："岁岁重阳。今又重阳，战地黄花分外香。"年年有个重阳节，今天又是重阳节，看到上杭县野外的黄花竞开，感到战地黄花分外香。重阳是赏菊花的节日，所以欣赏野外的黄菊花。上杭是红四军战胜攻取的地方，在这句里既有重阳赏菊的情趣，更有庆贺胜利的意味。这充分说明毛泽东虽然离开了红四军的领导岗位，对革命胜利的感情还是很热烈的。

　　下片："一年一度秋风劲，不似春光。胜似春光，寥廓江天万里霜。"下片联系上片，上片写"战地黄花分外香"，联系重阳节赏菊，联系"战地"的革命胜利。所以说秋光不似春光，胜似春光。这里使人想起刘禹锡的《秋词》："自古逢秋悲寂寥，我言秋日胜春朝。"这就是"不似春光。胜似春光"了。《秋词》又说"山明水净夜来霜"，山怎样明？黄庭坚《登快阁》说"落木千山天远大"，秋天叶落以后山明天远大，就感"寥廓江天万里霜"，写出秋天开阔的景象。

　　这首词，上片暗用"天若有情天亦老"而加以变化，说成"天难老"，这是变化的引用格，配上"人生易老"作映衬，衬出要加紧从事革命的意义。叠用"重阳"是复叠格。在这个复叠里，含有"今又重阳"，与从前的重阳不同，不同在"战地"赏菊的庆祝胜利，含有进一步的层递格。下片的"不似春光。胜似春光"，也是复叠格及层递格。这个"胜似春光"，又含有引用《秋词》的引用格。"寥廓江天万里霜"是摹状格。这首词写于毛泽东离开红四军的领导岗位后，但仍然表现出了作者强烈的革命激情，一反悲秋的调子，赞美大好秋光，有极为开阔的境界，具有崇高的革命精神，是很难能可贵的。

（二）《忆秦娥·娄山关¹》

西风烈，长空雁叫霜晨月²。
霜晨月，马蹄声碎，喇叭声咽³。
雄关漫道真如铁⁴，而今迈步从头越⁵。
从头越，苍山如海，残阳如血⁶。

【注释】

　　1. 娄山关：关隘名，位于贵州遵义城北 60 公里娄山的最高峰上，万峰插天，形势极为险要，是防守贵州北部重镇遵义的重要关隘，有"一夫当关，万夫莫开"之险。关上竖有一块石碑，上面写着"娄山关"三个大字。

2. 长空雁叫霜晨月：贵州山区，早春也有霜。"雁叫""霜晨"和上句的"西风"都是娄山关二月间的真实景物。以上两句是说，娄山关地高，当时又值农历早春季节，所以西风吹得很猛烈。寒霜满地的清晨，残月还挂在天空，大雁在辽阔的天空中凄厉地叫着。

3. 喇叭声咽：这里指军号。咽：声音因哽咽而低沉、断续，强弱不定，这里用来描写清晨寒风中的军号声低沉、断续。相传唐代李白《忆秦娥》有"箫声咽，秦娥梦断秦楼月"诗句。上两句写行军的气氛，骑兵的马蹄在山石上发出急促、零乱的声音。军号在寒风中从远处传来，发出低沉而悲壮的声音。

4. 雄关漫道真如铁：即"漫道雄关真如铁"，因填词平仄的需要而改变词序。雄关：地势险要故而显得雄壮的关隘。娄山关地势险要，气势雄伟，故称"雄关"。漫道：别说，不要说。如铁：像钢铁一样坚固。

5. 而今：如今，指 1935 年 1 月 20 日第二次翻越娄山关时。迈步：跨步，大踏步。从头越：从山头上跨过去。另有一说认为，从头是重新开始。宋代岳飞《满江红》："待从头，收拾旧山河，朝天阙。"以上两句既是说红军再次跨越娄山关，又喻指遵义会议以后，中国革命重新开始起步向前。笔者倾于后一说。

6. 苍山如海，残阳如血：写作者看到深绿色的山峦一座接一座，像奔腾的大海中的浪头一个接一个，落下去的太阳红得像鲜血一般。残阳：快要落山的夕阳。残：将尽，剩余。如血：好像鲜血一样殷红。1962 年，作者曾回忆了"苍山如海，残阳如血"这两句诗的产生。他说，是在战争中积累了多年的景物观察，一到娄山关这种战争胜利和自然景物的突然遇合，就造成颇为成功的这两句话。

【赏析】

上片："西风烈，长空雁叫霜晨月。"这两句写那天拂晓时的情景。那天有西风，在拂晓时有雁叫和月亮，有霜。由于娄山关地势极高，所以感到西风吹得猛烈，加上雁叫声音的凄厉，霜晨残月的凄清，这一番景色的描绘，正好和战斗的激烈相配合。"霜晨月，马蹄声碎，喇叭声咽。"这里就写出拂晓的激烈战斗，听到马蹄声碎杂，正是骑兵在山石上行动时的声音，喇叭的军号声显得悲凉，正写出苦战的情景。经过一番苦战，终于打垮了敌人的进攻。

下片："雄关漫道真如铁，而今迈步从头越。"娄山关地势险要，所以称"雄关"。"漫道"，徒然说，坚固得如铁那样不可攻破，已被红军攻克了。如今大踏步从上面跨过。"迈步"，大踏步。"从头越，苍山如海，残阳如血。"在跨过娄山关时，因为那里的地势极高，可以望见很多的山峰，它们正像海中起伏的波涛，所以如海了。"残阳"，黄昏时的太阳是红色的，经过战斗，所以有如血的感觉。据作者说，是在战争中积累了多年的景物观察，一到娄山关这种战争胜利和自然景物的突然遇合，就造成了他自以为颇为成功的这两句话。

(三)《七律·人民解放军占领南京》

钟山[1] 风雨起苍黄[2]，百万雄师过大江。

虎踞龙盘[3] 今胜昔，天翻地覆慨而慷[4]。

宜将胜勇追穷寇[5]，不可沽名[6]学霸王[7]。

天若有情天亦老[8]，人间正道[9]是沧桑[10]。

【注释】

1. 钟山：《江南通志》记载"钟山在江宁府东北，一曰金陵山，一曰蒋山，一名北山，一名元武山，俗名紫金山。周围六十里，高一百五十丈。诸葛亮对吴大帝云：钟山龙蟠，指此"。此处用作南京的代语。

2. 苍黄：有两解，一是同仓皇，慌张，匆忙，急遽失措貌。二是变化翻覆的意思。后因此比喻变化不定，反复无常，并引申为天翻地覆。这里苍黄就是仓皇，即突然的意思。

3. 虎踞(jù)龙盘：形容地势优异。

4. 慨而慷：感慨而激昂。

5. 宜将剩勇追穷寇：号召将革命进行到底，把敌人坚决、彻底、干净、全部地歼灭掉，不要留下后患。剩勇：形容人民解放军过剩的勇气。穷寇：走投无路的敌人。

6. 沽名：故意做作或用某种手段猎取名誉。

7. 霸王：指楚霸王项羽。

8. 天若有情天亦老：借用唐代诗人李贺《金铜仙人辞汉歌》中诗句"衰兰送客咸阳道，天若有情天亦老"。原句的意思是，对于这样的人间恨事，天若有情，也要因悲伤而衰老。这里指自然界的运行都是有规律的，新事物终究会取代旧事物。

9. 人间正道：社会发展的正常规律。

10. 沧桑：《神仙传》记载：女仙麻姑对另一仙人王方平说，他们相见以来，东海已经三次变为桑田。沧海大海变为桑田，这里比喻革命性的发展变化。

【赏析】

"钟山风雨起苍黄，百万雄师过大江。"钟山即紫金山，在南京市东面。"苍黄"同仓皇，状匆忙、急迫，指南京突然受到革命暴风雨的袭击，因为人民解放军的百万大军渡过了长江，占领南京。此前，南京"代总统"李宗仁派邵力子、张治中等到北平去参加国共和谈，经过半个月的商讨，1949 年 4 月 15 日，由中共代表团提出《国内和平协定》，4 月 20 日，南京政府拒绝接受。蒋介石苦心经营了三个半月的长江防线，人民解放军只用三天时间就突破长江防线，占领南京，显得非常突然，故称"苍黄"。又苍黄，由青色变为黄色，有变化的意思。所以"起苍黄"，即引起大变化，即指天翻地覆的变化之意。因此这句话是摹状格，描写人民解放军很快占领南京；是借代格，借钟山来代替南京；也是比喻格，用风雨来比战争进攻；是双关格，苍黄既指紧迫，又指变化。这一句用了四种修辞手法，又有大气磅礴的气势。

"虎踞龙盘今胜昔，天翻地覆慨而慷。""虎踞龙盘"讲南京地理形势优异。三国时诸葛亮看到吴国都城建康(在今南京市南)的地势，曾说："钟山龙盘，石城虎踞，此帝王之宅。"(见《太平御览》一五六引张勃《吴录》)石城即石头城，在今南京市西石头山后。"今胜昔"，人民解放军占领南京后，形势更好了。原来南京是国民党反动政府的首都，反动政府在这里发号施令，危害人民。现在归人民解放军占领，成了为人民服务的大都市，自然胜过从前。人民解放军占领南京，推翻了国民党反动政府，是翻天覆地的大事。这里作"天翻地覆"，因为要与"虎踞龙盘"相对。"慨而慷"，感慨而激昂，指人民解放军终于推翻了国民党反动政府，这时他们和全国人民的心情共同感慨而激昂。本于曹操《短歌行》："慨当以慷。"这句原来先说"龙盘"，后说"虎踞"，现在把位置倒一下；"天翻地覆"，原来说"翻天覆地"，也把字儿倒一下，这是倒装格，适应律诗格律的需要。"慨而慷"是引用格。

"宜将剩勇追穷寇，不可沽名学霸王。""剩勇"，剩余的勇力，亦称余勇。《左传·成公二年》："欲勇者贾余余勇。"剩勇指"我"的勇力还有剩余，要勇力的可以从"我"这儿买去。这是说应该以剩余的勇力追击穷寇。"穷寇"，走投无路的敌人。《孙子·军争》："穷寇勿追。"那是相对于敌我力量相当而言。当时敌人已经溃败，所以要追穷寇，坚决、彻底、干净、全部地歼灭敌人。"沽名"，指猎取名誉。项羽(自封西楚霸王)与刘邦都起兵反秦。刘邦先占据秦都咸阳拒项羽；项羽歼灭了秦兵主力，拥四十万大军入咸阳。他当时为了避免"不义"之名，没有利用优势兵力消灭刘邦，后来反为刘邦所消灭。这里是说应从项羽的失败得到教训，不可为了"和平"的虚名，给敌人以卷土重来的机会。

"天若有情天亦老，人间正道是沧桑。"唐代李贺《金铜仙人辞汉歌》："空将汉月出宫门，忆君清泪如铅水。衰兰送客咸阳道，天若有情天亦老。"魏明帝派人到长安去，把汉武帝造的铜人承露盘拆下来，要运到洛阳去，盘拆下来，铜人太重，不好运走，相传运铜人出宫门时，只有汉月相照。认为月亮还是汉时的，即别的都属于魏了。铜人感叹汉亡，悲痛流泪。天若有情，看到铜人流泪，天也会愁得变老。这里借用这句话，"天若有情"，看到国民党反动派统治残害人民，也要因痛苦而变得衰老。深受反动派残害的人民，自然要彻底推翻反动统治，这是人间的正确道路。"沧桑"，沧海变为桑田。葛洪《神仙传》"麻姑谓王方平曰：'接待以来，已见东海三为桑田'"讲自然界的变化。这里比喻革命所造成的变化。推翻国民党的反动政府，建立中国共产党为人民服务的政府，这是人间的正道，正像沧海变桑田那样的变化。这里的"剩勇"从"余勇"来，把"余"改为"剩"，大概为了把平声改为仄声，符合律诗的需要。这是改字的引用格。"追穷寇"，从"穷寇勿追"来，这是反其意而用之的引用格，说明作者的引用是有很多变化的。"不可"句引用霸王的故事，也是反其意而用之的引用格。"天若"句是引用格，"沧桑"也是引用格，不过指革命所造成的变化。

(四)《卜算子·咏梅》

风雨送春归，飞雪迎春到。
已是悬崖百丈冰[1]，犹[2]有花枝俏[3]。
俏也不争春[4]，只把春来报[5]。
待到[6]山花烂漫时[7]，她在丛中笑[8]。

【注释】

1.已是悬崖百丈冰：此句借喻当时所说的修正主义造成的严峻形势。悬崖：高而陡的山崖。百丈冰：在悬崖上都挂下了百丈长的冰柱，极言冰柱之高，寒冷之甚。

2.犹：仍然，尚且。

3.花枝俏：比喻中国共产党和全世界真正的马克思主义者坚贞不屈的高贵品质。花枝：指梅花。俏：俏丽，容姿美好。这里指梅枝挺拔俊美。

4.俏也不争春：化用宋代陆游《卜算子·咏梅》"无意苦争春，一任群芳妒"词句，但意境和境界全然不同。不争春：不与百花在春天争妍斗艳。冬梅，开在冬天，春天花谢而结成梅子，所以说它不争春。春：指新春景色，春光，喻指革命功劳，革命斗争取得的胜利果实等。全句是说，梅花虽然俏丽，但是却也不同谁去争夺春天。

5.只把春来报：梅花的职责只是把春天到来的消息普告人间。春：指春天，春光。借喻革命胜利的喜讯。这句是说，真正的马克思主义者以解放全人类为己任，他们全心全意为中国和世界的绝大多数人服务，而不是为了争夺荣誉，居功自傲，只是为了迎来革命的胜利，向人民报道革命胜利的消息。

6.待到：等到。

7.山花烂漫时：指春光普照大地、山花灿烂盛开的时候。喻指马列主义胜利之时，当时所说的修正主义失败之日。宋代严蕊《卜算子》词："若得山花插满头，莫问奴归处。"唐代杜甫《十二月一日三首》其三："春花不愁不烂漫，楚客唯听棹相将。"唐代韩愈《山石》："山红涧碧纷烂漫，时见松枥皆十围。"

8.她在丛中笑：梅花在万紫千红中享受一份春光，与大众共同欢乐愉快地笑了。她：喻指坚持和捍卫马列主义的中国共产党。丛中笑：在花丛中开颜而笑。

【赏析】

上片："风雨送春归，飞雪迎春到。"这两句是对偶格。"送春"与"迎春"相对。在一送一迎里，含有深刻的思想，这是婉曲格。春光是明媚的，"送春归"，送美好的春光归去，不正含有我国在社会主义建设中陷入困难吗？又来了"迎春"，不又在迎接美好的春光到来吗？在作者看来，春光归去以后，虽有困难，在困难中已看到转机，已在准备迎春了。但这个迎春，是要经历一个艰苦的时期，是在飞雪中迎春的。这个飞雪，不是一般的飞雪，是极严寒的飞雪。

上片："已是悬崖百丈冰，犹有花枝俏。"这个严寒达到悬崖百丈冰的程度，说明艰苦到极点。作者看到悬崖百丈冰的一面，对严寒有了正确的认识，但作者不光看到严寒的一面，不光看到艰苦困难的一面，还看到"犹有花枝俏"的一面，看到还有俏丽的梅花在开放，梅花的开放是来报春，说春天来了。这样两方面都看到，既看到艰苦困难的一面，又看到梅花来报春的一面，就能战胜艰苦困难，迎接胜利。在这里，既写出作者在极度艰苦困难中看到美好春天的到来，也引导人民去战胜困难，迎接胜利。这也教导人民怎样去辩证地看问题，既要看到"悬崖百丈冰"，也要看到"犹有花枝俏"，这才能战胜困难，迎接胜利。

下片："俏也不争春，只把春来报。"这两句既是写梅花，也是写革命者。梅花的冲寒开放，显得俏丽，它不是为了与百花争艳，争夺春光，只是来报春，说春光快来了，使人们有战胜严寒的勇气，这正如革命者只给人们指示革命胜利的到来，领导人民去克服困难，别无个人的打算。这里指出梅花品格之高，指出革命者的崇高品格。

下片："俏也不争春，只把春来报。"这两句既是写梅花，也是写革命者。梅花的冲寒开放，显得俏丽，它不是为了与百花争艳，争夺春光，只是来报春，说春光快来了，使人们有战胜严寒的勇气，这正如革命者只给人们指示革命胜利的到来，领导人民去克服困难，别无个人的打算。这里指出梅花品格之高，指出革命者的崇高品格。

再从"反其意而用之"来看，作者写梅花品格之高，陆游也写梅花品格之高，即使梅花"零落成泥碾作尘，只有香如故"，还照旧香的，也写梅花品格之高。那又怎么"反其意"呢？陆游是从"香"来说，以"只有香如故"来写梅花品格之高，以梅花自比，自己即使被委曲求和的当权派排挤打击，他的抗战爱国的精神到死不变。作者这首词，从"报春"着眼，"只把春来报"。而时代是"山花烂漫时"，与陆游的南宋趋向没落时，却是完全不同。这也说明两首词的主题不同，所以用意也全不同了。

（五）《水调歌头¹·重上井冈山²》

久有凌云志，重上井冈山。千里来寻故地，旧貌变新颜。到处莺歌燕舞，更有潺潺流水，高路入云端。过了黄洋界³，险处不须看。

风雷动，旌旗奋，是人寰⁴。三十八年过去，弹指一挥间⁵。可上九天揽月，可下五洋捉鳖⁶，谈笑凯歌还。世上无难事，只要肯登攀。

【注释】

1. 水调歌头：词牌名，又名"元会曲""凯歌""台城游"等。上下阕，九十五字，平韵。

2. 重上井冈山：1965年5月下旬，作者重上井冈山游览视察，先后到黄洋界和茨坪。在茨坪居住期间，了解井冈山地区水利、公路建设和人民生活，会见了老红军、烈士家属、机关干部和群众。

3. 黄洋界：井冈山五大哨口之一，另四个是八面山、双马石、朱沙冲、桐木岭。

4. 人寰：人世间。

5. 三十八年过去，弹指一挥间：从1927年10月毛泽东率领秋收起义部队上井冈山，到这次重来，已经过去了三十八年，作者却觉得只是弹一下指、挥一下手的短时间。

6. 捉鳖（biē）：喻擒拿敌人。

【赏析】

上片："久有凌云志，重上井冈山。"作者在年轻时就有革命的伟大志向，在1918年写的《送纵宇一郎东行》的诗里，就有革命的大志，所以能够于1927年在井冈山创立了第一个革命根据地，终于取得了革命的伟大胜利，重新登上井冈山。"千里来寻故地，旧貌变新颜。"作者从北京到长沙再到井冈山，旧地重游，看到以前只有十几户的小村落，现在变成大市集的茨坪，面貌大变了。"到处莺歌燕舞，更有潺潺流水，高路入云端。""莺歌燕舞"是比喻格，比喻人民的歌舞升平。"更有潺潺流水"，是写实，写茨坪有一条溪水流过，在高山环绕里的市集有溪流是很重要的，所以也写入了。再写到交通，从茨坪到各处都有公路。从公路驱车进入最高处的哨口黄洋界，写到黄洋界，更可怀念。在《西江月·井冈山》的保卫战里，写道："黄洋界上炮声隆，报道敌军宵遁。"黄洋界是取得胜利的地方，别的险要处就不须看了。重游井冈山，写到这里，已告一段落。

下片重在发议论。上片开头的"凌云志"是说伟大的革命志向，所以下片开头和它呼应："风雷动，旌旗奋，是人寰。""风雷"比革命，革命运动起来了，红旗奋起，是人间，指中国大地上起来革命，这是"久有凌云志"的实践。革命胜利了。到了1965年重上井冈山，三十八年已经过去，时间过得飞快，快得像弹一下指，像挥一下手似的短促。

"可上九天揽月，可下五洋捉鳖，谈笑凯歌还。"这是说在革命胜利的形势下，敌人无法逃避，倘逃到天上，也可以上天去捉，倘逃到海里，也可以到海里去捉，可以在谈笑中胜利地唱着凯歌回来。"九天"，指天的极高处。《孙子·形篇》："善攻者，动于九天之上。""揽月"，摘取月亮。唐李白《宣州谢朓楼饯别校书叔云》："俱怀逸兴壮思飞，欲上青天览（揽）明月。""五洋"，泛指海洋，泛指世界。"捉鳖"，元康进之《李逵负荆》第四折："管教他瓮中捉鳖，手到拿来。"

"世上无难事，只要肯登攀。"这个结尾与上片开头呼应。"世上无难事"，即"有志者事竟成"，不论怎样高险的处所，只要肯登攀，都可以上去。像中国革命的艰难险阻，也取得了伟大胜利，就是最好的例子。这一结，具有勉励人民向上的力量。

典故中的文化自信

古人说文章是"经国之大业，不朽之盛事"，共产党人读书作文，更会把目光投向干事创业、治国理政的大境界。用典背后是"治世"，用什么、如何用、效果如何，既是领导能力、治理思想、执政风格的折射，也是把古人治理智慧运用于治理现代化的当代实践。当今中国正在进行深刻变革，全面深化改革需要鉴往知来，攻坚克难离不开历史启示，为政用权缺不了理想信念的钙质。因此，学习用典，不只是记住几句名言、了解几个典故，更应像习近平总书记那样，由此推开门、迈开步，不断深入博大精深的传统文化宝库。

（一）敬民篇

衙斋卧听萧萧竹，疑是民间疾苦声。
些小吾曹州县吏，一枝一叶总关情。
——《在参加兰考县委常委班子专题民主生活会时的讲话》等文中引用

【原典】潍县署中画竹呈年伯包大丞括

［清］郑燮衙
衙斋卧听萧萧竹，疑是民间疾苦声。
些小吾曹州县吏，一枝一叶总关情。

（二）笃行篇

功崇惟志，业广惟勤。
——《在第十二届全国人民代表大会第一次会议上的讲话》等文中引用

【原典】尚书·周书·周官

王曰："呜呼！凡我有官君子，钦乃攸司，慎乃出令，令出惟行，弗惟反。以公灭私，民其允怀。学古入官，议事以制，政乃不迷。……戒尔卿士，功崇惟志，业广惟勤，惟克果断，乃罔后艰。……"

（三）立德篇

国有四维，礼义廉耻。

四维不张，国乃灭亡。

——《青年要自觉践行社会主义核心价值观——在北京大学师生座谈会上的讲话》等文中引用

【原典】管子·牧民·四维

国有四维，一维绝则倾，二维绝则危，三维绝则覆，四维绝则灭。倾可正也，危可安也，覆可起也，灭不可复错也。何谓四维？一曰礼，二曰义，三曰廉，四曰耻。

管子·牧民·国颂

凡有地牧民者，务在四时，守在仓廪。……四维不张，国乃灭亡。

（四）修身篇

从善如登，从恶如崩。

——《在同各界优秀青年代表座谈时的讲话》等文中引用

【原典】国语·周语下

［春秋］左丘明

卫彪傒适周，闻之，见单穆公曰："……谚曰：'从善如登，从恶如崩。'昔孔甲乱夏，四世而陨。玄王勤商，十有四世而兴。帝甲乱之，七世而陨。后稷勤周，十有五世而兴。幽王乱之，十有四世矣。守府之谓多，胡可兴也？夫周，高山、广川、大薮也，故能生之良材，而幽王荡以为魁陵、粪土、沟渎，其有悛（quān）乎？"

（五）劝学篇

少年辛苦终身事，莫向光阴惰寸功。

——《从小积极培育和践行社会主义核心价值观
——在北京市海淀区民族小学主持召开座谈会时的讲话》等文中引用

【原典】题弟侄书堂

［唐］杜荀鹤

何事居穷道不穷，乱时还与静时同。

家山虽在干戈地，弟侄常修礼乐风。

窗竹影摇书案上，野泉声入砚池中。

少年辛苦终身事，莫向光阴惰寸功。

（六）信念篇

位卑未敢忘忧国。

——《在中央党校建校80周年庆祝大会暨2013年春季学期开学典礼上的讲话》等文中引用

【原典】病起书怀

［南宋］陆游

病骨支离纱帽宽，孤臣万里客江干。

位卑未敢忘忧国，事定犹须待阖棺。

天地神灵扶庙社，京华父老望和銮。

出师一表通今古，夜半挑灯更细看。

古语智慧·革故鼎新

革故鼎新，集中展现了宇宙万物运动变化的基本规律，是中华优秀传统文化的思想精华，也是中华文明永葆生机的力量源泉。翻开浩如烟海的经史典籍，中华文化始终传承革故鼎新的精神气质，高扬"日新"的进取精神。

微课10.1

涵养"革故鼎新"的
精神气质

（一）

汤之《盘铭》曰："苟日新，日日新，又日新。"（《礼记·大学》）

【解读】

"苟日新，日日新，又日新"是商朝的开国君主成汤刻在澡盆上的警词，旨在激励自己自强不息，创新不已。文中三个"新"字，本义是指洗澡除去肌肤上的污垢，使身体焕然一新，在这里引申为精神上的弃旧图新。因此，这句话的意思是：如果能够一天更新，就要天天除旧更新，不间断地保持更新。

"苟日新，日日新，又日新"从动态角度来强调不断革新。"创新"一词即滥觞于此。可见，中国传统文化是比较强调创新的，要求人们以一种革新的姿态，适应并推动社会发展，而不能因循守旧，阻挡历史前进的步伐。

将洗澡引申为精神上的洗礼、品德上的修炼，在中国文化中比较普遍。古之圣人，欲养性必先修身，欲清心必先洁体，如《庄子·知北游》中的"澡雪而精神"。《礼记·儒行》也称"儒有澡身而浴德"。唐代经学家孔颖达疏为："'澡身而浴德'者，澡身谓能澡洁其身，不染浊也；浴德谓沐浴于德，以德自清也。"党的十八大后，党的群众路线教育实践活动的总要求是"照镜子、正衣冠、洗洗澡、治治病"，其中"洗洗澡"便蕴含着中国传统文化的深刻内涵。

（二）

君子之学必日新，日新者日进也。不日新者必日退，未有不进而不退者。（［北宋］程颢、程颐　《二程集·河南程氏遗书·卷第二十五》）

【解读】

"二程"，即程颢、程颐兄弟，二人开创"洛学"，为北宋理学的奠基者。《二程集》是程颢、程颐全部著作的汇集，其中"遗书"是弟子们记下的二程语录，后来由朱熹加以综合编定。

"君子之学必日新，日新者日进也。不日新者必日退，未有不进而不退者"，为程颐之语。他认为，君子学习一定要做到日新，日新就是每一天都要有进步。清人张伯行释曰："君子之为学也，必刻励其功，濯旧见以来新机，使其所得有日新之益。……若不日新，便是心有间断，私欲相乘，非昏则倦，日退必矣。未有半上落下，能站得住，不进而不退者。"这与《增广贤文》中的"学如逆水行舟，不进则退"一样，都阐述了进取的重要性。

古人尚且如此，在日新月异的现代社会，我们处于瞬息万变之中，要跟上时代节拍，更须积极进取、奋发前行、与时俱进。

（三）

子贡问为仁。子曰："工欲善其事，必先利其器。居是邦也，事其大夫之贤者，友其士之仁者。"（《论语·卫灵公》）

【解读】

孔子的弟子子贡问怎样实行仁道。孔子答道："工匠要做好活计，首先必须具备精良锋利的工具。住在一国，就要敬奉这国大夫中的贤者，结交这国士人中的仁者。"

工匠做工与实行仁道表面上看来风马牛不相及，但实质上道理相通。《论语集解》引孔安国的注释说："工以利器为助，人以贤友为助。"做任何事情，准备工作都非常重要，正如俗话所说"磨刀不误砍柴工"。工匠在做工前打磨好工具，操作起来才会得心应手，从而事半功倍。实行仁道亦如此，要先了解这个国家的情况，与其贤达之士建立良好的关系，然后才能有施展抱负的机会，达到仁的目的。

（四）

神农氏没，黄帝、尧、舜氏作，通其变，使民不倦，神而化之，使民宜之。易穷则变，变则通，通则久。是以"自天佑之，吉无不利"。（《周易·系辞下》）

【解读】

"穷则变，变则通，通则久"意思是，事物到了山穷水尽的地步就必然有所变化，变化则能通达，能通达则能恒久。它道出了一个颠扑不破的真理：世间万物，均有一个发生、发展和衰落的过程，到衰落阶段时，就必须寻求变化以谋出路。如果一味因循守旧而不思改变，就只能画地为牢，坐以待毙；反之，若能顺应环境变化作出相应调整，则可绝处逢生，化险为夷。成语"穷则思变"即由此而来。

这句话对后世的影响也很大。清末资产阶级维新派为了变法维新，就以《易传》的古训为依据，提出了"变者，古今之公理也"，以抨击封建顽固派的因循守旧，阐述变法图存的道理，在近代中国起到了发蒙启蔽的作用。

（五）

且夫水之积也不厚，则其负大舟也无力。覆杯水于坳堂之上，则芥为之舟；置杯焉则胶，水浅而舟大也。风之积也不厚，则其负大翼也无力。故九万里，则风斯在下矣，而后乃今培风；背负青天，而莫之夭阏（è）者，而后乃今将图南。（［战国］庄子　《庄子·逍遥游》）

【解读】

《庄子·逍遥游》中的这段话通过一系列的比喻，道出了做好基础工作的重要性。首句"水之积也不厚，则其负大舟也无力"，意思是水积蓄得不够深厚，就没有负载大船的力量。接着庄子又用了两组形象的比喻阐明这个道理：在庭堂的低洼处倒一杯水，那么放一根小草便可当作船，而放上一个杯子就粘住不动了，这是因为水浅而船大的缘故。风聚积的力量不雄厚，则无力托负巨大的翅膀。所以，鹏鸟高飞九万里，那风就在它的下面，然后才乘着风力，背负青天无阻碍地飞往南海。

对此，道家的另一位代表人物老子也有相似的表述。《道德经》第三十九章称"贵以贱为本，高以下为基"，告诫人们要能"处下""居后""谦卑"，欲成大事，须从基础做起。

湖湘学堂

推动湖湘文化"创造性转化"和"创新性发展"

守文化之正，创时代之新。2024 年 3 月，习近平总书记在湖南考察时强调，湖南要更好担负起新的文化使命，在建设中华民族现代文明中展现新作为。总书记的殷殷嘱托，是肯定和鼓舞，更是鞭策和号令。湖南要更好担负起新的文化使命，必须深入学习贯彻习近平总书记考察湖南时的重要讲话和指示精神，坚定文化自信，秉持包容开放，坚持守正创新，推进湖湘文化的创造性转化和创新性发展，展现湖南担当。

坚定湖湘文化的历史自信和时代自信。"每到重要的历史关头，都有来自岳麓书院的湖南人，起到决定性的作用"。穿越浩瀚历史长河，湖湘文化既继承着中华文明主体精神，又保持着鲜明的湖湘地域特色。在它身上，集中体现着中华文化"心忧天下、敢为人先、经世致用、实事求是、兼容并包"的精神特质，集中体现着中华文化重民本、讲创新、强实践、能包容的人文优势，集中体现着中华文化独有的天下观、社会观、道德观和方法论及实践智慧。作为中华文明的特色形态和重要组成，湖湘文化自近代以来，深刻影响和改变着中国社会的发展。

在文化情怀上，湖湘文化最显著的特征是"心忧天下，胸怀天下"，这既是中华文化的一个核心情怀，也是中国共产党推进中国式现代化、致力于人类命运共同体建设的一个根本性追求；在实践智慧上，湖湘文化最显著的追求是"实事求是"，这既是中华文化的核心智慧，也是中国共产党百年奋斗推进现代化事业无往而不胜的思想路线和精神法宝；在发展智慧上，湖湘文化最显著的特征是"求新"的勇气和"思变"的精神，这既是中华文化生生不息的遗传密码，也是中国共产党人继承和发展马克思主义并形成不断发展的中国化马克思主义、探索出中国式现代化道路的内驱动力。此外，湖湘文化从理学传统中继承下来的"内圣"式人格追求，强调心性修养和人格高尚的存养功夫，对于现代国人净化和强大精神世界，保持积极良好的精神状态，更加心无旁骛地投身中国式现代化和全人类身心解放的幸福事业，都具有重要启示和促进作用。湖湘文化蕴含的这些智慧价值和精神力量，都值得我们倍加珍惜和充分挖掘。

湖湘文化作为中华文明的区域性历史文化形态，作为建设和发展现代中国文化的重要文化资源，理应进一步坚定历史自信和时代自信，不断丰富、发展、创新，在推进中国式现代化、实现中华民族伟大复兴的新征程中再铸辉煌。

笃行致远

传红色基因，扬青春力量——红色筑梦之旅

习近平总书记在考察湖南期间，赞誉湖南"十步之内，必有芳草""寸土千滴红军血，一步一尊英雄躯"，并强调要"讲好红色故事，搞好红色教育，让红色基因代代相传"。都说我们三湘大地红色资源丰富，就像一座没有围墙的革命历史博物馆，韶山毛泽东同志纪念馆（故居）、新民学会旧址、湖南省立第一师范学校旧址、杨开慧故居和湖南烈士公园纪念塔，这些都是家喻户晓的红色景点。

让我们走访红色文化圣地，感受红色文化熏陶，开展一场文化之旅吧。

微课10.2

新时代号召，
吾辈在路上

1. 活动形式

实地调研。

2. 活动地点

红色景区。

3. 活动组织

（1）开展实践：根据具体情况，针对红色革命文物传承与保护的实际现状开展调研。

（2）选择主题：

①主题一：寻访革命文物。

可任选一个或多个革命文物，通过溯源历史，实地参观，搜集整理相关影音资料和专业文献等方式，调研分析文物特点、精神内涵、历史发展脉络及管理保护现状，还原其精彩的"前世今生"故事。

②主题二：寻访红色景区。

可针对任一红色景区，通过问卷调查、实地体验、游客访谈等方式，从该景区的文物管理保护水平、场景搭建情况、教育宣传功能、创新发展潜力、服务接待质量等方面，深度调研分析其发展现状、存在的不足及对此提出建议。

③主题三：寻访革命老兵。

可寻访一位或多位革命老兵，通过视频录制、语音文字记录等方式，采访革命先辈们曾参与的热血战争场景与革命往事，从一手口述史中还原革命历史，弘扬革命精神，记录那些峥嵘岁月中的"红色记忆"。

（3）成果交流：参与活动的每个实践队提交一篇调研报告，字数在 5000 字至 10000 字之间。调研报告应既有事实叙述，也有观点论述，符合真实性、思想性、简洁性的特征要求。

（4）分析反思：在活动结束后，进行反思和分析。

参考文献

[1]张岱年, 方克立.中国文化概论[M].北京：北京师范大学出版社，2023.

[2]王松平, 赵伟, 李洪源.湖湘文化概论[M].北京：中国轻工业出版社，2022.

[3]冯友兰.中国哲学史[M].苏州：古吴轩出版社，2021.

[4]周振甫.周易译注[M].北京：中华书局，2018.

[5]杨伯峻.论语译注[M].北京：中华书局，2017.

[6]杨伯峻.孟子译注[M].北京：中华书局，2019.

[7]张景, 张松辉.道德经译注[M].北京：中华书局，2021.

[8]方勇.庄子译注[M].北京：中华书局，2021.

[9]任家瑜, 刘捷.中国文化导论[M].3 版.北京：高等教育出版社，2007.

[10]方立天.中国佛教哲学要义[M].北京：中国人民大学出版社，2012.

[11]曹胜高.国学导论[M].北京：高等教育出版社，2020.

[12]张建, 刘荣.中国传统文化[M].4 版.北京：高等教育出版社，2023.

[13]曾国藩.曾国藩全集[M].长沙：岳麓书社，1995.

[14]姚淦铭.礼记[M].长沙：岳麓书社，2024.

[15]郑杰文.中国墨学通史[M].北京：人民出版社，2006.

[16]任守景.墨子研究论丛[M].济南：齐鲁书社，2008.

[17]肖永明.儒学·书院·社会：社会文化史视野中的书院(修订版)[M].北京：商务印书馆，2018.

[18]邓洪波.湖南书院史稿[M].长沙：湖南教育出版社，2013.

[19]陈勇, 陈现龙.中国古代科举制度及其社会影响[M].北京：中国社会科学出版社，2015.

[20]科举制度研究会.科举制度与中国古代文化[M].北京：北京大学出版社，2016.

[21]陈青之.中国教育史[M].长春：吉林人民出版社.2013.

[22]宋应星.天工开物[M].上海：上海古籍出版社，2008.

[23]彭定求.全唐诗[M].北京：中华书局，1960.

[24]司马迁.史记[M].武汉：崇文书局，2010.

[25]陈戍国.周礼[M].长沙：岳麓书社，1989.

[26]陈淑聪.江南民间刺绣[M].北京：北京理工大学出版社，2019.

[27]陈晓丹.中国艺术经典[M].北京：中国戏剧出版社，2009.

[28]易志军.中华优秀传统文化读本[M].重庆：重庆大学出版社，2020.

[29]周曲.中外人文大讲堂[M].北京：中国华侨出版社，2017.

[30]郭书春.中国古代数学[M].北京：商务印书馆，1997.

[31]贾思勰.齐民要术今释[M].北京：中华书局，2009.

[32]尚志钧.中国本草要籍考[M].合肥：安徽科学技术出版社，2009.

[33]张婷婷.中华上下五千年[M].北京：民主与建设出版社，2023.

[34]马正林.中国城市历史地理[M].济南：山东教育出版社，1998.

[35]霍巍.史前至唐代高原丝绸之路考古研究[M].北京：科学出版社，2022.

[36]王霖.中国传统文化[M].北京：清华大学出版社，2014.

[37]游国恩.中国文学史[M].北京：人民文学出版社，2002.

[38]袁行霈.中国古代文学史[M].北京：高等教育出版社，2014.

[39]鲁迅.中国小说史略[M].上海：上海古籍出版社，1998.

[40]李泽厚.美的历程[M].北京：文物出版社，1981.

[41]曹雪芹.红楼梦[M].北京：人民文学出版社，1996.

[42]汤显祖.牡丹亭[M].北京：人民文学出版社，1964.

[43]中华书局编辑部.全唐诗[M].北京：中华书局，2008.

[44]夏承焘.宋词鉴赏词典[M].上海：上海辞书出版社，2013.

[45]赵逵夫.屈原与他的时代[M].北京：人民文学出版社，2002.

[46]朱天曙.中国书法史[M].北京：中华书局，2020.

[47]故宫博物院.故宫博物院藏中国书法千年珍品[M].北京：紫禁城出版社，2000.

[48]贾志强.中国古代艺术常识[M].兰州：兰州大学出版社，2006.

[49]余甲方.中国古代音乐史[M].上海：上海人民出版社，2014.

[50]王伯敏.古画品录[M].北京：人民美术出版社，2016.

[51]胡平生，张萌.礼记[M].北京：中华书局，2017.

[52]赵幼文.曹植集校注[M].北京：中华书局，2016.

[53]郎绍君.大匠之门：齐白石的世界[M].杭州：浙江人民美术出版社，2019.

[54]中共中央宣传部，中央广播电视总台.平"语"近人——习近平总书记用典[M].北京：人民出版社，2019.

[55]周振甫.毛泽东诗词欣赏[M].北京：中华书局，2024.

[56]黄梓根.抬升湖湘文化历史坐标为中国式现代化提供有力支撑[N].湖南日报，2023-05-18(07).

[57]关健英.如何正确继承和弘扬中华优秀传统文化[N].人民日报，2017-02-16(12).

图书在版编目（CIP）数据

中华优秀传统文化导论／彭良平，程里鹰，马研主
编. --长沙：中南大学出版社，2024.11.
ISBN 978-7-5487-6084-9

Ⅰ．K203

中国国家版本馆 CIP 数据核字第 2024MA6839 号

中华优秀传统文化导论
ZHONGHUA YOUXIU CHUANTONG WENHUA DAOLUN

彭良平　程里鹰　马研　主编

□出 版 人	林绵优
□责任编辑	汪采知
□责任印制	唐　曦
□出版发行	中南大学出版社
	社址：长沙市麓山南路　　　邮编：410083
	发行科电话：0731-88876770　传真：0731-88710482
□印　　装	长沙印通印刷有限公司

□开　　本　787 mm×1092 mm　1/16　□印张 16　□字数 399 千字
□互联网+图书　二维码内容　视频 165 分钟 44 秒
□版　　次　2024 年 11 月第 1 版　□印次 2024 年 11 月第 1 次印刷
□书　　号　ISBN 978-7-5487-6084-9
□定　　价　46.00 元